Teoria da literatura

Título original:
Théorie de la littérature. Textes des Formalistes russes.
Préface de Roman Jakobson

Tradução: Isabel Pascoal

Revisão: Inês Guerreiro

Capa: FBA

Depósito Legal n.º 441546/18

Biblioteca Nacional de Portugal – Catalogação na Publicação

TODOROV, Tzvetan, 1939-2017

Teoria da literatura: textos dos formalistas
russos / compil. Tzvetan Todorov. – (Todorov)
ISBN 978-972-44-2038-7

CDU 82.09

Paginação:
João Félix – Artes Gráficas

Impressão e acabamento:
Pentaedro
para
EDIÇÕES 70
em
abril de 2018 (1978)

ISBN: 978-972-44-2038-7
ISBN da 1.ª edição: 972-44-0668-7 e 972-44-0669-5

EDIÇÕES 70, uma chancela de Edições Almedina, S.A.
Avenida Engenheiro Arantes e Oliveira, 11 – 3.º C – 1900-221 Lisboa/Portugal
e-mail: geral@edicoes70.pt

www.edicoes70.pt

Tzvetan Todorov

Teoria da literatura

Textos dos formalistas russos
apresentados por Tzvetan Todorov

70

PREFÁCIO

PARA UMA CIÊNCIA DA ARTE POÉTICA

Era a época dos jovens experimentadores nas artes e nas ciências. No inverno de 1914–1915, alguns estudantes fundaram, sob os auspícios da Academia das Ciências, o Círculo Linguístico de Moscovo, chamado a promover a linguística e a poética, como dizia o programa submetido pelos organizadores desse Círculo ao secretário da Academia, o célebre linguista Chakhmatov. Foi à iniciativa de O. Brik, apoiado por um grupo de jovens investigadores, que se ficou a dever a publicação de primeira compilaçao de estudos sobre a teoria da linguagem poética (S. Petersburgo, 1916) e, em seguida, no início do ano de 1917, a formação da nova Sociedade de Estudo da Linguagem Poética, que será designada mais tarde pela abreviatura Opoiaz e que cooperará estreitamente com o Círculo de Moscovo.

O aspeto linguístico da poesia foi deliberadamente posto em relevo em todos estes empreendimentos. Nessa altura, começavam a desbravar-se novos caminhos na investigação da língua, e era a linguagem da poesia que melhor se prestava a isso, porque este domínio negligenciado pela linguística tradicional permitia abandonar o trilho dos neogramáticos e, além disso, porque as relações entre fins e meios, assim como entre todo e partes, em resumo, as leis estruturais e o aspeto criador da linguagem, encontravam-se, no discurso poético, mais ao alcance do observador do que na fala quotidiana. Por outro lado, o denominador comum das belas-letras, isto é, a marca da função poética na sua estrutura verbal, fornecia uma dominante nítida no conjunto dos valores literários: a história da literatura encontrava-se dotada de um fio condutor e prometia reunir-se às ciências nomotéticas.

A significação primordial do termo poesia em grego antigo é a «criação», e, na antiga tradição chinesa, *shih*, «poesia, arte», e *chih*, «finalidade, desígnio, fim», são dois nomes e conceitos estreitamente ligados. Foi este caráter nitidamente criador e finalista da linguagem poética que os jovens russos procuraram explorar.

O «formalismo», uma etiqueta vaga e desconcertante que os detratores lançaram para estigmatizar toda a análise da função poética da linguagem, criou a miragem de um dogma uniforme e consumado. Contudo, e B. Eikhenbaum não se cansou de o repetir, todo o movimento literário ou científico deve ser julgado antes de mais com base na obra produzida e não segundo a retórica dos seus manifestos. Ora, infelizmente, ao discutir o saldo da escola «formalista», é-se propenso a confundir os *slogans* pretensiosos e ingénuos dos seus arautos com a análise e a metodologia inovadoras dos seus trabalhadores científicos.

A pesquisa progressiva das leis internas da arte poética não eliminava, do programa da investigação, os problemas complexos da relação entre esta e os outros setores da cultura e da realidade social. A verdade é que, entre os investigadores destas leis imanentes, ninguém havia tomado a sério os folhetins que deploravam o desacordo na Opoiaz e que anunciavam, para impressionar o leitor, que «na arte, desde sempre livre em relação à vida, a cor da bandeira que coroa a cidadela não pode ser de modo algum refletida». Mas era precisamente a esses caprichos que teimavam em agarrar-se aqueles que polemicavam contra o «método formal». Do mesmo modo, não teríamos razão em identificar a descoberta, e mesmo a essência do pensamento «formalista», com as vulgaridades aviltadas sobre o segredo profissional da arte, que seria fazer as coisas desautomatizando-as e tornando-as surpreendentes («ostranénia»), enquanto, efetivamente, se trata na linguagem poética de uma mudança essencial da relação entre o significante e o significado, assim como entre o signo e o conceito.

Como é evidente, o desenvolvimento internacional da análise estrutural em linguística e nas outras ciências sociais, ao longo da época seguinte, trouxe muitos corretivos às hipóteses preliminares, muitas respostas novas às questões anteriores e pôs muitos problemas imprevistos. Contudo, temos de reconhecer a contribuição substancial dos pioneiros russos dos anos dez e vinte, no domínio da poética, no progresso do pensamento científico relativo à língua na diversidade das suas funções. Foi sobretudo por intermédio do grupo russo-checo, formado em Praga em 1926, à imagem do Círculo moscovita, que essas ideias vivificantes entraram na circulação mundial.

Gosto de citar um dos mais finos e dos mais firmes representantes da equipa, B. Tomachevski, que, aquando do nosso último encontro em Moscovo, em 1956, me fez notar que as ideias mais ousadas e mais estimulantes, talvez, do movimento em questão permanecem ainda na sombra. Poderíamos citar os apanhados penetrantes sobre a correlação das funções referencial e poética, ou sobre a interdependência da sincronia e da diacronia, e sobretudo sobre a mutabilidade, regra geral desconhecida, na hierarquia dos valores. Os trabalhos, ao introduzirem os princípios sintáticos na análise dos enunciados completos e da sua permuta dialógica, levaram a uma das maiores descobertas da poética russa, a saber: a das leis que regem a composição dos temas folclóricos (Propp, Skaftymov) ou das obras literárias (Bakhtin).

Desde o início, as questões teóricas prenderam a atenção dos investigadores, como assinala o próprio título das suas primeiras publicações, mas, embora as tentativas de fazer o balanço da doutrina (como o livro editado por Engelgardt) não faltem, o que permanece de mais significativo nos «formalistas» é a discussão tanto oral como refletida nos seus escritos. Encontramos neles a complementaridade necessária das diversas perspetivas tal como foi concebida nos diálogos de Platão e erigida em princípio na conceção fundamental de Niels Bohr. É precisamente o encontro dos analistas da arte poética com os seus mestres que põe à prova a investigação e que a enriquece, e não é por acaso que o Círculo linguístico de Moscovo contava entre os seus membros com poetas como Maiakovski, Pasternak, Mandelstam e Asseiev. Na crónica dos debates no Círculo de Moscovo, e na Opoiaz, talvez os mais renhidos e os mais sugestivos sejam aqueles que dizem respeito às relações entre as propriedades puramente linguísticas da poesia e as suas características que transcendem os limites da língua e dependem da semiologia geral da arte.

Os anos vinte deram aos estudos russos da poética uma poderosa envergadura. A investigação, o ensino, o rol dos autores, das publicações, dos institutos consagrados ao estudo da poesia e das outras artes, dos cursos e das conferências crescem constantemente. A crise de crescimento parece iminente. O desenvolvimento contínuo da poética exigia um novo impulso da linguística geral, que não era senão embrionária. Ora, esta inibição temporária transformou-se numa letargia de longa duração.

«A interrupção prolongada no estudo da linguagem das belas-letras enquanto fenómeno estético», como constata uma publicação recente da Academia das Ciências da URSS, é «devida menos à lógica interna do processo de conhecimento do que às limitações extrínsecas ao pensamento científico». O caráter destas barreiras foi nitidamente posto a claro pelo eminente poeta S. Kirsanov no primeiro Congresso dos Escritores Soviéticos (Moscovo, 1934); «Não podemos interessar-nos pelos problemas de forma poética, pelas metáforas, pela rima ou pelo epíteto, sem provocar a réplica imediata: detenham os formalistas! Cada um é ameaçado de ser acusado do crime formalista. Este termo tornou-se um *punching bag* para exercitar os bíceps dos críticos. Toda a menção das "figuras fónicas" ou da "semântica" é automaticamente seguida de uma respostada: Abaixo o formalista! Certos críticos canibais fizeram desta palavra de ordem um grito de guerra para defenderem a sua própria ignorância na prática e na teoria da arte poética e para escalparem quem ousasse perturbar o *wigwam* do seu obscurantismo».

Apesar das deploráveis sobrevivências destas atitudes odiosas, observamos presentemente «uma tendência para lembrar, reinterpretar, desenvolver num novo impulso criador as verdadeiras conquistas da linguística e da estética soviéticas dos anos vinte», confrontando-as com as correntes atuais do pensamento linguístico e semiológico e integrando-as no sistema conceptual dos nossos dias. Esta tendência benéfica manifesta-se vivamente nos debates e nos trabalhos que atraem os jovens investigadores de Moscovo, Leninegrado e Tartu.

Roman JAKOBSON, 1965.

APRESENTAÇÃO

Formalismo foi o termo que designou, no sentido pejorativo em que os seus adversários o consideravam, a corrente de crítica literária que se manifestou na Rússia de 1915 a 1930. A doutrina formalista está na origem da linguística estrutural, pelo menos da corrente representada pelo Círculo Linguístico de Praga. Hoje, numerosos domínios são atingidos pelas consequências metodológicas do estruturalismo. Assim, as ideias dos formalistas estão presentes no pensamento científico atual; em contrapartida, os seus textos não puderam transpor as múltiplas fronteiras que surgiram posteriormente.

Curiosamente, no início, o movimento estava ligado em parte à vanguarda artística: o futurismo. Este fornecia os *slogans* dos seus poetas (Khlebnikov, Maiakovski, Kruchenykh) e recebia em troca, generosamente, a sua explicação e justificação. Este parentesco liga diretamente o formalismo à arte de hoje: através das épocas e sob a variedade das denominações, a ideologia das vanguardas permanece, ao que parece, relativamente estável.

Devemos aos formalistas uma teoria elaborada da literatura (título de uma obra publicada então, que esta retoma), que devia juntar-se como a cavilha e o entalhe a uma estética, ela própria parte de uma antropologia. Ambição difícil que desmascara aquilo que toda a literatura sobre a literatura não consegue dissimular sob a sua abundância tagarela: o pouco ensinamento que dela se tira sobre as qualidades intrínsecas à arte literária. Por isso, quando se trata de fazer o balanço do passado, de que se encarregavam eruditos e congressos doutos, aparecem em primeiro plano as teorias formalistas.

Não apresentaremos neste prefácio uma exposição sistemática da doutrina formalista: os textos seguintes são suficientemente explícitos. Além disso, o primeiro oferece-nos um esboço histórico dos dez primeiros anos de atividade formalista. Traduzir a doutrina em termos de linguística moderna era uma tentativa que ultrapassaria o âmbito de uma introdução; demo-nos a esse trabalho noutra altura. Limitar-nos-emos, aqui, a algumas indicações históricas e a algumas observações de ordem mais geral.

Parece-nos que hoje as ideias em torno das quais se constituiu a doutrina do formalismo se encontram à margem do sistema. São ideias sobre o automatismo da perceção e sobre o papel renovador da arte. O hábito impede-nos de ver, de sentir os objetos, é preciso deformá-los para que o nosso olhar se fixe neles: é esta a finalidade das convenções artísticas. O mesmo processo explica as mudanças de estilo em arte: as convenções, uma vez admitidas, facilitam o automatismo em vez de o destruírem. Trinta anos depois, a teoria da informação ressuscita as teses de Chklovski, ao explicar que a informação fornecida por uma mensagem diminui na medida em que a sua probabilidade aumenta. E, como bom formalista, Norbert Wiener afirma: «Mesmo nos grandes clássicos da arte e da literatura, não se encontra grande coisa do seu valor informativo porque o público se familiarizou com o seu conteúdo. Os estudantes não gostam de Shakespeare porque não veem nele senão uma série de citações conhecidas.» Mas é, certamente, uma simplificação identificar o valor de uma obra com a sua novidade, como, por vezes, os formalistas tiveram tendência para fazer.

Outro princípio adotado desde o início pelos formalistas foi o de colocar a obra no centro das suas preocupações; estes recusam a abordagem psicológica, filosófica ou sociológica que rege então a crítica literária russa. É sobretudo neste ponto que os formalistas se distinguem dos seus predecessores: para eles, não se pode explicar a obra a partir da biografia do escritor, nem a partir de uma análise da vida social contemporânea. Neste primeiro estádio, a conceção dos formalistas conhece uma larga extensão; na mesma época, na Europa, produziu-se, quase em toda a parte, um movimento análogo. A própria evidência destas afirmações torna-as hoje menos interessantes; além disso, como toda a teoria construída a partir da negação de um dogma existente, a partir de uma inversão dos valores, esta não sai do âmbito da conceção criticada. Uma vez rejeitadas as opiniões tradicionais, não nos resta nenhum contributo positivo. Todavia, estas mesmas ideias revestirão outra forma no decurso do desenvolvimento ulterior do formalismo e farão nascer uma teoria que permanece ainda hoje atual.

Outra ideia, importante para a primeira fase do formalismo, é a que V. Chklovski resume no título de um dos seus artigos: «A arte como processo.» Rejeitando toda a mística que apenas pode ocultar o ato de criação, e a própria obra, os formalistas tentam descrever a sua fabricação em termos técnicos. Sem dúvida, a tendência artística mais próxima dos formalistas é aquela que é a mais consciente dos seus próprios meios. A conceção de fabricação encontra-se ainda reforçada quando, depois da Revolução de 1917, esse espírito se estende a toda a cultura soviética. Um ponto de partida inteiramente novo leva a acreditar no poder da técnica; munidos de uma nova terminologia, os investigadores querem explicar tudo o que os seus predecessores declaram inexplicável. Mas não foi senão mais tarde que os formalistas tiraram as conclusões teóricas desses princípios positivistas.

Os anos seguintes são anos de trabalho intenso. O grupo apoia-se nos princípios elaborados e aborda uma grande quantidade de problemas da teoria literária, assim como da história da literatura russa e até ocidental, problemas até então insupostos. Lembremos os principais temas teóricos: a relação entre língua emocional e língua poética, a constituição fónica do verso (R. Jakobson, *A Poesia Moderna Russa* e *Acerca do Verso Checo*), a entoação como princípio construtivo do verso (B. Eikhenbaum, *A Melodia do Verso Lírico Russo*), o metro, a norma métrica, o ritmo no verso e na prosa (B. Tomachevski, *Acerca do Verso*), a relação entre ritmo e semântica na poesia, a metodologia dos estudos literários (J. Tynianov, *O Problema da Língua Poética*), como as exigências impostas à obra pela realidade interferem com as impostas pela sua própria estrutura (A. Skaftymov, *Poética e Génese dos Bilinas*), a estrutura do conto fantástico (V. Propp, *A Morfologia do Conto*), a tipologia das formas narrativas (V. Chklovski, *Acerca da Teoria da Prosa*), etc.

Surge, impercetivelmente, uma modificação no decurso destes anos. Como observámos, o formalismo, no início, está estreitamente ligado à vanguarda artística da época. A ligação não se manifesta apenas ao nível teórico, mas também ao do estilo, como provam os primeiros textos formalistas. A procura do paradoxo, as digressões líricas, substituem muitas vezes a argumentação fundamentada, própria do raciocínio científico. Assim, estes textos aparecem na maior parte das vezes em revistas artísticas e tornam-se matéria para discussões animadas de onde estão ausentes os escrúpulos da erudição. Este traço esbate-se nas obras publicadas no decurso dos anos seguintes: o paradoxo e a fórmula espirituosa cedem o lugar a um pensamento rigoroso e lógico. Esta transformação deve-se em parte a uma evolução pessoal, em R. Jakobson, por exemplo, mas também à importância que tiveram os trabalhos de alguns jovens participantes do grupo, como J. Tynianov, B. Tomachevski ou V. Vinogradov. O espírito de vanguarda persiste, só a atitude outrora artística se pretende doravante científica.

Se todas as obras enumeradas não fossem senão uma ilustração dos princípios elaborados antes, não teriam contribuído para a evolução da doutrina. Contudo, um desses princípios abriu a via ao aperfeiçoamento ulterior: aquele que postula que o método deve ser imanente ao estudo. Vemos, assim, que o seu valor se encontra a um nível superior, visto que esse princípio não exclui as diferentes abordagens do mesmo objeto. Um método imanente maneja a possibilidade de receber sugestões dos factos analisados. Com efeito, os formalistas modificam e aperfeiçoam o seu método todas as vezes que encontram fenómenos irredutíveis às leis já formuladas. Foi esta liberdade que permitiu, dez anos depois dos manifestos do início, uma nova síntese, muito diferente da primeira.

Esta atitude reforçou o positivismo ingénuo dos formalistas: estes declaram muitas vezes em cabeçalho das suas obras que a ciência é independente de toda a teoria. Por aquilo que dizem, não existe no seu trabalho qualquer premissa filosófica ou metodológica. Também não procuram tirar as consequências que decorrem dos seus trabalhos e ainda menos generalizá-las numa metodologia das ciências humanas. Surpreende tal declaração da parte destes eruditos, que, recusando todo o valor autónomo ao seu método, elaboraram, efetivamente, uma das mais perfeitas doutrinas metodológicas; e hoje censurar-lhes-iam sobretudo o facto de não terem pensado senão na metodologia. O que mostra mais uma vez que em ciência o positivismo ingénuo é sempre ilusório; é antes o indício de um fenómeno corrente nos empiristas: a falta de consciência dos seus próprios meios e até da essência dos seus trâmites.

Foi J. Tynianov que nos seus últimos artigos esboçou a nova síntese. Encontramos nela várias ideias importantes cujo alcance será confirmado pelos anos seguintes. É, em primeiro lugar, a distinção feita entre forma e função do elemento (signo) literário. Este binómio pode ser equiparado à dicotomia saussuriana significante e significado; mas, como se trata da literatura, isto é, de um sistema significativo de segundo grau, as duas noções encontram-se aí não só inseparáveis, mas também confundidas. Com isso se encontra autorizada, sendo a forma constituída por signos linguísticos, a interpretação que provoca ao nível da linguagem comum. Com isso ainda essa capacidade de uma mesma substância participar no anverso e no lugar do signo em épocas ou em autores diferentes: assim se introduz a confusão que consiste em agrupar sem razão elementos formais na categoria do sentido e vice-versa. Vejamos um exemplo. A «viagem à procura de um meio de existência» não é um elemento formal para o romance picaresco do século XVI. Mas, mais tarde, torna-se um simples processo que pode ter funções diversas: assim, permite ao autor ligar situações diferentes conservando o mesmo herói (primeira função), exprimir as suas impressões acerca de diversos lugares visitados (segunda função) ou representar retratos de personagens que, de outro modo, não seriam compatíveis na mesma narrativa (terceira função), etc. Estes dois aspetos do discurso literário encontram-se numa interdependência complexa. A noção de significação funcional revela-se particularmente útil em literatura, onde estamos na presença de um material heterogéneo: permite-nos pôr no mesmo plano elementos tão diferentes como o ritmo, a construção fónica e fonológica, os processos de composição, as figuras retóricas, etc.

Tynianov introduz uma distinção importante na noção de função: esta última pode ser definida quer em relação às outras funções semelhantes que poderiam substituí-la, quer em relação às funções vizinhas, com as quais entra em combinação. Além disso, manifesta-se a vários níveis. Assim, para a «função sinónima (de combinação), o primeiro nível é o da «função construtiva», isto é, a possibilidade de incluir os signos numa obra; ao nível seguinte, encontramos a «função literária», isto é, a inclusão das obras na literatura; finalmente, toda a literatura é integrada no conjunto dos factos sociais graças à sua «função verbal». Por conseguinte, a ordem de descrição, o processo, adquire uma importância particular, a confusão dos níveis equivale à falsa interpretação do sentido. Assim aparece o conceito de hierarquia, tão presente no fenómeno estudado como no desenvolvimento da nossa análise.

No seio de cada classe hierárquica, as formas e as funções constituem sistemas (e não simples conjuntos de factos justapostos). Cada sistema reflete um aspeto homogéneo da realidade, a que Tynianov chama «série». Assim, numa época, encontramos, a par de uma série literária, uma série musical, teatral, etc., mas também uma série de factos económicos, políticos e outros. Uma vez mais, a ordem lógica das relações desempenha aqui um papel primordial; não é senão através do seu conhecimento que conseguiremos abarcar a totalidade dos factos. Tal ponto de partida permite integrar a dimensão histórica no estudo estrutural da literatura (ou de qualquer outra atividade social). É, sem dúvida, neste esboço da antropologia social que os partidários atuais do estruturalismo encontrarão correspondência entre os seus pontos de vista e os dos formalistas.

Apercebemo-nos rapidamente de que a maior parte destas ideias não pode pretender ser completamente original. Pôr a obra literária no centro da atenção, examinar sem preconceitos a sua matéria e a sua construção foi um processo que conduziu pensadores de todas as épocas, de todos os países, a conclusões próximas das dos formalistas. Muitas vezes, são criadores mais do que críticos: pouco mais ou menos na mesma época, em França, Mallarmé, André Gide, Marcel Proust tiveram, muitas vezes, as mesmas reflexões sobre a arte literária; no caso de Valéry — que, pelos seus princípios teóricos, se revela um «formalista» por excelência —, a correspondência torna-se particularmente visível. Mas então as teorias do formalismo têm um valor particular, e, se o têm, de onde vem ele? Porque foi o formalismo que deu origem à metodologia atual das ciências humanas, e não a outra doutrina? Porque não é, certamente, o estilo que assegura aos escritos dos formalistas a sua perenidade…

Para podermos dar uma resposta justa a este problema de valor, é preciso sem dúvida, em primeiro lugar, captar o critério que o fundamenta. Apercebemo-nos de que o trabalho científico não pode ser reduzido ao seu resultado final: a sua verdadeira fecundidade reside na atividade através da qual este trabalho se atualiza, nas suas contradições inerentes, nos seus impasses meritórios, nos seus graus sucessivos de elaboração. Só o pedagogo exige um tratado que descreva um sistema acabado de fórmulas perfeitas; não o investigador, que encontra nas aproximações do seu predecessor um ponto de partida para a pesquisa. O teor de uma obra científica, como o de uma obra de arte, não se confunde com a sua mensagem lógica, que se resume numa pequena quantidade de proposições. O mesmo quanto a afirmar o caráter finito do conhecimento, a pretender que é possível esgotá-lo, sem ter em conta aquele que, ao observá-lo, formula o sentido da realidade.

As ideias abstratas situam-se aquém da obra científica, que, para se constituir, exige que a retomem numa experiência pessoal. Como consequência, uma conceção só se desenvolve depois da sua primeira formulação, quando está subentendida por um conjunto de formas e de relações vividas. Não se trata, pois, no trabalho científico, de comunicar um conhecimento que já tomou a sua forma definitiva, mas de criar uma obra, de escrever um livro. Os formalistas souberam deixar nos seus escritos a marca do seu esforço, descobrimos neles não só um resultado, mas também um ato; é uma obra que traz consigo mesma a imagem do seu devir.

Assim, vemos que, paradoxalmente, o perigo duplo que apresenta a verificação das teorias ou o melhor conhecimento dos factos é ilusório: nem a confirmação das hipóteses, que as torna evidentes e as retira assim ao pensamento ativo, nem a sua refutação, que as obriga a satisfazerem-se com um lugar na história das ideias, podem alterar o valor da obra científica. A passagem realizada pela teoria do formalismo da vanguarda artística à vanguarda científica não é ocasional nem inexplicável: a este nível, os dois processos harmonizam-se e unem-se. E assim se poderia justificar todo o conhecimento da literatura, conhecimento que, de outro modo, nunca atingiria uma qualidade comparável à da obra de arte analisada.

Presentemente, podemos interrogar-nos sobre o significado do formalismo para nós. Em que medida corresponde à nossa imagem do conhecimento da literatura? Esta questão obriga-nos a pôr em primeiro plano o binómio constituído pelo método e pelo objeto do estudo. A censura de «formalismo» dirigida aos formalistas parece injustificada e, devido ao grau dos nossos conhecimentos atuais, o seu recorte nacional do facto literário permanece, a meu ver, sempre válido. Se não reduzirmos o método a uma série de processos técnicos de decomposição e de reunião, aperceber-nos-emos de que o programa anunciado ainda está longe de estar realizado. Objetar-se-á que a imagem da literatura que ressalta das suas análises é relativamente pobre e que não ultrapassa a complexidade de uma narrativa mítica. Mas essa impressão de simplismo nos resultados é devida à complexidade estrutural da obra literária, forma superior de expressão própria da nossa civilização. Os formalistas distinguiram justamente a presença no interior da obra de vários planos sobrepostos que, por possuírem uma substância diferente, não deixam de ter funções correlativas: é o caso dos fonemas, da prosódia, do ritmo, da entoação, etc. Mas a análise literária não pode parar aqui: esta estratificação não corresponde à verdadeira multiplicidade de significações inerentes à obra. De facto, o nível da narrativa constituído pelos elementos linguísticos serve ele próprio de significante ao mundo virtual, aos carateres das personagens e aos valores metafísicos. O criador é igualmente apreendido nesta rede (não na sua personalidade concreta, mas por uma imagem indissoluvelmente integrada na obra), a sua sensibilidade é um significado suplementar. O método escolhido não limita o nosso objeto: assim, podemos integrar na análise todo o nível de significação que acharmos útil isolar, e é o caráter do código que nos indicará os meios e as técnicas a utilizar. O que mais uma vez prova a riqueza da via proposta pelo formalismo.

Durante os quinze anos de duração da sua atividade, os formalistas produziram uma quantidade considerável de obras. Por conseguinte, uma antologia supõe uma escolha que, mesmo permanecendo inevitavelmente subjetiva, devesse, contudo, não deformar a imagem da doutrina. Várias exigências impuseram-nos restrições. Em primeiro lugar, o título da recolha: se ela é o tema principal do seu trabalho, a teoria da literatura não é o único tema, e deixámos de lado preciosos textos incidindo sobre as outras artes ou sobre a linguística. Por outro lado, a recolha é destinada essencialmente aos leitores que não possuem forçosamente um conhecimento aprofundado da língua e da literatura russas. Disto resultam duas consequências importantes para o conteúdo deste livro: primeiramente, é a teoria da prosa que ocupa o primeiro lugar, e não a do verso, que teria sofrido mais com a tradução, podendo até chegar à incompreensão. O sistema fonológico e prosódico do russo é demasiado diferente do francês para que o leitor não iniciado possa apreendê-lo sem dificuldade.

A segunda consequência arrisca-se a deformar ainda mais o verdadeiro rosto da atividade formalista. Escolhemos quase exclusivamente textos que tratam do aspeto teórico dos problemas, omitindo assim a maior parte das análises e das observações concretas, assim como toda a conclusão que só teria valor para a história particular de uma literatura, russa ou outra. O leitor poderia imaginar facilmente uma doutrina abstrata, isolada dos factos e da prática científica. Com efeito, é exatamente a situação inversa que corresponde à realidade. O trabalho dos formalistas é antes de tudo o mais empírico, e são precisamente as conclusões abstratas, a nítida consciência teórica, que faltam na maior parte das vezes.

Acrescentemos finalmente que não pudemos procurar todos os textos formalistas, o que igualmente restringiu a nossa escolha.

Agrupámos os textos escolhidos em duas partes. Podemos dizer, para simplificar, que a primeira incide sobre os estudos literários, a segunda sobre a própria literatura. Evidentemente, este limite nítido entre o objeto do estudo e o seu método é ilusório, e cada uma das partes trata, pelo menos parcialmente, destes dois aspetos.

O artigo de B. Eikhenbaum, «A teoria do método formal», apresenta um balanço do trabalho dos formalistas durante os anos de 1916–1925. Este artigo pode servir de introdução à doutrina, visto que anota as mais importantes aquisições deste período. Escrito por um dos participantes mais ativos do grupo, oferece-nos, além disso, um condensado dos pontos de vista dos formalistas sobre o seu próprio trabalho, e, de um modo mais geral, da sua atitude perante o estatuto e a história da ciência.

Os outros artigos incluídos nesta parte seguem uma ordem cronológica. Os dois primeiros pertencem à fase inicial do movimento. É o artigo-manifesto de V. Chklovski, «A arte como processo». O seu autor desempenha, sublinhamo-lo, o papel de chefe de fila do grupo durante este primeiro período. O texto de R. Jakobson não teve a mesma importância na evolução da doutrina, visto que na altura foi publicado em checo e depois em ucraniano; o texto original russo apareceu pela primeira vez em 1962. O texto apresenta as posições iniciais do autor, posições que desenvolveu igualmente no seu livro *A Poesia Moderna Russa*. Contudo, preferimo-lo a esse último ensaio que trata da poesia de Khlebnikov, que se presta mais dificilmente a uma tradução.

V. Vinogradov nunca aderiu ao grupo formalista; as suas preocupações foram sempre de ordem linguística e estilística; contudo, a influência dos formalistas nas suas primeiras obras é incontestável. O extrato escolhido, que trata da relação entre o estudo sincrónico e o estudo diacrónico, é a conclusão de uma análise estilística de um texto russo do século XVI.

«A noção de construção» é igualmente um excerto, desta vez tirado do primeiro capítulo do livro de J. Tynianov *O Problema da Língua Poética*. Este livro aborda os problemas do ritmo e da significação no verso e constitui indiscutivelmente um resultado adquirido da atividade formalista.

É sobretudo nos artigos que marcaram a última fase do movimento que o mesmo Tynianov desenvolve as ideias retomadas mais tarde pelo estruturalismo. Algumas delas (no artigo «Da evolução literária») ainda esperam uma elaboração e uma aplicação mais amplas. O último texto desta parte, as teses de Tynianov e de Jakobson, dá-lhes uma forma mais geral ao apoiar-se no princípio, tornado depois notório, da analogia entre a linguagem e as outras formas de atividade social.

Na segunda parte da recolha, os textos estão dispostos segundo um princípio sistemático. Os extratos do artigo de O. Brik sobre a interferência entre ritmo e sintaxe caracterizam esse inspirador dos formalistas que deixou, ele próprio, muito poucos escritos «científicos». Podemos descobrir a sua influência nos textos retirados de diferentes artigos de B. Tomachevski (que despojámos quase inteiramente dos seus exemplos).

Os três textos seguintes incidem sobre a teoria da prosa; o último, «Como é feito *O Capote* de Gogol», é a única análise concreta aqui representada; escolhemo-la por duas razões: a sua importância na evolução do formalismo e a notoriedade do texto analisado.

O artigo de V. Propp, «As transformações dos contos fantásticos», provém do último período do movimento; representa um complemento precioso do livro do mesmo autor sobre a morfologia do conto. Ao mesmo tempo, este texto tem o seu valor próprio, visto que levanta um problema atual para o estudo estrutural dos mitos, dos sonhos, etc.

Finalmente, o amplo trecho sobre a temática provém do livro de Tomachevski *Teoria da Literatura*. Esta obra, concebida sob a forma de manual, é destinada a um público mais vasto; isto explica a presença de algumas informações bastante banais. Contudo, sem pretender ter um caráter original, este livro é a única tentativa contemporânea de dar uma forma sistemática às aquisições dos formalistas, particularmente no domínio da prosa.

Mesmo para além do primeiro e do último artigos, que apresentam perspetivas de conjunto, o leitor aperceber-se-á facilmente de certas repetições ou contradições entre os textos particulares. Este defeito é fácil de explicar, porque o nosso livro não é um estudo homogéneo. São textos de autores diferentes, escritos no decurso de um período de dez anos. Ao mesmo tempo, permanecemos assim fiéis ao espírito dos formalistas, que sempre recusaram dar uma forma definitiva e indiscutível aos resultados adquiridos.

Agradeço aqui ao professor Roman Jakobson, da Universidade de Harvard, que me deu preciosos conselhos sobre a escolha dos textos e que me ajudou a encontrar alguns deles; ao professor Ladislav Majetka, da Universidade de Michigan, que me procurou vários textos; e a Gérard Genette, que me deu a ideia desta recolha e os primeiros impulsos ao meu trabalho.

Agradeço muito particularmente a Annie Lavaur, que participou na elaboração do texto francês da tradução, assim como a Delphine Perret, pelo seu trabalho desinteressado; exprimo igualmente o meu vivo reconhecimento aos meus amigos Eliane Morere, Nicolas Ruwet, Georges Sebbag e Marc Rouanet, que leram e corrigiram partes do manuscrito.

Tzvetan Todorov
Paris, novembro de 1964.

PRIMEIRA PARTE

A TEORIA DO «MÉTODO FORMAL»

Boris Eikhenbaum

A meu ver, o pior é aquele que representa a ciência como feita.

A. P. de Candolle

Aquilo a que se chama «método formal» resulta não da constituição de um sistema «metodológico» particular, mas dos esforços para a criação de uma ciência autónoma e concreta. A noção de «método» tomou, em geral, proporções desmesuradas, e atualmente significa demasiadas coisas. Para os «formalistas» ([1]), não é o problema de método nos estudos literários que é essencial, mas o da literatura enquanto objeto de estudo.

Com efeito, não falamos nem discutimos qualquer metodologia. Falamos e podemos falar unicamente de alguns princípios teóricos que nos são sugeridos pelo estudo de uma matéria concreta e das suas particularidades específicas, e não

([1]) Neste artigo, denomino «formalistas» o grupo de teóricos que se constituíram numa «Sociedade para o estudo da língua poética» (Opoiaz) e que publicam as suas recolhas a partir de 1916.

por esse ou aquele sistema já inteiramente feito, metodológico ou estético. Os trabalhos dos formalistas que incidem na teoria e na história literária exprimem esses princípios com bastante nitidez; contudo, ao longo destes dez últimos anos, acumularam-se a propósito desses princípios tantos problemas novos e velhos mal-entendidos que não seria inútil tentar resumi-los: não como um sistema dogmático, mas com um balanço histórico. É importante mostrar de que maneira o trabalho dos formalistas começou, como e para que evoluiu.

O elemento evolutivo é muito importante para a história do método formal. Os nossos adversários e muitos dos nossos discípulos não se apercebem disso. Estamos rodeados de ecléticos e de epígonos que transformam o método formal num sistema imóvel de «formalismo» que lhes serve para a elaboração de termos, de esquemas e classificações. Pode criticar-se facilmente este sistema, mas ele não é de modo algum característico do método formal. Não tínhamos e não temos ainda nenhuma doutrina ou nenhum sistema completamente feitos. No nosso trabalho científico, apreciamos a teoria unicamente como uma hipótese de trabalho, com a ajuda da qual indicamos e compreendemos os factos: descobrimos o caráter sistemático graças ao qual eles se tornam matéria de um estudo. É por isso que não nos ocupamos de definições de que os epígonos são tão ávidos, nem construímos teorias gerais que os ecléticos acham tão agradáveis. Estabelecemos princípios concretos e, na medida em que estes podem ser aplicados a uma matéria, apoiamo-nos nesses princípios. Se a matéria pedir uma complexificação ou uma modificação dos nossos princípios, operamo-la imediatamente. Neste sentido, somos suficientemente livres relativamente às nossas próprias teorias; e toda a ciência deveria sê-lo, na nossa opinião, na medida em que há uma diferença entre a teoria e a convicção.

Não existe ciência inteiramente feita, a ciência vive superando os erros e não estabelecendo verdades.

A finalidade deste artigo não é polémica. O período inicial das discussões científicas e das polémicas jornalísticas terminou. Só novos trabalhos científicos podem responder a este género de polémicas, de que *Imprensa e Revolução* (1924, n.º 5) me considerou digno. A minha tarefa principal é mostrar como, ao evoluir e ao alargar o domínio do seu estudo, o método formal ultrapassou completamente os limites daquilo a que se chama geralmente a metodologia e como ela se transformou numa ciência autónoma tendo por objeto a literatura considerada como série específica de factos. Vários métodos podem ter lugar no âmbito desta ciência, com a condição de a atenção se concentrar no caráter intrínseco da matéria estudada. Era, com efeito, este o desejo dos formalistas desde o início, e era este o sentido do seu combate contra as velhas tradições. O nome «método formal», solidamente ligado a este movimento, deve ser compreendido como uma denominação convencional, como um termo histórico, e não é preciso apoiarmo-nos nele como numa definição válida. O que nos caracteriza não é o «formalismo» enquanto teoria estética, nem uma «metodologia» representando um sistema científico definido, mas o desejo de criar uma ciência literária autónoma a partir das qualidades intrínsecas da matéria literária. A nossa única finalidade é a consciência teórica e histórica dos factos que dependem da arte literária como tal.

I

Muitas vezes, e em diversas perspetivas, censurou-se aos representantes do método formal o caráter obscuro ou a insuficiência dos seus princípios, a indiferença perante os problemas gerais da estética, da psicologia, da sociologia, etc. Estas censuras, apesar das suas diferenças qualitativas, são igualmente fundamentadas no sentido em que dão corretamente conta da distância voluntária que separa os formalistas quer da estética quer de toda a teoria geral já acabada ou pretendendo sê-lo. Esta separação, sobretudo da estética, é um fenómeno que caracteriza mais ou menos todos os estudos contemporâneos sobre a arte. Depois de terem posto de lado muitos problemas gerais como o problema do belo, do sentido da arte, etc., estes estudos concentraram-se em problemas concretos postos pela análise da obra de arte (*Kunstwissenschaft*). O problema da compreensão da forma artística e da sua evolução foi posto em questão de novo fora das premissas impostas pela estética geral. Seguiram-no muitos outros problemas concretos dependentes da história e da teoria da arte. Surgiram *slogans* reveladores, no género daquele de Wölflin, *História da Arte sem Nomes* (*Kunstgeschichte ohne Namen*), e depois tentativas sintomáticas de análise concreta de estilos e de processos, como o *Ensaio de Estudo Comparativo dos Quadros*, de K. Foll. Na Alemanha, a teoria e a história das artes figurativas eram as disciplinas mais ricas em experiência e em tradições, e tiveram um lugar central no estudo das artes, influenciando depois não só a teoria geral da arte como as disciplinas particulares, nomeadamente os estudos literários ([2]).

Pela força das razões históricas locais, foi a ciência literária que teve na Rússia um lugar análogo.

([2]) R. Unger faz notar a influência decisiva que tiveram os trabalhos de Wölflin nos representantes da corrente estética nos estudos atuais de história literária na Alemanha, O. Walzel e F. Strich; cf. o seu artigo «Moderne Strömungen in der deutschen Literaturwissenschaft» (*Die Literatur*, 1923, nov. H. 2). Cf. no livro de O. Walzel, *Gehalt und Gestalt in Kunstwerk des Dichters* (Berlim, 1923).

O método formal chamou a atenção sobre si e tornou-se um problema atual não, certamente, por causa das suas particularidades metodológicas, mas devido à sua atitude perante a interpretação e o estudo da arte. Nos trabalhos dos formalistas sobressaíam nitidamente certos princípios que contradiziam as tradições e os axiomas, à primeira vista estáveis, da ciência literária e da estética em geral. Graças a esta precisão dos princípios, a distância que separava os problemas particulares da ciência literária e os problemas gerais da estética reduziu-se consideravelmente. As noções e os princípios elaborados pelos formalistas e tomados como fundamento dos seus estudos visavam, conservando mesmo assim o seu caráter concreto, a teoria geral da arte. O renascimento da poética, que, naquela altura, se encontrava completamente fora de uso, fez-se sob a forma de uma invasão de todo o domínio dos estudos sobre a arte que não se limitava a reconsiderar certos problemas particulares. É uma situação que resulta de uma série de acontecimentos históricos, de que os mais importantes são a crise da estética filosófica e a viragem brusca que se observa na arte, viragem que, na Rússia, escolhe a poesia como terreno de eleição. A estética viu-se desnudada, enquanto a arte tomou voluntariamente uma forma despojada e já não observava senão as convenções mais primitivas. O método formal e o futurismo encontraram-se, pois, ligados entre si.

Mas o valor histórico do formalismo representa um tema à parte; conto dar aqui uma imagem da evolução dos princípios e dos problemas do método formal, uma imagem da sua situação atual.

No momento em que surgiram os formalistas, a ciência académica, que ignorava inteiramente os problemas teóricos e que utilizava sem vigor os axiomas envelhecidos extraídos da estética, da psicologia e da história, tinha de tal modo perdido a sensação do seu objeto de estudo que a sua própria existência se tornara ilusória. Não tínhamos necessidade de lutar contra ela: não era preciso arrombar uma porta aberta, encontrámos o caminho livre e não uma fortaleza. A herança teórica de Potebnia e de Vesselovski, conservada pelos seus discípulos, era como um capital imobilizado, como um tesouro que se privasse do seu valor ao não ousar-se tocar-lhe. A autoridade e a influência já não pertenciam à ciência académica, mas a uma ciência jornalística, se assim se pode dizer; pertenciam aos trabalhos dos críticos e dos teóricos do simbolismo. Com efeito, nos anos 1907–12, a influência dos livros e dos artigos de V. Ivanov, Brussov, A. Bieli, Merejkovski, Tchukovski, etc., era infinitamente superior à dos estudos eruditos e à das teses universitárias. Esta ciência jornalística, apesar de todo o seu caráter subjetivo e tendencioso, estava fundada sobre certos princípios e fórmulas teóricas que as novas correntes artísticas em voga na altura apoiavam. Livros como *Simbolismo*, de Andrei Bieli (1910), tinham naturalmente mais sentido para a jovem geração do que as monografias de história literária privadas de conceções próprias e de todo o temperamento científico.

Foi por isso que, no momento em que se deu o encontro histórico das duas gerações, encontro extremamente tenso e importante, este teve lugar, não no domínio da ciência académica, mas na corrente dessa ciência jornalística composta pela teoria simbolista e pelos métodos da crítica impressionista. Entrámos em conflito com os simbolistas para lhes arrancarmos das mãos a poética, para a libertarmos das teorias de subjetivismo estético e filosófico e para a introduzirmos na via do estudo científico dos factos. A revolução que os futuristas erguiam (Khlebnikov, Kruchenykh, Maiakovski) contra o sistema poético do simbolismo foi um apoio para os formalistas, porque dava um caráter mais atual ao combate destes.

Libertar a palavra poética das tendências filosóficas e religiosas cada vez mais preponderantes nos simbolistas era a palavra de ordem que unia o primeiro grupo de formalistas. A cisão entre os teóricos do simbolismo (1910–1911) e o surgimento dos acmeístas preparam o terreno para uma revolução decisiva. Era necessário afastar todos os compromissos. A história pedia-nos um verdadeiro *pathos* revolucionário, teses categóricas, uma ironia impiedosa, uma recusa audaciosa de todo o espírito de conciliação. O que importava, na nossa luta, era opor os princípios estéticos subjetivos que inspiravam os simbolistas nas suas obras teóricas à exigência de uma atitude científica e objetiva em relação aos factos. Daqui vinha o novo *pathos* do positivismo científico que caracteriza os formalistas: uma recusa de premissas filosóficas, de interpretações filosóficas e estéticas, etc. O próprio estado das coisas pedia-nos que nos separássemos da estética filosófica e das teorias ideológicas da arte. Era necessário que nos ocupássemos dos factos e, afastando-nos dos sistemas e dos problemas gerais, que partíssemos de um ponto arbitrário, desse ponto em que entramos em contacto com o facto artístico. A arte exigia que a examinassem de perto, a ciência queria ser concreta.

II

O princípio organizador do método formal era o princípio de especificação e de concretização da ciência. Concentraram-se todos os esforços para pôr termo à situação precedente, em que a literatura permanecia, segundo a palavra de A. Vesselovski, *res nullius.* Foi nisto que se tornou impossível conciliar a posição dos formalistas com os outros métodos e fazê-la admitir pelos ecléticos. Ao oporem-se a esses outros métodos, os formalistas negavam e negam ainda não os métodos, mas a confusão irresponsável das diferentes ciências e dos diferentes problemas científicos. Apresentávamos e apresentamos ainda como afirmação fundamental que o objeto da ciência literária deve ser o estudo das particularidades específicas dos objetos literários que os distinguem de qualquer outra matéria, e isto independentemente do facto de, pelos seus traços secundários, esta matéria poder dar pretexto e direito de a utilizarem noutras ciências como objeto auxiliar. R. Jakobson (*A Poesia Moderna Russa*, esboço 1, Praga, 1921, p. 11) deu a esta ideia a sua fórmula definitiva: «O objeto da ciência literária não é a literatura, mas a "literariedade" (*literaturnost'*), isto é, o que faz de uma determinada obra uma obra literária. Contudo, até agora, poderíamos comparar os historiadores da literatura mais a essa polícia que, ao propor-se prender alguém, teria capturado ao acaso tudo o que encontrasse no quarto, e até as pessoas que passassem na rua ao lado. Assim, os historiadores da literatura serviam-se de tudo: da vida pessoal, da psicologia, da política, da filosofia. Compunha-se um conglomerado de disciplinas grosseiras em vez de uma ciência literária, como se se tivessem esquecido de que cada um destes objetos pertence, respetivamente, a uma ciência — à história da filosofia, à história da cultura, à psicologia, etc. — e que estas últimas podem, naturalmente, servir-se de factos literários como de documentos defetivos, de segunda ordem.»

Para realizar e consolidar este princípio de especificação sem recorrer a uma estética especulativa, era necessário confrontar a série literária com outra série de factos, escolhendo na quantidade de séries existentes aquela que, encavalgando-se com a série literária, tivesse, contudo, uma função diferente. O confronto da língua poética com a língua quotidiana ilustrava este processo metodológico. Este foi desenvolvido nas primeiras recolhas da Opoiaz (nos artigos de L. Yakubinski) e serviu de ponto de partida para o trabalho dos formalistas sobre os problemas fundamentais da poética. Na altura em que era habitual para os literatos tradicionais orientarem os seus estudos na direção da história da cultura ou da vida social, os formalistas orientaram-nos na direção da linguística, que se apresentava como uma ciência que se cruzava com a poética na matéria do seu estudo, mas que a abordava, no entanto, apoiando-se noutros princípios e propondo-se outros objetivos. Por outro lado, os linguistas interessaram-se também pelo método formal, na medida em que os factos da língua poética podem, enquanto factos da língua, ser considerados como pertencendo aos domínios puramente linguísticos. Disto resultou uma relação análoga à que existe, por exemplo, entre a física e a química, quanto à utilização e à delimitação mútua da matéria. Os problemas outrora apresentados por Potebnia e aceites sem provas pelos seus discípulos reapareceram sob essa nova perspetiva e ganharam, assim, um novo sentido.

Yakubinski realizara o confronto da língua poética com a língua quotidiana sob a sua forma geral no seu primeiro artigo, «Acerca dos sons da língua poética» (*Recolhas sobre a Teoria da Língua Poética*, fasc. 1, São Petersburgo, 1916); formulara a diferença entre elas da seguinte maneira: «Os fenómenos linguísticos devem ser classificados do ponto de vista da finalidade visada em cada caso particular pelo sujeito falante. Se ele os utiliza com a finalidade puramente prática da comunicação, trata-se do sistema da língua quotidiana (do pensamento verbal), na qual os formantes linguísticos (os sons, os elementos morfológicos, etc.) não têm valor autónomo e não são senão um meio de comunicação. Mas podemos imaginar (e eles existem na realidade) outros sistemas linguísticos, nos quais a finalidade prática é relegada para segundo plano (embora não desapareça inteiramente), e os formantes linguísticos obtêm então um valor autónomo.»

Era importante constatar esta diferença não só para a construção de uma poética, mas também para compreender a tendência dos futuristas para criarem uma língua «transracional» ([3]) enquanto revelação total do valor autónomo das palavras, fenómeno observado em parte na língua das crianças, na glossolália dos Sectantes, etc. Os ensaios futuristas de poesia transracional tiveram uma importância essencial a partir do momento em que tomaram a figura de uma demonstração contra as teorias simbolistas, as quais não ousavam ir além da noção de sonoridade que acompanha o sentido e que desta forma desvalorizavam o papel dos sons na língua poética. Dispensou-se ao problema dos sons no verso uma importância particular: foi neste ponto que os formalistas, ligados aos futuristas, esbarraram de frente com os teóricos do simbolismo. É natural que os formalistas tivessem travado a sua primeira batalha neste campo: era necessário reconsiderar antes de mais o problema dos sons, a fim de opor um sistema de observações precisas às tendências filosóficas e estéticas dos simbolistas e de tirar em seguida as conclusões científicas que daí decorriam. Assim se constituiu a primeira recolha, inteiramente consagrada ao problema dos sons em poesia e ao da língua transracional.

Paralelamente a Yakubinski, V. Chklovski, no seu artigo «Acerca da poesia e da língua transracional», demonstrava, por meio de uma grande quantidade de exemplos, que «as pessoas usam, por vezes, palavras sem se referirem ao seu sentido». As construções transracionais revelavam-se como um facto linguístico frequente e como um fenómeno que caracteriza a poesia. «O poeta não ousa dizer uma palavra

---

([3]) Traduzimos assim o termo *zaumnyj*, que designa uma poesia em que se supõe que os sons têm um sentido, sem que para isso constituam palavras. [*N. do T. da edição francesa*]

transracional, a transignificação oculta-se habitualmente sob a aparência de uma significação enganadora, fictícia, que obriga os poetas a confessaram que não compreendem o sentido dos seus versos.» O artigo de Chklovski faz recair, entre outros, a atenção sobre o aspeto articulatório, desligando-se do aspeto puramente fónico que oferece a possibilidade de interpretar a correspondência entre o som e o objeto descrito ou a emoção apresentada de uma maneira impressionista: «O aspeto articulatório da língua é, sem dúvida, importante para a fruição de uma palavra transracional, de uma palavra que nada significa. Talvez a maior parte das fruições trazidas pela poesia esteja contida no aspeto articulatório, no movimento harmonioso dos órgãos da fala.» O problema da relação para com a língua transracional adquire assim a importância de um verdadeiro problema científico, cujo estudo teria facilitado a compreensão de muitos factos da língua poética. Chklovski formulou assim o problema geral: «Se, para falarmos de uma significação da palavra, exigirmos que ela sirva necessariamente para designar noções, as construções transracionais permanecerão exteriores à língua. Mas, então, não serão as únicas a permanecerem-lhes exteriores. Os factos que citámos incitam-nos a refletir sobre a seguinte questão: terão as palavras sempre um sentido na língua poética (e não apenas na língua transracional) ou será preciso ver nesta questão apenas um ponto de vista resultante da nossa falta de atenção?»

Todas estas observações e todos estes princípios levaram-nos a concluir que a língua poética não é unicamente uma língua das imagens e que os sons do verso não são unicamente os elementos de uma harmonia exterior, que estes não acompanham unicamente o sentido, mas que têm em si mesmos uma significação autónoma. Assim se organizava o reexame da teoria geral de Potebnia construída sobre a afirmação de que a poesia é um pensamento por imagens. Esta conceção da poesia admitida pelos teóricos do simbolismo obrigava-nos a tratar os sons do verso como uma expressão de outra coisa que se encontrasse por detrás deles e a interpretá-los quer como uma onomatopeia, quer como uma aliteração. Os trabalhos de A. Bieli eram particularmente característicos desta tendência. Em dois versos de Pushkin, encontrara uma perfeita «pintura pelos sons» da imagem do champanhe que passava da garrafa para o copo, enquanto na repetição do grupo *r*, *d*, *t*, em Blok, via «a tragédia da dissipação da embriaguez» ([4]).

Estas tentativas de explicar as aliterações, tentativas que se encontravam no limite do pastiche, deviam provocar a nossa resistência intransigente e incitavam-nos a demonstrar, com base numa análise concreta, que os sons existem no verso fora de todo o elo com a imagem e que têm uma função verbal autónoma.

Os artigos de L. Yakubinski serviam de base linguística às afirmações do valor autónomo dos sons no verso. O artigo de O. Brik «As repetições dos sons» (*Recolhas sobre a Teoria da Língua Poética*, fasc. 2, São Petersburgo, 1917) mostrava os próprios textos (extratos de Pushkin e de Lermontov) e dispunha-os segundo várias classes. Depois de ter expressado a sua dúvida acerca da justeza da opinião corrente, a saber, que a língua poética é uma língua das imagens, Brik chega à seguinte conclusão: «Seja qual for a maneira como se considerem as relações entre a imagem e o som, os sons e as consonâncias nunca são um puro suplemento eufónico, mas o resultado de um desígnio poético autónomo. A sonoridade da língua

([4]) Cf. os artigos de A. Bieli nas recolhas *Os Citas* (1917) e *Ramos* (1917) e o meu artigo «Acerca dos sons no verso», de 1920, retomado na recolha de artigos *Através da Literatura* (1924).

poética não se esgota com os processos exteriores da harmonia, mas representa um produto complexo da interação das leis gerais da harmonia. A rima, a aliteração, etc., não são senão uma manifestação aparente, um caso particular das leis eufónicas fundamentais.» Ao opor-se aos trabalhos de A. Bieli, o artigo de Brik não dá uma interpretação do sentido desta ou daquela aliteração; supõe apenas que o fenómeno de repetição dos sons é análogo ao processo de tautologia no folclore, isto é, que, neste caso, a repetição desempenha ela própria um papel estético: «Evidentemente, trata-se aqui das diferentes manifestações de um princípio poético comum, o princípio da simples combinação, em que, como material de combinação, podem servir ou os sons das palavras, ou o seu sentido, ou um e outro.» Tal extensão de comportamento em matérias diferentes caracteriza bem o período inicial do trabalho dos formalistas. Depois do artigo de Brik, o problema dos sons no verso perdeu a sua particular atualidade e entrou no sistema geral dos problemas da poética.

III

O trabalho dos formalistas estreou-se com o estudo do problema dos sons no verso, que, nessa altura, era o mais atual e o mais importante. Evidentemente, por detrás deste problema particular da poética, elaboravam-se teses mais gerais que mais tarde acabariam por se revelar. A distinção entre os sistemas da língua poética e da língua prosaica, que desde o início determinara o trabalho dos formalistas, devia influenciar a discussão de muitos problemas fundamentais. A conceção da poesia como um pensamento por imagens, e a fórmula que daí derivava, poesia = imagem, não correspondia evidentemente aos factos observados e contradizia os princípios gerais delineados. Deste ponto de vista, o ritmo, os sons, a sintaxe, não tinham senão uma importância secundária, não sendo específicos da poesia, e não entravam no seu sistema. Os simbolistas que tinham aceitado a teoria geral de Potebnia, visto que ela justificava o papel dominante das imagens-símbolos, não podiam superar a famosa teoria sobre a harmonia da forma e do fundo, embora esta teoria contradissesse ostensivamente o seu próprio desejo de tentar experiências formais e assim menosprezasse estas experiências ao conferir-lhes um caráter de jogo. Ao afastarem-se do ponto de vista de Potebnia, os formalistas libertavam-se da correlação tradicional forma/fundo e da noção de forma como um envelope, como um recipiente no qual se deita o líquido (o conteúdo). Os factos artísticos testemunhavam que a *differentia specifica* da arte não se exprimia nos elementos que constituem a obra, mas na utilização particular que se faz deles. Assim, a noção de forma obtinha um sentido diferente e não exigia nenhuma outra noção complementar, nenhuma correlação.

Em 1914, na época das manifestações públicas dos futuristas e antes da constituição da Opoiaz, V. Chklovski tinha publicado uma brochura intitulada *A Ressurreição da Palavra*, na qual, ao referir-se em parte a Potebnia e a Vesselovski (o problema da imagem não tinha ainda esta importância), estabelecia como traço distintivo da perceção estética o princípio da sensação da forma. «Nós não sentimos o habitual, não o vemos, não o reconhecemos. Nós não vemos as paredes dos nossos quartos, é-nos difícil ver os carateres de uma prova, sobretudo quando está escrita numa língua muito conhecida, porque não podemos obrigar-nos a ver, a ler, a não reconhecer a palavra habitual. Se quisermos dar a definição da perceção poética e até artística, será esta a que se impõe inevitavelmente: a perceção artística é essa perceção em que sentimos a forma (talvez não só a forma, mas pelo menos a forma).»

É claro que a perceção de que se fala não é uma simples noção psicológica (a perceção própria a esta ou àquela pessoa), mas um elemento da arte, e este último não existe fora da perceção. A noção de forma obteve um sentido novo, já não é um envelope, mas uma integridade dinâmica e concreta que tem um conteúdo em si mesma, fora de toda a correlação. É aqui que se inscreve o desvio entre a doutrina formalista e os princípios simbolistas, segundo os quais «através da forma» deveria transparecer alguma coisa «do fundo». Do mesmo modo estava superado o esteticismo, admiração de certos elementos da forma conscientemente isolados do «fundo».

Mas tudo isto não bastava para um trabalho concreto. Ao mesmo tempo que se estabelecia a diferença entre a língua poética e a língua quotidiana e que se descobria que o caráter específico da arte consiste numa utilização particular dos materiais, era necessário tornar concreto o princípio da sensação da forma, para que permitisse analisar esta forma compreendida como fundo em si mesma. Era preciso mostrar que a sensação da forma surgia como resultado de certos processos artísticos destinados a no-la fazerem sentir. O artigo de V. Chklovski «A arte como processo» (*Recolhas sobre a Teoria da Língua Poética*, fase 2, 1917), que representava uma espécie de manifesto do método formal, abriu o caminho à análise concreta da forma ([5]). Aqui, vemos claramente o desvio entre os formalistas e Potebnia, e, do mesmo modo, entre os seus princípios e os do simbolismo. O artigo começa por fazer objeções aos princípios fundamentais de Potebnia sobre as imagens e sobre a relação da imagem com aquilo que ela explica. Chklovski indica, entre outras coisas, que as imagens são quase invariáveis: «Quanto mais se esclarece uma época, mais nos persuadimos de que as imagens, que considerávamos

([5]) Cf., neste mesmo volume, pp. 77–100.

criação de um certo poeta, são retiradas por este a outros poetas quase sem nenhuma alteração. Todo o trabalho das escolas poéticas já não é, assim, senão a acumulação e a revelação de novos processos de dispor e elaborar o material verbal, e consiste muito mais na disposição das imagens do que na sua criação. As imagens são dadas, e em poesia recordamo-nos muito mais das imagens do que as utilizamos para pensar. O pensamento por imagens não é, em todo o caso, o elo que une todas as disciplinas da arte, ou até da arte literária; a alteração das imagens não constitui a essência do desenvolvimento poético.» Mais adiante, Chklovski indica a diferença entre a imagem poética e a imagem prosaica. A imagem poética é definida como um dos meios da língua poética, como um processo que, na sua função, é igual aos outros processos da língua poética, tais como o paralelismo simples e negativo, a comparação, a repetição, a simetria, a hipérbole, etc. A noção da imagem entrava no sistema geral dos processos poéticos e perdia o seu papel dominante na teoria. Ao mesmo tempo, rejeitava-se o princípio da economia artística que se havia solidamente afirmado na teoria da arte. Em contrapartida, avançava-se o processo de singularização (6) e o processo da forma difícil que aumenta a dificuldade e a duração da perceção: o processo de perceção em arte é um fim em si e deve ser prolongado. A arte é compreendida como um meio de destruir o automatismo percetivo, a imagem não procura facilitar-nos a compreensão do seu sentido, procura criar uma perceção particular do objeto, a criação da sua visão e não do seu reconhecimento. Vem daí o elo habitual entre a imagem e a singularização.

A oposição às ideias de Potebnia foi definitivamente formulada por Chklovski no seu artigo «Potebnia» (*Poética*,

---

(6) Em russo, *ostranenie*.

Recolhas sobre a Teoria da Língua Poética, São Petersburgo, 1919). Este repete uma vez mais que a imagem, o símbolo, não constituem o que distingue a língua poética da língua prosaica (quotidiana): «A língua poética difere da língua prosaica pelo caráter percetível da sua construção. Podemos captar ou o aspeto acústico, ou o aspeto articulatório, ou o aspeto semântico. Por vezes, não é a construção, mas a combinação das palavras, a sua disposição, que é percetível. A imagem poética é um dos meios que servem para criar uma construção percetível que se pode sentir na sua própria substância; mas não é mais nada... A criação de uma poética científica exige que se admita à partida a existência de uma língua poética e de uma língua prosaica cujas leis são diferentes, ideia provada por múltiplos factos. Devemos começar pela análise destas diferenças.»

Devemos ver nestes artigos um balanço do período inicial do trabalho dos formalistas. A principal aquisição deste período consiste no estabelecimento de um certo número de princípios teóricos que servirão de hipóteses de trabalho no decurso do estudo ulterior dos factos concretos; ao mesmo tempo, graças a eles, os formalistas puderam superar o obstáculo constituído pelas teorias correntes fundadas nas conceções de Potebnia. A partir dos artigos citados, podemos dar conta de que os principais esforços dos formalistas não incidiam sobre o estudo da tal forma, nem na construção de um método particular, mas que visavam fundar a tese segundo a qual se devem estudar os traços específicos da arte literária. Para isso, é preciso partir da diferença funcional entre a língua poética e a língua quotidiana. Quanto à palavra «forma», o importante para os formalistas era modificar o sentido deste termo confuso, de modo a não se ser mais perturbado pela associação corrente que se fazia com a palavra «fundo», cuja noção era ainda mais confusa e ainda menos científica. Importava destruir a correlação tradicional e enriquecer assim a noção de forma com um novo sentido. A noção de processo foi de uma importância muito maior no decurso da evolução ulterior, porque derivava diretamente do facto de se ter estabelecido uma diferença entre a língua poética e a língua quotidiana.

IV

Já se ultrapassara o estádio preliminar do trabalho teórico. Haviam-se delineado os princípios teóricos gerais com a ajuda dos quais nos podíamos orientar na imensidão dos factos. Doravante, era necessário examinar a matéria de mais perto e tornar os problemas mais concretos. As questões da poética teórica que estavam apenas afloradas nos primeiros trabalhos ocupavam agora o centro do nosso interesse. Era preciso passar da questão dos sons do verso, que apenas tinha uma importância ilustrativa para a ideia geral da diferença entre a língua poética e a língua quotidiana, a uma teoria geral do verso; da questão do processo em geral ao estudo dos processos de composição, ao problema do assunto, etc. Ao lado dos problemas postos pelas teorias herdadas de Potebnia, situava-se o problema da relação com as opiniões de A. Vesselovski e com a sua teoria do assunto.

É natural que durante este tempo as obras literárias não tenham representado para os formalistas senão uma matéria própria para verificar e confirmar as teses teóricas. Deixavam-se ainda de lado as questões relativas à tradição, à evolução, etc. Era importante que nos ocupássemos da matéria mais vasta possível, que estabelecêssemos leis e que realizássemos um exame prévio dos factos. Assim, já não era necessário para os formalistas recorrer às premissas abstratas, e, por outro lado, eles podiam assumir a matéria sem se perderem com os pormenores.

Os trabalhos de V. Chklovski sobre a teoria do assunto e do romance tiveram uma importância particular durante este período. Chklovski demonstra a existência de processos próprios à composição e a sua ligação com os processos estilísticos gerais ao fundamentar-se em exemplos muito diferentes: contos, novelas orientais, *Dom Quixote* de Cervantes, Tolstoi, *Tristam Shandy* de Sterne. Sem entrar em pormenores que serão tratados no decurso dos trabalhos concretos, e não num artigo geral sobre o método formal, demorar-me-ei nesses pontos que têm uma importância teórica que ultrapassa o âmbito dos problemas relativos ao assunto e que deixaram traços na evolução ulterior do método formal.

O primeiro desses artigos, «A ligação entre os processos de composição e os processos estilísticos gerais» (*Poética*, 1919), contém uma série desses pontos. Em primeiro lugar, ao afirmar a existência de processos próprios à composição do assunto, existência ilustrada por uma quantidade de exemplos, mudava-se a imagem tradicional do assunto, que deixava assim de ser a combinação de uma série de motivos, e transferir-se-ia da classe dos elementos temáticos para a classe dos elementos de elaboração. Assim, a noção de assunto tirava partido de um novo sentido, sem, contudo, coincidir coma noção de fábula, e as regras de composição do assunto entravam logicamente na esfera do estudo formal enquanto qualidade intrínseca das obras literárias. A noção de forma enriquecia-se com novos traços e libertava-se pouco a pouco do seu caráter abstrato, perdendo por isso mesmo a sua importância polémica. É evidente que, para nós, a noção de forma se confundira pouco a pouco com a noção de literatura, com a noção de facto literário. Em seguida, o estabelecimento de uma analogia entre os processos de composição do assunto e os processos estilísticos era de grande importância teórica. A construção em patamares que caracteriza a epopeia surgia na mesma série das repetições dos sons, da tautologia, do paralelismo tautológico, das repetições, etc., dependendo esta série de um princípio geral da arte literária sempre construído sobre um desmembramento, sobre um abrandamento.

Assim, confrontam-se os três golpes desferidos por Rolando sobre a pedra (*A Canção de Rolando*) e as outras repetições ternárias semelhantes, habituais nos assuntos dos contos, com fenómenos análogos como a utilização de sinónimos em Gogol, as construções linguísticas como *kudi-mudy*, *pl'uski-ml'uski*, etc. (7) «Todos estes casos de construções retardadas, em patamares, não são habitualmente reunidos, e tenta-se para cada um deles uma explicação isolada.» Vemos claramente aqui o desejo de afirmar a unidade do processo em matérias diferentes. Aqui produziu-se o inevitável conflito com a teoria de Vesselovski, que, em casos semelhantes, recorria a uma hipótese histórica e genética e que explicava as repetições épicas pelo mecanismo da interpretação inicial (o canto amorfo). Mesmo que seja verdadeira quanto à génese, uma explicação deste género não explica o fenómeno enquanto facto literário. Chklovski não rejeita a ligação geral da literatura com a vida real que servia a Vesselovski e aos outros representantes da escola etnográfica para explicarem as particularidades dos motivos e dos assuntos dos contos, mas já não a utiliza para explicar essas particularidades do facto literário. A génese explica a origem e mais nada, enquanto o que importa para a poética é a compreensão da função literária. O ponto de vista genético não dá conta da existência do processo que é uma utilização específica dos materiais; não se dá conta da escolha feita sobre a matéria

(7) Cf. construções francesas como *pêle-mêle*, etc. [*N. do T. da edição francesa*]

tirada à vida, da transformação sofrida por essa matéria, do seu papel construtivo; finalmente, não se dá conta do facto de um meio desaparecer, enquanto a função literária que este engendrou permanece não só como uma sobrevivência, mas como um processo literário que mantém a sua significação fora de qualquer relação com o meio. Podemos salientar que Vesselovski se contradizia quando considerava as aventuras do romance grego como um puro processo estilístico.

O enografismo de Vesselovski chocou com a resistência natural dos formalistas, que consideravam este etnografismo como um desconhecimento do caráter específico do processo literário, como uma substituição do ponto de vista genético pelo ponto de vista teórico e evolutivo. As suas perspetivas sobre o sincretismo como fenómeno dependente apenas da poesia primitiva e nascido das condições de existência foram criticadas mais tarde no estudo de B. Kazanski: «A Ideia da Poética Histórica» (*Poética*, periódico da secção literária do Instituto de Estado da História da Arte, Leninegrado, Academia, 1926); Kazanski demonstra que a própria natureza de cada arte compreende tendências sincréticas que aparecem com uma nitidez particular em certos períodos; é por isso que rejeita o ponto de vista etnográfico. É natural que os formalistas não pudessem aceitar as perspetivas de Vesselovski quando este abordava os problemas gerais da evolução literária. Tinham-se elaborado os princípios fundamentais da poética teórica a partir do conflito com as perspetivas de Potebnia; foi graças ao conflito com as ideias de Vesselovski e dos seus discípulos que se formularam as conceções dos formalistas sobre a evolução literária e, por conseguinte, sobre o estatuto da história literária.

O apanhado dessa alteração estava contido nesse mesmo artigo de Chklovski. Ao discutir a fórmula de Vesselovski tirada do mesmo princípio etnográfico, «a nova forma aparece para exprimir um conteúdo novo», Chklovski propõe outro ponto de vista: «a obra de arte é captada em relação com as outras obras artísticas e com a ajuda de associações que se fazem com elas... Não só o pastiche, mas toda a obra de arte é criada em paralelo e em oposição a um determinado modelo. A nova forma não aparece para exprimir um conteúdo novo, mas para substituir a antiga forma que já perdeu o seu caráter estético.» Para fundamentar esta tese, Chklovski refere-se à indicação de B. Christiansen sobre a existência de sensações diferenciais ou de uma sensação das diferenças; assim, prova-se o dinamismo que caracteriza toda a arte e que se exprime nas violações constantes do cânone criado. No fim do artigo, Chklovski cita F. Brunetière, segundo o qual, «de todas as influências que se exercem na história de uma literatura, a principal é a das obras sobre as obras», e «é preciso não multiplicar inutilmente as causas, nem, sob o pretexto de que a literatura é a expressão da sociedade, confundir a história da literatura com a dos costumes. Elas são duas histórias».

Assim, este artigo desenhava a passagem da poética teórica para a história literária. A imagem inicial da forma enriqueceu-se com os novos traços da dinâmica evolutiva, com a variabilidade permanente. A passagem à história literária era o resultado da evolução da noção de forma, e não um simples alargamento dos temas de estudo. Descobriu-se que a obra literária não é captada como um facto isolado, a sua forma é sentida em relação com outras obras e não em si. Assim, os formalistas saíram definitivamente do âmbito desse formalismo concebido como uma elaboração de esquemas e de classificações (imagem habitual das críticas pouco a par do método formal) e que é aplicado com muito zelo por certos espíritos escolásticos que se regozijam perante todo o dogma. Este formalismo escolástico não está ligado ao trabalho da Opoiaz, nem historicamente nem na sua essência, e nós não somos responsáveis por ele; pelo contrário, somos os seus adversários mais opostos e mais intransigentes.

V

Fixar-me-ei adiante nos trabalhos dos formalistas relevando da história literária e terminarei agora o apanhado dos princípios e problemas teóricos que se encontram nos estudos da Opoiaz ao longo do seu primeiro período. No artigo de Chklovski de que falei, existe outra noção que desempenhou um importante papel no estudo ulterior do romance: é a noção de motivação. A descoberta de diferentes processos utilizados no decurso da construção do assunto (a construção em patamares, o paralelismo, o «encaixilhamento», a enumeração, etc.) levou-nos a conceber a diferença entre os elementos da construção de uma obra e os elementos que formam os seus materiais: a fábula, a escolha dos motivos, das personagens, das ideias, etc. Esta diferença estava bem marcada nos trabalhos deste período, pois a tarefa principal era estabelecer a unidade deste ou daquele processo construtivo sobre matérias diferentes. A ciência antiga ocupava-se exclusivamente dos materiais, dando-lhes o nome de fundo e relacionando tudo o resto com a forma exterior, que não seria interessante senão para os amadores ou até para ninguém. Daqui vinha o esteticismo ingénuo e impressionante dos nossos antigos críticos e historiadores da literatura, que encontravam uma negligência da forma nos versos de Tiutchev e uma má forma em Nekrassov ou Dostoievski. Perdoava-se a estes escritores, é verdade, a má forma, devido à profundidade das suas ideias ou experiências. É natural que, nos anos de combate e de polémica contra este género de tradição, os formalistas concentrem todos os seus esforços para mostrarem a importância dos processos construtivos e que afastem tudo o que permanece como não sendo senão uma motivação. Quando se fala do método formal e da sua evolução, é preciso ter sempre em conta o facto de muitos princípios postulados pelos formalistas nos anos de discussão intensa com os seus adversários terem importância não só como princípios científicos, mas também como *slogans* que, numa finalidade de propaganda e de oposição, se acentuavam até ao paradoxo. Não ter em conta este facto e tratar os trabalhos da Opoiaz de 1916 a 1921 como trabalhos académicos é ignorar a história.

A noção de motivação ofereceu aos formalistas a possibilidade de se aproximarem mais das obras literárias, particularmente do romance e da novela, e de observarem os pormenores da construção. É este o tema dos dois estudos seguintes de Chklovski, *O Desenvolvimento do Assunto* e *Tristam Shandy de Sterne* e *A Teoria do Romance* (edições à parte da Opoiaz, 1921). Nestes dois estudos, Chklovski observa a relação entre o processo e a motivação, considera *Dom Quixote* de Cervantes e *Tristam Shandy* de Sterne como uma matéria própria para estudar a construção da novela e do romance fora dos problemas da história literária. *Dom Quixote* é considerado como um elo intermediário entre a recolha de novelas (do tipo do *Decameron*) e o romance de um único herói construído com a ajuda do processo «de enfiamento» motivado por uma viagem. Este romance é tomado como exemplo porque o processo e a motivação não estão aí ainda suficientemente entrelaçados para formar um romance inteiramente motivado, cujas partes estariam todas bem ligadas. Muitas vezes acrescentam-se simplesmente os materiais sem que haja ligação, e os processos de composição e as diferentes maneiras de construção aparecem nitidamente; no desenvolvimento ulterior do romance, «os materiais disseminados penetram cada vez mais profundamente no próprio corpo do romance».

Ao analisar «como *Dom Quixote* é feito», Chklovski mostra, entre outras coisas, o caráter instável do herói e chega à conclusão de que «esse tipo de herói é o resultado da construção romanesca». Assim, sublinhava-se a primazia do assunto, da construção sobre os materiais.

Evidentemente, uma arte que não é inteiramente motivada ou que destrói conscientemente a motivação e põe a construção a nu apresenta a matéria mais conveniente ao esclarecimento deste género de problemas teóricos. A própria existência de obras cuja construção é conscientemente posta a nu deve testemunhar a favor destes problemas, confirmando a sua existência e a importância do seu estudo. Podemos até dizer que estas obras não foram compreendidas senão à luz desses problemas e princípios teóricos. Foi particularmente o caso de *Tristam Shandy,* de Sterne. Graças ao estudo de Chklovski, este romance não só ilustrava princípios teóricos, mas ele próprio adquirira um novo sentido e despertara a atenção sobre ele. O romance de Sterne pôde ser sentido como uma obra contemporânea, graças ao interesse geral dado à construção: despertou mesmo a atenção daqueles que até aí apenas viam nele uma lengalenga maçadora ou anedotas e daqueles que o consideravam do ponto de vista do famoso sentimentalismo de que Sterne é tão pouco responsável como Gogol do realismo.

Ao observar a desnudação consciente dos processos construtivos, Chklovski afirma que em Sterne a própria construção do romance é acentuada: a consciência da forma obtida graças à sua deformação constitui o próprio fundo do romance. No fim do seu estudo, Chklovski formula assim a diferença entre o assunto e a fábula: «Confunde-se muitas vezes a noção de assunto com a descrição dos acontecimentos, com aquilo a que proponho chamar convencionalmente fábula. Com efeito, a fábula não é senão um material que serve para a formação do assunto. Assim, o assunto de *Eugénio Onéguin* não é o romance do herói com Tatiana, mas a elaboração dessa fábula num assunto, realizada com a ajuda de digressões intercalares... As formas artísticas explicam-se pela sua necessidade estética, e não por uma motivação exterior retirada da vida prática. Quando o artista retarda a ação do romance, não ao introduzir rivais, mas ao deslocar simplesmente capítulos, mostra-nos assim as leis estéticas nas quais repousam os dois processos de composição.»

O meu artigo «Como é feito *O Capote* de Gogol» (*Poética*, 1919[(8)]) referia-se igualmente ao problema da construção da novela. Ao problema do assunto acrescentei o problema da narrativa direta(9), na qual a construção é fundada sobre o tom da narração. Tentei mostrar neste artigo que o texto de Gogol «se compõe de imagens verbais vivas e de emoções verbais», que as palavras e as proposições são escolhidas e combinadas por Gogol segundo o princípio da narrativa direta expressiva, na qual a articulação, a mímica, os gestos fónicos, etc., desempenham um papel particular. Analisei a composição de *O Capote* deste ponto de vista ao demonstrar a alternância da narrativa direta cómica ligada às anedotas, aos trocadilhos, etc., com uma declamação sentimental e melodramática, alternância que confere a esta novela o seu caráter grotesco. Nesta ordem de ideias, a conclusão de *O Capote* é tratada como uma apoteose do grotesco no género da cena muda de *O Inspetor-Geral*. Descobriu-se que as reflexões tradicionais sobre o romantismo e o realismo de Gogol eram inúteis e não traziam nada para a compreensão da obra.

Assim, o problema do estudo da prosa tinha saído do ponto morto. Definiu-se a diferença que existe entre a noção

(8) Cf., neste mesmo volume, pp. 227–250.

(9) Traduzimos aqui o termo russo *skaz*. [*N. do T. da edição francesa*]

do assunto como uma construção e a noção de fábula como um material; descobriram-se os processos específicos da composição do assunto; depois disto, abria-se uma ampla perspetiva para o trabalho que incidia sobre a história e a teoria do romance; ao mesmo tempo, levantou-se o problema da narrativa direta como um princípio construtivo da novela sem assunto. Estes estudos exerceram influência sobre muitas das pesquisas publicadas nestes últimos anos e escritas por pessoas que não estão diretamente ligadas à Opoiaz.

VI

O nosso trabalho ia não só no sentido do alargamento e do aprofundamento dos problemas, mas também no da sua diferenciação, tanto mais que o grupo da Opoiaz se havia enriquecido de novos membros, que até então trabalhavam isoladamente ou que mal começavam a trabalhar. A principal diferenciação seguia a linha de demarcação entre a prosa e o verso. Ao opor-se aos simbolistas, que, durante este tempo, tentavam abolir na teoria e na prática a fronteira entre os versos e a prosa e que se aplicavam a procurar um metro na prosa (A. Bieli), os formalistas insistiam no facto de existir uma nítida delimitação destes géneros da arte literária.

Mostrámos no capítulo precedente que o trabalho sobre o estudo da prosa se fazia num ritmo intenso. Neste domínio, os formalistas eram os pioneiros, se não tivermos em conta alguns estudos ocidentais em que certas observações sobre o material coincidiam com as nossas (por exemplo, V. Dibelius, *Englische Romankunst*, 1910), mas que estavam longe de todos os nossos problemas e princípios teóricos. No nosso trabalho sobre a prosa, estávamos quase livres das tradições. O mesmo não se passava com os versos. A grande quantidade de obras dos teóricos ocidentais e russos, as experiências teóricas e práticas dos simbolistas, as discussões à volta das noções de ritmo e de metro, que, nos anos de 1910 a 1917, engendraram toda uma literatura especializada, finalmente, a aparição das novas formas poéticas dos futuristas, tudo isto complicava o estudo do verso e a própria discussão dos seus problemas, em vez de os facilitar. Em vez de se debruçarem sobre os problemas fundamentais, muitos investigadores ocupavam-se com as questões concretas da métrica ou tentavam classificar as opiniões e os sistemas acumulados. E, contudo, não existia uma teoria do verso no sentido lato do termo: nem o problema do ritmo poético, nem o problema da ligação entre o ritmo e a sintaxe, nem o problema dos sons do verso (os formalistas não tinham indicado senão algumas premissas linguísticas), nem o problema do léxico e da semântica poética tinham encontrado uma base teórica. Por outras palavras, o problema do verso permanecia de facto obscuro. Era necessário abandonar os problemas concretos da métrica e debruçarmo-nos sobre a questão do verso de um ponto de vista mais geral. Era necessário levantar o problema do ritmo, já que ele não se esgota com a métrica, mas integra os aspetos mais essenciais da linguagem poética.

Aqui, como no capítulo precedente, apenas tratarei do problema do verso na medida em que a sua discussão nos levou a perspetivas teóricas novas sobre a arte literária ou sobre a natureza da língua poética. Os fundamentos estavam colocados pelo trabalho de O. Brik «Ritmo e sintaxe», lido em 1920, no decurso de uma reunião na Opoiaz, que não só nunca foi publicado como, segundo parece, nunca chegou a ser escrito ([10]). Este estudo demonstrava que no verso existiam construções sintáticas estáveis indissoluvelmente ligadas ao ritmo. Assim, a própria noção de ritmo perdia o seu caráter

---

([10]) Cf., neste mesmo volume, pp. 151–161.

abstrato e entrava em ligação com a substância linguística do verso, com a frase. A métrica passava a segundo plano, conservando um valor de convenção poética mínima, de alfabeto. Esta atitude era tão importante para o estudo do verso como para o estabelecimento da ligação entre o assunto e a construção para o estudo da prosa. A revelação das figuras rítmicas e sintáticas perturbou definitivamente a noção de ritmo como suplemento exterior pertencente à superfície do discurso. A teoria do verso pôs-se a estudar o ritmo como fundamento construtivo do verso que determina todos os seus elementos, acústicos e não acústicos. A perspetiva para uma teoria do verso estava amplamente aberta, e esta teoria situava-se a um nível muito mais elevado, enquanto a métrica devia tomar o lugar de uma propedêutica elementar. Os simbolistas e os teóricos da escola de A. Bieli não chegavam a elevar-se a este nível, apesar de todos os seus esforços, pois para eles as questões da métrica permaneciam sempre centrais.

Contudo, o trabalho de Brik não fazia senão assinalar a possibilidade de uma nova abordagem; o próprio estudo, assim como o seu primeiro artigo («As repetições dos sons»), limitava-se a uma exposição de exemplos e à sua distribuição em grupos. A partir deste estudo, era possível orientarmo-nos ou do lado dos novos problemas, ou do lado de uma simples classificação ou sistematização dos materiais que seria exterior ao método formal. O livro de V. Jirmunski, *A Composição dos Poemas Líricos* (Opoiaz, 1921), refere-se particularmente a este género de estudos. Jirmunski, que não partilhava os princípios teóricos da Opoiaz, interessou-se pelo método formal como um dos temas científicos possíveis, como uma maneira de dispor os materiais por grupos e rubricas. Esta conceção do método formal não pode evidentemente produzir outra coisa; ao apoiar-se sobre um critério exterior, distribui-se o material por grupos. Todos os trabalhos teóricos de Jirmunski têm, por conseguinte, um caráter pedagógico, de classificação. Os estudos deste género não têm uma importância fundamental na evolução geral do método formal e indicam unicamente a tendência (historicamente inevitável) que visa atribuir um caráter académico ao método formal. (É por isso que não surpreende que Jirmunski se haja depois separado inteiramente da Opoiaz e que tenha várias vezes declarado o seu desacordo com os princípios formalistas, sobretudo no prefácio à tradução do livro de O. Walzel, *O Problema da Forma em Poesia*, 1923.)

O meu livro *A Melodia do Verso* (Opoiaz, 1922) estava em parte ligado ao trabalho de Brik sobre as figuras rítmicas e sintáticas, mas era igualmente preparado pelo estudo do verso no seu aspeto acústico e, nesse sentido, estava ligado a muitos trabalhos ocidentais (Sievers, Saran, etc.). Eu partia do princípio de que os estilos estão habitualmente divididos com base no léxico: «Assim, afastamo-nos do próprio verso para nos preocuparmos com a língua poética em geral... Era necessário encontrar alguma coisa que estivesse ligada à frase no verso e que, ao mesmo tempo, não nos afastasse do próprio verso, alguma coisa que se situasse no limite entre a fonética e a semântica. Essa alguma coisa é a sintaxe.» Os fenómenos rítmicos e sintáticos são considerados aqui não em si mesmos, mas na sua relação com a significação construtiva da entoação poética e discursiva. Importava-me sobretudo definir a noção de dominante, que organiza este ou aquele estilo poético, considerando a noção de melodia como um sistema de entoações e separando-a assim da noção de harmonia geral do verso. Apoiando-me nestas premissas, propus distinguir três estilos fundamentais na poesia lírica: declamatório (oratório), melodioso e falado. Todo o livro é consagrado ao estudo das características entoacionais do estilo melodioso e toma como exemplo a poesia lírica de Jukovski, Tiutchev, Lermontov e Fet. Evitando os esquemas preestabelecidos, eu terminava o livro com esta afirmação: «Considero importante no trabalho científico não o estabelecimento dos esquemas, mas a possibilidade de ver os factos. Para isso, temos necessidade da teoria, porque é apenas à sua luz que os factos se tornam percetíveis, isto é, se tornam verdadeiros factos. Mas as teorias morrem ou mudam, enquanto os factos descobertos e confirmados graças a elas permanecem.»

A tradição dos estudos concretos sobre a métrica ainda estava viva entre os teóricos ligados ao simbolismo (A. Bieli, V. Brussov, S. Bobrov, V. Chudovski, etc.), mas enveredava pouco a pouco pela via dos cálculos estatísticos exatos e perdia assim a sua importância de princípio. Os estudos métricos de B. Tomachevski rematados pelo seu manual, *A Versificação Russa* (1924), desempenharam um grande papel nesse sentido. Assim, a métrica passava a segundo plano, era apenas uma disciplina auxiliar que não dispunha senão de uma esfera reduzida de problemas; a teoria do verso em geral ocupava-lhe o primeiro plano. O desenvolvimento precedente do método formal revelara uma tendência que consistia em alargar e enriquecer a nossa imagem do ritmo poético, ligando-o à construção da língua poética, tendência que já era evidente no artigo de B. Tomachevski, «O jambo de cinco medidas de Pushkin» (1919, publicado na recolha *Estudos sobre a Poética de Pushkin*, Berlim, 1923). Encontramos aí uma tentativa de passar do domínio do metro ao da língua. Daí a afirmação principal dirigida contra A. Bieli e a sua escola: «A finalidade do ritmo não é observar aspetos fictícios, mas distribuir a energia expiratória no quadro de um impulso único, o verso.» Esta tendência está expressa com uma clareza decisiva no artigo do mesmo autor «O problema do ritmo poético» (*O Pensamento Literário*, fasc. 2, 1922) ([11]). Neste

([11]) Ver, neste mesmo volume, «Sobre o verso», de Tomachevski, pp. 163–179.

artigo, a antiga oposição entre o metro e o ritmo é superada, porque se estende aí a noção do ritmo poético a uma série de elementos linguísticos que participam na construção do verso: ao lado do ritmo que provém do acento das palavras, aparecem o ritmo que vem da entoação proposicional e o ritmo harmónico (aliterações, etc.). Assim, a própria noção do verso torna-se a noção de um discurso específico, cujos elementos contribuem todos para o caráter poético. Seria erróneo dizer que este discurso não faz senão adaptar-se a uma forma métrica ao resistir-lhe e ao criar desvios rítmicos (ponto de vista defendido ainda, por V. Jirmunski, no seu novo livro, *Introdução à Métrica*, 1925). «O discurso poético é um discurso organizado quanto ao seu efeito fónico. Mas, visto que o efeito fónico é um fenómeno complexo, só um dos seus elementos sofre a canonização. Assim, na métrica clássica, o elemento canonizado é representado pelos acentos, que ela submetera a uma sucessão e que regulava com as suas leis... Mas basta que a autoridade das formas tradicionais seja um pouco perturbada para que apareça com insistência este pensamento: a essência do verso não se esgota nos seus traços primeiros, o verso vive também pelos traços secundários do seu efeito fónico; ao lado do metro, existe o ritmo, que é também apreensível; podem escrever-se versos não respeitando senão estes traços secundários, o discurso pode permanecer poético sem que se conserve o metro.» Afirma-se a importância da noção de impulsão rítmica que já figurava no trabalho de Brik e que caracteriza o desígnio rítmico geral: «Os processos rítmicos participam em graus diferentes na criação da impressão estética, e assim um ou outro processo pode dominar em obras diferentes, um ou outro meio pode ser encarregado do papel de dominante. A orientação para um certo processo rítmico determina o caráter concreto da obra, e podemos classificar os versos deste ponto de vista em versos acentuais (por exemplo, a descrição da batalha em *Poltava*), em versos entoacionais e melódicos (os versos de Jukovski) e em versos harmónicos (que caracterizam os últimos anos do simbolismo russo).» A forma poética assim compreendida não é oposta a um fundo que lhe seria exterior e difícil de integrar, mas é tratada como o verdadeiro fundo do discurso poético. Aqui, como anteriormente, a noção de forma recebia o novo sentido de integridade.

VII

O livro de R. Jakobson *Acerca do Verso Checo* (*Recolhas sobre a Teoria da Língua Poética*, fasc. 5, 1923) levantou novos problemas, relevando da teoria geral do ritmo e da língua poética. Jakobson opõe a teoria de uma «deformação organizada» da língua pela forma poética à teoria da conformidade absoluta do verso ao espírito da língua, a teoria da forma que não resiste aos materiais. Introduz na teoria da diferença entre a fonética da língua quotidiana e a da língua poética uma correção característica: a dissimilação das líquidas, que, segundo L. Yakuvinski, estando ausente da língua poética, opõe esta última à língua quotidiana ([12]), aparece como possível nos dois casos. Na língua quotidiana, é imposta pelas circunstâncias, enquanto na língua poética é intencional. São, pois, dois fenómenos essencialmente diferentes. Ao mesmo tempo, indica-se a diferença de princípio entre a língua poética e a língua emocional (Jakobson já fala dela na sua primeira obra, *A Poesia*

([12]) Por esta altura, L. Yakubinski indicava, também, o caráter demasiado sumário da noção de «língua quotidiana» e a necessidade de a diversificar segundo as suas funções (familiar, científica, oratória, etc.; cf. o seu artigo «Sobre o discurso dialógico» na recolha *A Língua Russa*, 1923).

Moderna Russa): «A poesia pode utilizar os métodos da língua emocional, mas sempre com desígnios que lhe são próprios. Esta semelhança entre os dois sistemas linguísticos, assim como a utilização feita pela língua poética dos meios próprios da língua emocional, provoca muitas vezes a identificação da língua poética com a língua emocional. Esta identificação é errada, visto que não dá conta da diferença funcional fundamental entre os dois sistemas linguísticos.» A este propósito, Jakobson rejeita as tentativas de Grammont e de outros teóricos do verso que preconizam o recurso à teoria onomatopaica ou ao estabelecimento de um elo emocional entre os sons e as imagens ou ideias para explicar as construções fónicas: «A construção fónica não é sempre a construção de uma imagem sonora, e a imagem sonora não utiliza sempre os métodos da língua emocional.» Assim, Jakobson sai constantemente do quadro do seu tema concreto e especial (a prosódia do verso checo) e esclarece os problemas teóricos da língua poética e do verso. Um artigo inteiro sobre Maiakovski, que completa o estudo precedente de Jakobson sobre Khlebnikov, é colocado no fim do livro.

No meu estudo sobre Anna Akhmatova (1923), tentei também examinar mais uma vez os problemas teóricos fundamentais ligados à teoria do verso: o problema do ritmo em ligação com a sintaxe e a entoação, o problema dos sons do verso em ligação com a articulação e, por fim, o problema do léxico e da semântica poética. Ao referir-me ao livro que J. Tynianov tinha então em preparação, eu dizia que, inserida no verso, a palavra é como que extrato do discurso vulgar, é envolvida por uma atmosfera semântica nova e é captada não em relação com a língua em geral, mas precisamente com a língua poética. Ao mesmo tempo, afirmava que a particularidade principal da semântica poética reside na formação das significações marginais que violam as associações verbais habituais.

Nessa altura, a ligação inicial do método formal com a linguística estava consideravelmente enfraquecida. A diferenciação dos problemas era tão grande que já não tínhamos necessidade de um apoio particular da parte da linguística, sobretudo da linguística de feição psicológica. Pelo contrário, certos trabalhos dos linguistas no domínio do estilo poético encontravam objeções de princípio da nossa parte. O livro de J. Tynianov *O Problema da Língua Poética* (Academia, 1924) ([13]), editado por esta altura, sublinhou as divergências que existiam entre a linguística psicológica e o estudo da língua e do estilo poético. Este livro descobriu a união íntima entre a significação das palavras e a construção do verso, enriquecendo assim de novo a noção do ritmo poético e pondo o método formal na via dos estudos das particularidades semânticas da língua poética, e não apenas daquelas que dependiam da acústica e da sintaxe. Tynianov diz na sua introdução: «Nestes últimos tempos, o estudo do verso registou grandes sucessos; estender-se-á sem dúvida em breve a todo um domínio, e, contudo, lembramo-nos ainda dos seus inícios sistemáticos. Mas o problema da língua e do estilo poético permanece ainda fora destes estudos. As pesquisas neste domínio são isoladas do estudo do verso; temos a impressão de que a língua e o estilo poético não estão ligados ao verso, que não dependem dele. A noção de língua poética, lançada há pouco tempo, atravessa agora uma crise provocada sem dúvida pelo sentido demasiado impreciso desta noção, fundada na base da linguística psicológica e na utilização demasiado ampla que se fez dela.»

Entre os problemas gerais da poética que este livro põe novamente em questão e que esclarece, o do «material» era de uma importância maior. O uso admitido impunha para

---

([13]) Cf., neste mesmo volume, «A noção de construção», de Tynianov, pp. 119-124.

esta noção um emprego que a opunha à noção de «forma»; assim, as duas noções perdiam em importância, e a sua oposição tornava-se uma substituição terminológica da antiga oposição «forma-fundo». Com efeito, como já disse, os formalistas tinham atribuído à noção de «forma» o sentido de integridade e tinham-na confundido assim com a imagem da obra artística na sua unidade, de modo que ela não reclamava mais nenhuma oposição, excetuando outras formas privadas de caráter estético. Tynianov indica que o material da arte literária é heterogéneo e comporta significações diferentes, que «um elemento pode ser promovido à custa dos outros, que se encontram por conseguinte deformados e por vezes até degradados, até se tornarem acessórios neutros». Daí a conclusão: «A noção de "material" não ultrapassa os limites da forma, o material é igualmente formal; é um erro confundi-lo com elementos exteriores à construção.» Além disso, a noção de forma é enriquecida pelos traços do dinamismo: «A unidade da obra não é uma entidade simétrica e fechada, mas uma integridade dinâmica com o seu próprio desenvolvimento; os seus elementos não são ligados por um sinal de igualdade ou de adição, mas por um sinal dinâmico de correlação e de integração. A forma da obra literária deve ser sentida como uma forma dinâmica.»

Quanto ao ritmo, é representado aqui como o fator construtivo e fundamental do verso, presente em todos os seus elementos. Os traços objetivos do ritmo poético são, segundo Tynianov, a unidade e a continuidade da sucessão rítmica, em ligação direta uma com a outra. Insiste-se de novo sobre a diferença fundamental entre verso e prosa: «Aproximar os versos da prosa supõe que se tenha estabelecido a unidade e a continuidade sobre um objeto inabitual, é por essa razão que isso não extingue a essência do verso; pelo contrário, esta encontra-se acentuada... Qualquer elemento da prosa, uma vez introduzido na sucessão do verso, mostra-se sob outro ângulo, posto em relevo pela sua função, e dá assim origem a dois fenómenos diferentes: essa construção sublinhada e a deformação do objeto inabitual.» Depois, levanta-se o problema da semântica: «Nos versos, não teremos de fazer uma semântica deformada, que, por isso, não podemos estudar senão depois de a termos isolado do seu princípio construtivo?» Toda a segunda parte do livro responde a esta questão, ao demonstrar que entre os fatores do ritmo e a semântica existe uma ligação constante. O facto de as imagens verbais serem incluídas nas unidades rítmicas é decisivo para as primeiras: «O elo que une os constituintes é mais forte e mais restrito do que aquele que os liga na língua vulgar; uma relação posicional, inexistente na prosa, surge entre as palavras.»

Assim surgiu fundada a separação entre a teoria de Potebnia e as perspetivas dos formalistas; ao mesmo tempo, abriram-se novas perspetivas para uma teoria do verso. Graças à obra de Tynianov, o método formal revelou-se apto a apoderar-se de novos problemas e a prestar-se a uma evolução ulterior. Tornou-se evidente, mesmo para pessoas estranhas à Opoiaz, que a essência do nosso trabalho consistia num estudo das particularidades intrínsecas da arte literária, e não no estabelecimento de um «método formal» imutável; deram-se conta de que se tratava do objeto do estudo, e não do seu método. Tynianov formula uma vez mais esta ideia: «o objeto de um estudo que se pretende um estudo da arte deve ser constituído pelos traços característicos que distinguem a arte dos outros domínios da atividade intelectual, os quais não são para este estudo senão um material ou um utensílio. Cada obra de arte representa uma interação complexa de numerosos fatores; em consequência, a finalidade do estudo é definir o caráter específico desta interação.»

VIII

Já indiquei o momento em que se viu surgir, a par dos problemas teóricos, o problema do movimento e da mudança de formas, isto é, a questão da evolução literária. Esta questão surgiu quando se examinaram de novo as perspetivas de Vesselovski sobre os motivos e os processos dos contos; a resposta («A nova forma não surge para exprimir um conteúdo novo, mas para substituir a antiga forma») era uma consequência da nova noção de forma. A forma compreendida como o verdadeiro fundo que se modifica incessantemente em relação com as obras do passado exigia naturalmente que a abordássemos sem a ajuda de classificações abstratas estabelecidas de uma vez para sempre, mas tendo em conta o seu sentido concreto e a sua importância histórica. Surgiu uma dupla perspetiva: a perspetiva do estudo teórico deste ou daquele problema (por exemplo, *O Desenvolvimento do Assunto* de Chklovski, o meu livro *A Melodia do Verso*), ilustrada por materiais muito diferentes, e a do estudo histórico, do estudo da evolução literária enquanto tal. A sua combinação, que era uma consequência natural do desenvolvimento do método formal, levantou-nos muitos problemas novos e complexos, dos quais a maioria ainda não está resolvida nem mesmo suficientemente bem definida.

O desejo inicial dos formalistas de relevar este ou aquele problema construtivo e de estabelecer a sua unidade sobre uma vasta matéria deu lugar ao desejo de diferenciar essa imagem geral, de compreender a função concreta do processo em cada caso particular. Esta noção de significação funcional avançou pouco a pouco até ao primeiro plano e recobriu a noção inicial do processo. Esta diferenciação das nossas próprias noções e princípios gerais caracteriza toda a evolução do método formal. Não temos princípios dogmáticos que nos entravem e nos proíbam o acesso aos factos. Não poderemos garantir os nossos esquemas se tentarmos aplicá-los a factos que não conhecemos: os factos podem exigir que os princípios sejam modificados, corrigidos ou tornados mais complexos. Trabalhar sobre uma matéria concreta obrigou-nos a falar de função, e com isso a complicar a noção de processo. A teoria reclamava o direito de se tornar história.

Aqui, chocámo-nos mais uma vez com as tradições da ciência académica e com as tendências da crítica. Durante os anos dos nossos estudos, a história académica da literatura limitava-se, de preferência, ao estudo biográfico e psicológico de escritores isolados (que não eram, evidentemente, senão «os grandes»). Mesmo as antigas tentativas, cuja finalidade era escrever a história completa da literatura russa e que davam testemunho da intenção de sistematizar um grande material histórico, já haviam desaparecido. Contudo, as tradições desses monumentos (no género de *A História da Literatura Russa*, de A. N. Pypine) conservavam uma autoridade científica tanto mais forte quanto a geração seguinte não ousava encarar o estudo de temas tão vastos. Todavia, eram noções gerais e incompreensíveis a toda a gente, como as de realismo ou romantismo (e considerava-se o realismo superior ao romantismo), que desempenhavam o papel principal nesses monumentos; compreendia-se a evolução como uma perfeição contínua, como um progresso (do romantismo ao realismo), interpretava-se a sucessão dos movimentos como a ostentação pacífica de uma herança que se transmite de pai para filho, enquanto a literatura como tal não existia: era substituída por um material extraído da história dos movimentos sociais, da biografia dos escritores, etc.

Este historicismo primitivo que nos afastava da literatura arrastou a recusa natural dos teóricos do simbolismo e dos críticos literários de todo o historicismo. Multiplicavam-se estudos impressionistas e «retratos», empreendeu-se, em grande escala, a modernização dos antigos escritores, transformados em *Companheiros Eternos* ([14]). Subentendia-se (e por vezes proclamava-se em voz alta) que a história da literatura era inútil.

Deveríamos destruir as tradições académicas e desembaraçar-nos das tendências da ciência jornalística. Às primeiras seria preciso opor a ideia da evolução literária e da literatura em si, fora das noções de progresso e de sucessão natural dos movimentos literários, fora das noções de realismo e de romantismo, fora de toda a matéria exterior à literatura, que consideramos como uma série específica de fenómenos. Às segundas deveríamos opor os factos históricos concretos, a instabilidade e a variabilidade da forma, a necessidade de dar conta das funções concretas deste ou daquele processo, isto é, de contar com a diferença entre a obra literária tomada como um certo facto histórico e a sua livre interpretação do ponto de vista das exigências contemporâneas, dos gostos ou dos interesses literários. Assim, o *pathos* principal do nosso trabalho em história literária deveria ser o *pathos* de destruição e de negação; efetivamente, esse era o *pathos* primordial das nossas manifestações teóricas, e foi apenas mais tarde que elas adquiriram o caráter tranquilo de estudos de problemas particulares.

É por isso que as nossas primeiras declarações em matéria de história literária tomaram a forma de teses quase involuntárias, definidas a propósito de uma matéria concreta. Uma questão particular tomava inopinadamente as dimensões de um problema geral, a teoria unia-se à história. O livro de J. Tynianov *Dostoievski* e *Gogol* (Opoiaz, 1921) e o de V. Chklovski *Rozanov* (Opoiaz, 1921) são inteiramente significativos deste ponto de vista.

([14]) Título de uma obra de crítica literária de D. Merejkovski, poeta simbolista. [*N. do T. da edição francesa*]

A finalidade de Tynianov era provar que *A Aldeia Stepantchikovo*, de Dostoievski, representa um pastiche, que por detrás do primeiro plano se dissimula um segundo plano, alimentado pela personalidade de Gogol e pela sua *Correspondência com os Amigos*. Mas Tynianov acrescenta a esta questão particular uma teoria do pastiche como processo estilístico (a estilização paródica) e como manifestação da substituição dialética que se opera entre as escolas literárias, substituição de uma grande importância para a história literária. Aqui surge a questão da sucessão e das tradições, e, a este propósito, levantam-se os problemas fundamentais da evolução literária: «Quando se fala da tradição ou da sucessão literária, imagina-se geralmente uma linha reta que liga os mais novos, de um certo ramo literário, aos mais velhos. Todavia, as coisas são muito mais complexas. Não é a linha reta que se prolonga, mas assiste-se antes a uma partida que se organiza a partir de um certo ponto que se refuta... Toda a sucessão literária é antes de mais um combate, é a destruição de um todo já existente e a nova construção que se efetua a partir dos elementos antigos.» A imagem da evolução literária complicava-se com a revelação dos seus conflitos, das suas revoluções periódicas, e perdia assim o seu antigo sentido de progressão pacífica. Com base nisto, as relações literárias de Dostoievski e Gogol tomaram a forma de um conflito complexo.

O livro de Chklovski sobre Rosanov desenvolve quase em digressão do tema principal uma verdadeira teoria da evolução literária. Este livro refletia as discussões ativas que se travavam então na Opoiaz sobre esta questão. Chklovski indicava que a literatura progride segundo uma linha entrecortada: «Cada época literária contém não uma, mas várias escolas literárias. Estas existem simultaneamente na literatura, e uma delas toma a chefia e fica canonizada. As outras existem como não canonizadas, escondidas: assim, do tempo de Pushkin, a tradição de Derjavin nos versos de Kuhelbeker e Griboedov, a pura tradição de romances de aventuras em Bulgarin, a tradição do verso da comédia musical russa e muitas outras ainda.» Mal a tradição mais velha é canonizada, já as camadas inferiores segregam novas formas: é a linha mais jovem que «tomará o lugar da mais velha, e o autor de comédias musicais Belopiatkine renasce em Nekrassov (o estudo de O. Brik), o herdeiro direto do século XVIII, Tolstoi cria o novo romance (B. Eikhenbaum), Blok canoniza os temas e os ritmos da romanza zíngara, Tchekhov dá ao *Despertar* ([15]) o direito de cidade na literatura russa, e Dostoievski eleva ao título de norma literária os processos do romance de aventuras. Cada nova escola literária representa uma revolução, um fenómeno que se assemelha ao surgimento de uma nova classe social. Mas, evidentemente, não é senão uma analogia. O ramo vencido não é aniquilado, não deixa de existir. Abandona somente o topo, é relegado para um plano de espera, mas pode ressurgir de novo como um pretendente eterno ao trono. Na realidade, as coisas complicam-se, pelo facto de a nova hegemonia não ser um simples restabelecimento da antiga forma, mas outras escolas mais jovens e traços herdados do seu predecessor vêm enriquecê-la, embora não tendo senão um papel auxiliar». Nesta ocasião, fala-se igualmente do caráter dinâmico dos géneros e vê-se nos livros de Rosanov o nascimento de um novo género, de um novo tipo de romance, cujas partes não estariam ligadas por nenhuma motivação: «O seu aspeto temático revela-se como a consagração de novos temas, o seu aspeto composicional aparece como a desnudação do processo.» A par desta teoria geral, introduz-se a noção de «autocriação dialética de novas formas»,

---

([15]) Jornal humorístico russo dos finais do século XIX. [*N. do T. da edição francesa*]

que contém em si mesma tanto uma analogia com o desenvolvimento das outras séries culturais como a afirmação da autonomia da evolução literária. A forma simplificada desta teoria conheceu uma rápida extensão e tomou, como sempre acontece, o aspeto de um esquema simples e estático, muito cómodo para a crítica. Com efeito, não se trata aqui senão de um esboço geral da evolução protegida por uma grande quantidade de reservas complexas. Os formalistas transformaram este esboço geral num estudo mais sistemático dos problemas e dos factos da história literária, tornando assim as premissas históricas iniciais mais concretas e mais complexas.

IX

É natural que na nossa conceção da evolução literária como sucessão dialética de formas não possamos recorrer a essa matéria que ocupava um lugar central nos estudos tradicionais de história literária. Estudávamos a história literária na medida em que ela tem um caráter específico e nos limites dentro dos quais é autónoma e não depende diretamente das outras séries culturais. Por outras palavras, limitámos o número dos fatores considerados para não nos perdermos na quantidade de elos e correspondências vagas, incapazes de explicar a evolução literária em si mesma. Nos nossos estudos, não introduzimos os problemas de biografia nem de psicologia da criação porque defendemos que estes problemas, que são muito importantes e muito complexos, devem ter o seu lugar noutras ciências. Importa-nos encontrar na evolução os traços das leis históricas; é por isso que deixamos de lado tudo o que, deste ponto de vista, aparece como ocasional e não se refere à história. Interessamo-nos pelo próprio processo da evolução, pela dinâmica das formas literárias, na medida em que as podemos observar sobre os factos do passado. Para nós, o problema central da história literária é o problema da evolução fora da personalidade, o estudo da literatura, enquanto fenómeno social original. Neste sentido, dispensamos uma importância extraordinária à questão da formação dos géneros e da sua substituição; por conseguinte, a literatura de segunda ordem, a literatura de massas, toma também o seu valor, visto que participa neste processo. O que importa aqui é distinguir a literatura de massas que prepara a formação de novos géneros daquela que aparece no processo da sua desagregação e que representa uma matéria possível para o estudo da inércia histórica.

Por outro lado, não nos interessamos pelo passado enquanto passado, enquanto facto histórico individual, não nos ocupamos da simples restauração desta ou daquela época que nos agradou por diversas razões. A história oferece-nos o que a atualidade não pode oferecer-nos: o acabamento do material. É por isso que o abordamos com uma certa bagagem de princípios e problemas teóricos que nos são sugeridos em parte pelos factos da literatura contemporânea. É devido a isso que os formalistas se caracterizam por um elo estreito com a literatura contemporânea e por uma aproximação da crítica à ciência (ao invés dos simbolistas, que aproximavam a ciência da crítica, e dos antigos historiadores da literatura, que, na maioria, se mantinham afastados da atualidade). Assim, a história literária difere da teoria menos pelo seu objeto do que por um método particular de estudo literário, pelo ponto de vista que adota. Isto explica o caráter dos nossos trabalhos de história literária, que tendem sempre para conclusões tanto teóricas como históricas, para a questionação de novos problemas teóricos e para um novo exame dos antigos.

Durante os anos de 1922 a 1924, muitos trabalhos deste género apareceram e muitos outros ainda não foram publicados, devido ao estado atual do mercado literário, e são apenas conhecidos pelas conferências. Cito os principais trabalhos: J. Tynianov, «As formas poéticas de Nekrassov», «Dostoievski e Gogol», «O problema de Tiutchev», «Tiutchev e Heine», «Os arcaizantes e Pushkin», «Pushkin e Tiutchev», «A ode como género declamatório»; B. Tomachevski, «Gavriliade» (os capítulos sobre a composição e o género), «Pushkin, leitor dos poetas franceses», *Pushkin* (problemas atuais dos estudos literários), «Pushkin e Boileau», «Pushkin e La Fontaine»; os meus livros *O Jovem Tolstoi*, *Lermontov* e os artigos: «Os problemas da poética de Pushkin», «O caminho de Pushkin para a prosa», «Nekrassov». É preciso acrescentar aqui os trabalhos de história literária que não estão diretamente ligados à Opoiaz, mas que seguem a mesma linha de estudo da evolução da literatura enquanto série específica: V. Vinogradov, «Assunto e composição da novela de Gogol *O Nariz*», «Assunto e arquitetónica do romance de Dostoievski *Os Pobrezinhos*, nas suas relações com a poética da escola natural», «Gogol e Jules Janin», *Gogol e A Escola Natural*, *Estudos do Estilo de Gogol*; V. Jirmunski, *Byron e Pushkin*; S. Balukhaty, *A Dramaturgia de Tchekhov*; A. Tseutline, «As novelas sobre o pobre funcionário de Dostoievski»; K. Chinkevitch, «Nekrassov e Pushkin». Além disto, os participantes dos seminários científicos que dirigimos (na Universidade e no Instituto de História da Arte) publicaram imensos estudos na recolha *A Prosa Russa* (Academia, 1926), sobre: Dal, Marlinski, Senkovski, Viazemski, Weltman, Karamzin, sobre o género narrativa de viagens, etc.

Não é oportuno falar aqui em pormenor destes estudos. Direi apenas que todos estes trabalhos se preocupam com escritores de segunda ordem ou com epígonos, com o estudo minucioso das tradições, com as alterações de géneros e de estilos, etc. Sob esta relação, muitos nomes e factos esquecidos reaparecem, refutam-se as avaliações correntes, modificam-se as imagens tradicionais e, sobretudo, revela-se pouco a pouco o próprio processo da evolução. O estudo desta matéria está no princípio. Esperam-nos muitas tarefas novas: a diferenciação ulterior das noções da teoria e da história literária, o estudo de novos textos, a descoberta de novas questões, etc.

Resta-me fazer um balanço geral. A evolução do método formal que tentei apresentar tomou a forma de um desenvolvimento consecutivo de princípios teóricos e, se assim se pode dizer, sem dar conta do papel individual de cada um de nós. Com efeito, a Opoiaz realizou o próprio modelo de trabalho coletivo. As razões disso são evidentes: desde o início que compreendemos o nosso trabalho como um trabalho histórico, e não como o trabalho pessoal de cada um de nós. É nisto que consiste o nosso contacto essencial com a época. A ciência evolui, e nós evoluímos com ela. Indicarei brevemente os momentos principais da evolução do método formal durante estes dez últimos anos:

1. Tendo partido da oposição inicial e sumária da língua poética à língua quotidiana, chegámos à diferenciação, seguindo as suas diferentes funções, da noção de língua quotidiana (L. Yakubinski) e à delimitação dos métodos da língua poética e da língua emocional (R. Jakobson). Em ligação com esta evolução, interessámo-nos pelo estudo do discurso oratório, que nos parece o mais próximo da literatura na linguagem quotidiana, mas que tem, contudo, funções diferentes, e começámos a falar da necessidade de uma retórica que renascesse a par da poética (os artigos sobre a língua de Lenine em *Lef*, n.º 1, V, 1924, de Chklovski, Eikhenbaum, Tynianov, Yakubinski, Kazanski e Tomachevski).

2. Tendo partido da noção geral de forma na sua nova aceção, chegámos à noção de processo, e através dela à noção de função.

3. Tendo partido do ritmo poético oposto ao metro e da noção de ritmo como fator construtivo do verso na sua unidade, chegámos à conceção do verso como uma forma particular do discurso com as suas próprias qualidades linguísticas (sintáticas, lexicais e semânticas).

4. Tendo partido da noção de assunto como construção, chegámos à noção de material como motivação e, assim, acabámos por conceber o material como um elemento que participa da construção, ao mesmo tempo que depende da dominante construtiva.

5. Tendo partido do estabelecimento da identidade do processo sobre materiais diferentes e da diferenciação do processo segundo as suas funções, chegámos à questão da evolução das formas, isto é, aos problemas do estudo da história literária.

Encontramo-nos, pois, perante uma série de problemas novos.

O último artigo de J. Tynianov, «O facto literário» [*Lef*, n.º 2 (VI), 1925], dá claramente testemunho disso. Aqui põe-se o problema das relações entre a vida prática e a literatura, problema que é muitas vezes resolvido com toda a veleidade do diletantismo. Mostra-se com exemplos que factos saídos da vida prática entram na literatura e que, inversamente, a literatura pode tornar-se um elemento da vida prática: «Na altura da dissolução de um género, de central que era, este torna-se periférico, e um novo fenómeno, vindo da literatura de segunda ordem ou da vida prática, toma o seu lugar.»

Não foi em vão que intitulei o meu artigo «A teoria do método formal», não traçando senão, evidentemente, um esboço da sua evolução. Não temos uma teoria que se possa expor sob a forma de um sistema imutável e acabado. Nos nossos trabalhos, a teoria e a história fazem apenas um, quer sejamos fiéis ao espírito ou à letra desta opinião. Estamos demasiado bem-educados pela história para acreditarmos que se possa evitar esta união. No momento em que formos obrigados a confessar que temos uma teoria que explica tudo, que dá resposta a todos os casos do passado e do futuro e que, por esta razão, não tem necessidade de evolução e nem é capaz dela, seremos ao mesmo tempo obrigados a confessar que o método formal terminou a sua existência, que o espírito de pesquisa científica o abandonou. Por ora, ainda não chegámos a isso.

1925.

A ARTE COMO PROCESSO

Viktor Chklovski

«A arte é o pensamento em imagens.» Esta frase pode ser a de um bacharelado, mas representa também a de um sábio filólogo que a formula como ponto inicial de uma teoria literária qualquer. Esta ideia está enraizada na consciência de muitas pessoas; na série dos seus criadores, temos de contar necessariamente com Potebnia: «Não existe arte e, em particular, não existe poesia sem imagem», diz ele (*Notas sobre a Teoria da Literatura*, p. 83). «A poesia, assim como a prosa, é antes de mais, e sobretudo, uma certa maneira de pensar e de conhecer», diz ele noutra parte (*ibid.*, p. 97).

A poesia é uma maneira particular de pensar, a saber: um pensamento em imagens; esta maneira traz uma certa economia das forças mentais, uma «sensação de uma leveza relativa», e o sentimento estético não é senão um reflexo desta economia. Foi assim que o académico Ovsianiko-Kulikovski, que leu certamente os livros do seu mestre com atenção, compreendeu e resumiu (sendo-lhe indubitavelmente fiel) as suas ideias. Potebnia e os seus muitos discípulos veem na poesia uma maneira particular do pensamento, o pensamento com a ajuda das imagens; para eles, as imagens não têm outra função senão permitir agrupar objetos e ações heterogéneas e explicar o desconhecido pelo conhecido. Ou, segundo as próprias palavras de Potebnia: «A relação da imagem com aquilo que explica pode ser definida da seguinte maneira: a) a imagem é um predicado constante para assuntos variáveis, um meio constante de atração para perceções mutáveis; b) a imagem é muito mais simples e muito mais clara do que aquilo que explica» (p. 314), isto é, «visto que a imagem tem como finalidade ajudar-nos a compreender a sua significação e visto que sem essa qualidade a imagem é privada de sentido, então deve ser-nos mais familiar do que o que explica» (p. 291).

Seria interessante aplicar esta lei à comparação que faz Tiutchev da aurora com demónios surdos-mudos ou àquela que Gogol faz do céu com as casulas de Deus.

«Sem imagens, não há arte.» «A arte é o pensamento em imagens.» Em nome destas definições, chegou-se a deformações monstruosas, tentou-se compreender a música, a arquitetura, a poesia lírica como um pensamento em imagens. Depois de um quarto de século de esforços, o académico Ovsiniko-Kulikovski viu-se finalmente obrigado a isolar a poesia lírica, a arquitetura e a música, e a ver nisso uma forma singular da arte, a arte sem imagens, a defini-las como artes líricas que se referem diretamente às emoções. Assim, surge um domínio imenso da arte que não é uma maneira de pensar; uma das artes que figuram neste domínio, a poesia lírica (no sentido restrito da palavra), apresenta, contudo, uma semelhança completa com a arte em imagens: maneja as palavras da mesma maneira, e passamos da arte em imagens à arte desprovida de imagens sem nos apercebermos disso — a perceção que temos destas duas artes é a mesma.

Mas a definição «A arte é o pensamento em imagens», depois das equações notórias das quais omitirei as cadeias intermediárias, deu origem a «A arte é antes de tudo criadora de símbolos», definição que resistiu e sobreviveu ao desmoronamento da teoria em que estava fundada. Vive mais do que em qualquer outro lado na corrente simbolista. E sobretudo nos seus teóricos.

Assim, muitas pessoas pensam ainda que o pensamento em imagens, «os caminhos e as sombras», «os sulcos e as ourelas», representam o traço principal da poesia. É por isso que estas pessoas deveriam esperar que a história desta arte em imagens, segundo as suas próprias palavras, consistisse numa história da mudança da imagem. Mas acontece que as imagens são quase imutáveis de século para século, de país para país, de poeta para poeta, transmitem-se sem serem alteradas. As imagens não têm lugar, são de Deus. Quanto mais se esclarece uma época, mais nos persuadimos de que as imagens que considerávamos como a criação de um certo poeta são retiradas por este a outros poetas quase sem alterações. Todo o trabalho das escolas poéticas já não é, portanto, senão a acumulação e a revelação de novos processos de dispor e elaborar o material verbal e consiste muito mais na disposição das imagens do que na sua criação. As imagens são dadas, e em poesia recordamo-nos muito mais das imagens do que as utilizamos para pensar.

O pensamento por imagens não é, em todo o caso, o elo que une todas as disciplinas da arte, ou até da arte literária; a alteração das imagens não constitui a essência do desenvolvimento poético.

Sabemos que se reconhecem muitas vezes como factos poéticos, criados para fins de contemplação estética, expressões que foram criadas sem que se tivesse esperado para elas semelhante perceção. Era, por exemplo, a opinião de Annenski, quando atribuía à língua eslava um caráter particularmente poético; era também a de Andrei Bieli, quando admirava nos poetas russos do século XVIII o processo que consiste em pôr os adjetivos depois dos substantivos. Bieli reconhece um valor artístico a este processo ou, mais exatamente, ao considerá-lo como um facto artístico, atribui-lhe um caráter intencional, enquanto na realidade não passava de uma particularidade geral da língua, devida à influência do eslavo de igreja. Assim, o objeto pode ser: 1. criado como prosaico e captado como poético; 2. criado como poético e captado como prosaico. Isso indica que o caráter estético de um objeto, o direito de o relacionar com a poesia, é o resultado da nossa maneira de captar; chamaremos objeto estético, no sentido próprio da palavra, aos objetos criados com a ajuda de processos particulares, cuja finalidade é assegurar para estes objetos uma perceção estética.

A conclusão de Potebnia, que se poderia reduzir a uma equação — «a poesia = a imagem» —, serviu de fundamento a toda a teoria que afirma que a imagem = o símbolo = a faculdade da imagem se tornar um predicado constante para assuntos diferentes. Esta conclusão seduziu os simbolistas, André Bieli e Merejkovski (com os seus *Companheiros Eternos*), por uma afinidade com as suas ideias, e encontra-se na base da teoria simbolista. Uma das razões que levaram Potebnia a esta conclusão foi não distinguir a língua da poesia da língua da prosa. Por esse motivo, não se apercebeu de que existem duas espécies de imagens: a imagem como um meio prático de pensar, meio de agrupar os objetos, e a imagem poética, meio de reforçar a impressão. Explico-me: vou na rua e vejo que o homem de chapéu que vai a andar à minha frente deixou cair um embrulho. Chamo-o: «Ó do chapéu, perdeste o embrulho.» É um exemplo de imagem ou de tropo puramente prosaico. Outro exemplo. Vários soldados estão em fila. O sargento de secção, ao ver que um deles não está como deve ser, diz-lhe: «Ó madraço ([1]), vê lá como é que estás!» Esta imagem é um tropo poético.

(No primeiro caso, a palavra chapéu era uma metonímia; no segundo, uma metáfora. Mas não é esta distinção que me parece importante.) A imagem poética é um dos meios de criar uma impressão máxima. Como meio, na sua função, é igual aos outros processos da língua poética, é igual ao paralelismo simples e negativo, é igual à comparação, à repetição, à simetria, à hipérbole, é igual a tudo aquilo a que se chama uma figura, é igual a todos esses meios próprios para reforçar a sensação produzida por um objeto (numa obra, as palavras e até os sons podem igualmente ser objetos), mas a imagem poética não tem nenhuma semelhança exterior com a imagem-fábula, com a imagem-pensamento, de que é um exemplo a rapariguita que chama à bola redonda «melanciazinha» (Ovsianiko-Kulikovski, *A Língua e a Arte*). A imagem poética é um dos meios da língua poética. A imagem prosaica é um meio de abstração. A melancia em vez do globo redondo ou a melancia em vez da cabeça não é senão uma abstração de uma qualidade do objeto e não se distingue em nada de cabeça = bola, melancia = bola. É um pensamento, mas nada tem a ver com a poesia.

A lei de economia das forças criadoras pertence igualmente ao grupo das leis universalmente admitidas; Spencer escrevia: «Na base de todas as regras que determinam a escolha e o emprego das palavras, encontramos a mesma exigência principal: a economia da atenção... Conduzir o espírito à noção que se deseja pela via mais fácil é muitas

---

([1]) Em russo, a palavra chapéu *(shljapa)* pode empregar-se nos dois sentidos. [*N. do T. da edição francesa*]

vezes a única finalidade e sempre a finalidade principal...» (*Filosofia do Estilo*). «Se a alma possuísse forças inesgotáveis, ser-lhe-ia certamente indiferente gastar pouco ou muito dessa fonte; apenas teria importância o tempo que seria necessário perder. Mas, como estas forças são limitadas, é preciso esperar que a alma tente realizar o processo de aperceção o mais racionalmente possível, isto é, com o menor gasto de forças ou, o que é o mesmo, com um resultado máximo» (R. Avenarius). Petrajitski rejeita, por referência à lei geral da economia das forças mentais, a teoria de James sobre a base física do afeto. O princípio de economia das forças criadoras, que, no exame do ritmo, é particularmente sedutor, é igualmente reconhecido por A. Vesselovski, que prolonga o pensamento de Spencer: «O mérito do estilo consiste em pôr o máximo de pensamento num mínimo de palavras.» Andrei Bieli, que, nas suas melhores páginas, deu tantos exemplos de ritmos complexos a que se poderiam chamar «entrecortados» e que mostrou a propósito dos versos de Baratynski o caráter obscuro dos epítetos poéticos, acha igualmente necessário discutir a lei da economia no seu livro, que representa o ensaio heroico de uma teoria da arte fundada em factos não verificados extraídos de livros antiquados, num grande conhecimento dos processos poéticos e no manual de física usado nos liceus de Kraievitch.

A ideia da economia das forças como lei e finalidade da criação talvez seja verdadeira num caso particular da linguagem, isto é, na língua quotidiana; estas mesmas ideias estendiam-se à língua poética, por causa do desconhecimento da diferença que opõe as leis da língua quotidiana às da língua poética. Uma das primeiras indicações efetivas sobre a não coincidência destas duas línguas vem-nos da revelação de que a língua poética japonesa possui sons que não existem no japonês falado. O artigo de L. P. Yakubinski a propósito da ausência da lei de dissimilação das líquidas na língua poética e da tolerância na língua poética de uma acumulação de sons semelhantes, difíceis de pronunciar, representa uma das primeiras indicações que resistem a uma crítica científica ([2]): trata da oposição (pelo menos, digamo-lo já, neste caso) das leis da língua poética às da língua quotidiana ([3]).

É por isso que devemos tratar as leis de dispêndio e de economia na língua poética no seu próprio quadro, e não por analogia com a língua prosaica.

Se examinarmos as leis gerais da perceção, veremos que, uma vez habituais, as ações tornam-se também automáticas. Assim, todos os nossos hábitos refugiam-se num meio inconsciente e automático; aqueles que podem recordar a sensação que tiveram ao segurarem pela primeira vez uma caneta ou ao falarem pela primeira vez uma língua estrangeira e que podem comparar essa sensação com aquela que experimentam ao fazerem a mesma coisa pela milésima vez estarão de acordo connosco. As leis do nosso discurso prosaico com a sua frase inacabada e a sua palavra pronunciada apenas por metade explicam-se pelo processo de automatização. É um processo de que a expressão ideal é a álgebra, onde os objetos são substituídos por símbolos. No discurso quotidiano rápido, as palavras não são pronunciadas; não são senão os primeiros sons da palavra que aparecem na consciência. Pogodine (*A Língua como Criação*, p. 42) cita o exemplo de um rapaz que pensava a frase «As montanhas da Suíça são belas» como uma sucessão de letras: A, m, d, S, s, b.

Esta qualidade do pensamento sugeriu não só a via da álgebra, mas também a escolha de símbolos, isto é, de letras, e particularmente de iniciais. Neste método algébrico de

---

([2]) *Recueils sur la théorie du langage poétique*, fasc. 1, p. 48.

([3]) *Op. cit.*, fasc. 2, pp. 13–21.

pensar, os objetos são considerados no seu número e volume, não são vistos, são reconhecidos segundo os primeiros traços. O objeto passa ao nosso lado como que empacotado, sabemos que existe segundo o lugar que ocupa, mas apenas vemos a sua superfície. Sob a influência de tal perceção, o objeto enfraquece, em primeiro lugar como perceção, depois na sua reprodução; é devido a esta perceção da palavra prosaica que se explica a sua audição incompleta (Cf. o artigo de L. P. Yakubinski) e, por conseguinte, a reticência do locutor (donde todos os lapsos). No processo de algebrização, de automatização do objeto, obtemos o máximo da economia das forças percetivas: os objetos são ou dados por um único dos seus traços, por exemplo, o número, ou reproduzidos como se se seguisse uma fórmula, até sem eles surgirem na consciência.

«Eu limpava o quarto e, ao dar a volta, aproximei-me do divã e não conseguia lembrar-me se o tinha limpado ou não. Como estes movimentos são habituais e inconscientes, não conseguia lembrar-me e sentia que era já impossível consegui-lo. Logo, se limpei e se o esqueci, isto é, se agi inconscientemente, é exatamente como se o não tivesse visto. Se alguém consciente me tivesse visto, poderíamos restituir o gesto. Mas, se ninguém o viu ou se o viu inconscientemente, se toda a vida complexa de muitos gestos se desenrola inconscientemente, então é como se essa vida não tivesse existido» (Nota do diário de Leão Tolstoi de 28 de fevereiro de 1897, Nikolskoe. *Letopis*, dezembro de 1915, p. 354).

Assim, a vida desaparece, transformando-se num nada. A automatização traga os objetos, os fatos, os móveis, a mulher e o medo da guerra.

«Se toda a vida complexa de muitas pessoas se desenrola inconscientemente, então é como se essa vida não tivesse existido.»

E eis que, para se ter a sensação da vida, para sentir os objetos, para sentir que a pedra é pedra, existe aquilo a que se chama a arte. A finalidade da arte é dar uma sensação do objeto como visão e não como reconhecimento; o processo da arte é o processo de singularização dos objetos e o processo que consiste em obscurecer a forma, em aumentar a dificuldade e a duração da perceção. O ato de perceção em arte é um fim em si e deve ser prolongado; *a arte é um meio de sentir o devir do objeto, aquilo que já se «tornou» não interessa à arte.*

A vida da obra poética (a obra de arte) estende-se da visão ao reconhecimento, da poesia à prosa, do concreto ao abstrato, do Dom Quixote fidalgo, pobre e letrado, levando inconscientemente a humilhação à corte do duque, ao Dom Quixote de Turgueniev, imagem vasta mas vazia, de Carlos Magno à palavra *korol* (4). À medida que as obras e as artes morrem, abrangem domínios cada vez mais vastos: a fábula é mais simbólica do que o poema, o provérbio mais simbólico do que a fábula. Por isso, a teoria de Potebnia era a menos contraditória na análise da fábula, que tinha estudado exaustivamente. A teoria não convinha às obras artísticas realistas; era por isso que o livro de Potebnia não podia ser terminado. Como se sabe, as *Notas sobre a Teoria da Literatura* foram editadas em 1905, treze anos depois da morte do autor.

Neste livro, a única coisa que Potebnia elaborou de uma ponta à outra foi a parte que dizia respeito à fábula (5).

Os objetos várias vezes percecionados começam a ser percecionados por um reconhecimento: o objeto encontra-se

---

(4) A palavra *korol* (rei), em russo, vem do nome de Carlos Magno (Karolus...). [*N. do T. da edição francesa*]

(5) *Curso sobre a Teoria da Literatura. Fábula. Provérbio. Adágio.* Carcóvia, 1914.

diante de nós, sabemo-lo, mas já não o vemos([6]). É por isso que não podemos dizer nada sobre ele. Em arte, a libertação do objeto do automatismo percetivo estabelece-se por meios diferentes; neste artigo, quero indicar um desses meios de que se servia quase constantemente L. Tolstoi, escritor que, mesmo que não fosse senão para Merejkovski, parece apresentar os objetos tal como os vê, tal como os vê em si mesmos, mas sem os deformar.

O processo de singularização em L. Tolstoi consiste no facto de não chamar o objeto pelo seu nome, mas de o descrever como se o visse pela primeira vez e de tratar cada incidente como se se passasse pela primeira vez; além disso, utiliza na descrição do objeto não os nomes geralmente dados às suas partes, mas outros nomes tirados da descrição das partes correspondentes noutros objetos. Vejamos um exemplo. No artigo «Que vergonha», L. Tolstoi singulariza a noção de «chicote» do seguinte modo: «Despir as pessoas que violaram a lei, pô-las no chão, e bater-lhes com vergastas no traseiro»; algumas linhas abaixo: «chicotear as nádegas nuas». Esta passagem é acompanhada de uma nota: «E porquê particularmente este meio estúpido e selvagem de fazer mal em vez de qualquer outro?, por exemplo, picar o ombro ou qualquer outro lugar do corpo com agulhas, apertar as mãos ou os pés com tornos, ou ainda alguma coisa deste género?» Desculpem-me este exemplo pesado, mas é característico dos meios utilizados por Tolstoi para atingir a consciência. O chicote vulgar é singularizado pela sua descrição e pela proposição de lhe mudar a forma sem lhe mudar a essência. Tolstoi serve-se constantemente do método de singularização: por exemplo, em *Kholstomer*, a narrativa é conduzida na perspetiva de um cavalo, e os objetos são singularizados pela

---

([6]) V. Chklovski, *A Ressurreição da Palavra*, 1914.

perceção do animal, e não pela nossa. Vejamos como capta o direito de propriedade(7): «Aquilo que dizia respeito ao chicote e à religião, compreendera-o muito bem, mas o que me parecia então obscuro era a expressão "o *seu* potro": os homens estabeleciam, pois, um certo elo entre mim e o dono da estrebaria. Mas eu não conseguia compreender em que é que consistia esse elo. Só o compreendi muito mais tarde quando me separaram dos outros cavalos. Mas então eu não percebia como podiam considerar-me, a mim, propriedade de um homem. As palavras "o *meu* cavalo" diziam-me respeito, a um cavalo vivo, e parecia-me tão estranhas como as palavras: "a *minha* terra", "o *meu* ar", "a *minha* água".

»Mas estas palavras haviam produzido em mim uma profunda impressão. Eu não parava de refletir nelas. Somente muito mais tarde, depois de ter travado com os homens as mais diversas relações, compreendi o significado que os homens atribuem a estas palavras. Eis esse significado: não é segundo os atos, mas segundo as palavras, que os homens se dirigem na vida. O que eles apreciam não é tanto a possibilidade de fazer ou de não fazer alguma coisa, como a possibilidade de pronunciar a respeito de diferentes objetos certas palavras que convencionaram entre si. Essas palavras que consideram muito importantes são *meu, minha, meus, minhas*. Aplicam-nas aos seres, aos objetos, até à terra, aos homens, aos cavalos. E convencionaram entre si que um mesmo objeto só podia ser chamado *meu* por uma única pessoa. E aquele que, segundo este jogo, diz *meu* a respeito do maior número de objetos possível, é considerado como o mais feliz. Porque é assim? Ignoro-o; mas é assim. Outrora eu pensava que isso estava ligado a alguma vantagem direta, mas enganava-me.

---

(7) L. Tolstoi, *Souvenirs et récits*, Bibliothèque de la Pléiade, Paris, 1960. (*Le Cheval*, trad. por B. de Schloezer).

»Muitos daqueles que me consideravam o seu cavalo nunca me montavam; eram outros que me montavam, outros ainda que me alimentavam. Eram os cocheiros, os ferradores, que me prestavam diversos serviços, e não aqueles que diziam "o meu" cavalo. Mais tarde, tendo alargado o círculo das minhas observações, pude convencer-me de que não é apenas quando ele se dirige a nós, os cavalos, que o termo "meu" não tem outra razão senão esse baixo instinto denominado pelos homens sentimento ou direito de propriedade. O homem diz: "a minha casa"; e, contudo, não habita nela e contenta-se com construí-la e mantê-la. O vendedor diz: "a minha loja", "a minha loja de modas"; ora, ele próprio não veste o pano de boa qualidade que tem na sua loja.

»Há pessoas que dizem da terra "a minha terra", e, contudo, nunca viram essa terra e nunca a percorreram. Há pessoas que pretendem que outros homens lhes pertencem; nunca os viram e a única relação que têm com eles consiste em fazer-lhes mal.

»Há homens que chamam a algumas mulheres "a minha mulher", a "minha esposa"; ora, acontece que estas mulheres vivem com outros homens. A finalidade dos humanos não consiste em cumprir o que eles consideram bem, mas em chamar "meu" ao maior número possível de objetos.

»Estou atualmente persuadido de que é nisso que reside a diferença essencial entre os homens e nós. Por isso, sem mesmo ter em conta outras superioridades nossas em relação aos homens, só isso nos permite declarar com ousadia que na escala dos seres vivos ocupamos um escalão mais elevado do que os homens. A atividade dos homens, pelo menos daqueles com quem estive em contacto, é determinada por palavras, enquanto a nossa é determinada por factos.»

No fim da novela, o cavalo já foi morto, mas o modo de narração, o processo, não se alterou:

«O corpo de Serpoukhovskoi, que ia através do mundo, comendo e bebendo, foi levado para a terra muito mais tarde. Nem a sua pele, nem a sua carne, nem os seus ossos puderam servir para nada.

»E assim como de há vinte anos para cá este corpo que andava, comia e bebia era um peso para toda a gente, assim, quando foi preciso enterrá-lo, foi ainda uma maçada para os que o rodeavam. Há muito tempo que já não era útil a ninguém, há muito que estava a cargo de todos; e, contudo, esses mortos que enterram os mortos julgaram necessário cobrir com um belo uniforme o corpo inchado, meio decomposto, calçar-lhe os pés com belas botas e deitá-lo num belo caixão guarnecido a toda a volta de glandes novas. Esse caixão foi posto dentro de outro, de chumbo, que foi enviado para Moscovo. Em Moscovo, julgaram necessário desenterrar velhos ossos humanos e enterrar precisamente nesse local este corpo apodrecido e cheio de vermes no seu uniforme novo e nas suas botas bem engraxadas e depois deitar terra por cima de tudo.» Assim, vemos que no fim da novela o processo é aplicado fora da sua motivação ocasional.

Tolstoi descreveu todas as batalhas em *Guerra e Paz* com a ajuda deste processo. Elas são, antes de mais, apresentadas como singulares. Sendo estas descrições muito longas, não as citarei: para isso seria preciso copiar uma parte considerável deste romance de quatro volumes. Descrevia da mesma maneira os salões e o teatro:

«Um soalho guarnecia o meio da cena; cenários figurando árvores erguiam-se de ambos os lados; uma tela pintada formava o plano de fundo. Jovens raparigas de corpetes vermelhos e saiotes brancos estavam agrupadas ao centro. Uma delas, muito forte, de vestido de seda branca, estava sentada um pouco afastada num banco subjugado por um cartão verde colado por trás. Cantavam em coro. Quando terminaram, a pessoa de vestido branco avançou para a caixa do ponto; então, um homem cujos calções justos de seda moldavam umas pernas grossas, aproximou-se dela, com uma pena no chapéu, um punhal no cinto, e pôs-se a cantar ao mesmo tempo que gesticulava.

»Em primeiro lugar, o homem de calções justos cantou sozinho, depois foi a vez do seu par. Em seguida, calaram-se ambos, a orquestra recomeçou, e o homem deu pancadinhas cadenciadas na mão da sua companheira, esperando a medida para entoar o duo. Depois de cantarem, toda a sala os aplaudiu, os aclamou, enquanto os dois atores que representavam um par de apaixonados se inclinavam sorrindo para a direita e para a esquerda. [...]

»O cenário de segundo ato representava monumentos fúnebres; um buraco na tela figurava a Lua; levantaram-se os refletores da ribalta, os clarins e os contrabaixos tocaram em surdina, enquanto da esquerda e da direita avançava uma multidão de pessoas de vestidos negros. Puseram-se a gesticular, a agitar objetos que se assemelhavam a punhais. Depois, ocorreu outra turba, com o desígnio de levar a jovem rapariga que tínhamos visto vestida de branco no primeiro ato e que agora trazia um vestido azul. Aliás, não a levaram imediatamente, mas cantaram durante muito tempo com ela; quando finalmente a levaram, um barulho metálico ouviu-se por três vezes nos bastidores; então, todos os atores caíram de joelhos e entoaram uma oração. Estas cenas diversas foram, por várias vezes, interrompidas pelos gritos entusiásticos dos espectadores.»

A mesma técnica para o terceiro ato: «De repente, rebentou uma tempestade, a orquestra deu a ouvir gamas cromáticas e acordes de sétima menor; toda a gente começou a correr, e novamente um dos atores foi arrastado para os bastidores; depois disto, caiu o pano.»

No quarto ato: «Uma espécie de diabo surgiu a gesticular e cantou até que abriram um alçapão, onde desapareceu.» ([8])

É da mesma maneira que Tolstoi descreve a cidade e o tribunal em *Ressurreição.* Descreve o casamento em *Sonata a Kreutzer* da seguinte maneira: «Porque devem as pessoas dormir juntas se as suas almas estão em afinidade?» Mas não aplica o processo de singularização só para dar a visão de um objeto que quer apresentar negativamente: «Pedro levantou-se, deixou os seus novos camaradas e tentou ir, por entre as fogueiras do bivaque, ao outro lado da estrada, onde, tinham-lhe dito, estavam soldados prisioneiros. Queria falar com eles. Uma sentinela francesa fê-lo parar na estrada e retroceder caminho.

»Pedro voltou para trás, mas não para as fogueiras dos seus camaradas; dirigiu-se para uma carroça desatrelada, junto da qual não havia ninguém. Abaixou-se e, inclinando a cabeça, sentou-se contra as rodas na terra fria e ficou durante muito tempo a refletir. Passou mais de uma hora assim. Ninguém o incomodou. De súbito, desatou a rir, e tão ruidosamente que de toda a parte os homens se voltaram para ver donde vinha aquele estranho acesso de alegria solitária.

»— Ah! Ah! Ah! — ria Pedro.

»E pronunciou em voz alta:

»— O soldado não me deixou passar, apanharam-me, encerraram-me, têm-me prisioneiro. Mas quem, eu? Eu? A minha alma imortal? Ah! Ah! Ah!

»Ria tão alto que as lágrimas lhe vieram aos olhos. [...]

»Pedro ergueu os olhos para o céu, para as profundezas onde cintilavam as estrelas em movimento. "Tudo isto é meu, tudo isto é meu, tudo isto é meu!" pensou ele. "E foi tudo

---

([8]) L. Tolstoi, *Guerre et Paix,* trad. francesa de H. Mongault, Gallimard, Paris, 1944, vol. I.

isto que eles agarraram e fecharam numa barraca de tábuas!" Sorriu e foi estender-se junto dos seus companheiros.» (*Guerra e Paz*, vol. II.)

Todos aqueles que conhecem bem Tolstoi podem encontrar nele centenas de exemplos deste tipo. Esta maneira de ver os objetos fora do seu contexto conduziu Tolstoi nas suas últimas obras a aplicar o método de singularização à descrição dos dogmas e dos ritos, método segundo o qual substituía palavras da linguagem corrente por palavras habituais de uso religioso; disso resultou algo de estranho, de monstruoso, que foi sinceramente considerado por muitas pessoas como uma blasfémia e que as feriu penosamente. Contudo, era sempre o mesmo processo com a ajuda do qual Tolstoi captava e relatava o que o envolvia. As perceções de Tolstoi abalaram a sua fé ao tocar em objetos em que durante muito tempo não quisera tocar.

Este processo de singularização não pertence exclusivamente a Tolstoi. Se me apoio num material que lhe é retirado, não é senão por considerações puramente práticas, porque este material é conhecido de todos.

Agora, depois de ter esclarecido o caráter deste processo, tentemos determinar aproximadamente os limites da sua aplicação. Pessoalmente, penso que em quase toda a parte onde há imagem existe singularização.

Por outras palavras, a diferença entre o nosso ponto de vista e o ponto de vista de Potebnia pode ser formulada do seguinte modo: a imagem não é um predicado constante a assuntos variáveis. A finalidade da imagem não é tornar mais próxima da nossa compreensão a significação que ela tem em si, mas criar uma perceção particular do objeto, criar a sua visão e não o seu reconhecimento.

É a arte erótica que nos permite a melhor observação das funções da imagem.

Aqui o objeto erótico é apresentado frequentemente como uma coisa ainda nunca vista. Por exemplo, em Gogol, em *A Noite de Natal*:

«Depois disso, encostou-se todo a Solokha, tossiu, desatou a rir e, aflorando com o dedo a carne do braço nu da mocetona, pronunciou com uma voz que traía ao mesmo tempo a astúcia e um íntimo arrebatamento:

»— Que tens aqui, esplêndida Solokha?

»Dito isto, recuou alguns passos.

»— Como, o que tenho aí? Mas é o meu braço, Ossip Nikiforovitch! — respondeu ela.

»— Hum!... um braço?... Eheheheh! — disse o sacristão, ingenuamente satisfeito com este brilhante começo.

»De seguida, depois de ter passeado através da sala:

»— E isto, o que é, minha muito querida Solokha? — repetiu ele no mesmo tom, ao aproximar-se, e saltando para trás depois de lhe ter aflorado o pescoço.

»— Como se não o visse com os seus olhos! — replicou ela. — O meu pescoço, e ao pescoço um colar de vidrilhos...

»— Hum!... um colar ao pescoço?... Eheheheh! — disse ainda o sacristão, que dava grandes passadas pelo quarto, esfregando as mãos. — E o que tendes aí, ilustre Solokha?

»Calcula-se em que teria tocado desta vez o devasso sacristão... ([9])»

Em Hamsun, em *A Fome*:

»Dois milagres brancos saíam-lhe da camisa.»

([9]) N. Gogol, *Les Veillées du hameau près de Dikanka*, vol. II, trad. francesa de Ch. Tremel e J. Chuzeville. Ed. du Chêne, Paris, 1946.

Por vezes, a representação dos objetos eróticos faz-se de uma maneira desviada, cuja finalidade não é evidentemente senão aproximá-los da compreensão.

Relaciona-se com este tipo de representação a dos órgãos sexuais como um cadeado e uma chave (por exemplo, em «Adivinhas do povo russo», D. Savodnikov, n.os 102–107), como utensílios a tecer (*ibid.*, 588–591), como um arco e flechas, com um anel e um prego, como na bilina ([10]) sobre Staver (Rybnikov, n.º 30).

O marido não reconhece a mulher mascarada de cavaleiro medieval. Ela faz uma adivinha:

«Recordas-te, Staver, recordas-te
Como, quando éramos crianças, íamos pela rua
E jogávamos ao jogo do prego ([11])
Tu, tu tinhas um prego de prata
E eu, eu tinha um anel dourado?
E eu, eu conseguia de vez em quando
Mas tu, tu conseguias sempre.
E Staver, filho de Godine, diz:
Mas eu não joguei contigo ao jogo do prego.
Então, Vassilissa Mikulitchna diz: Então,
Recordas-te, Staver, recordas-te,
Foi contigo que eu aprendi a escrever:
Eu tinha um tinteiro de tinta de prata
E tu tinhas uma caneta dourada?
Eu molhava a caneta de vez em quando,
Mas tu, tu molhava-la sempre?»

([10]) Poema narrativo popular da Rússia Antiga. [*N. da T. da edição portuguesa*]

([11]) Jogo do prego — jogo popular russo que consiste em visar com um prego o centro de um anel colocado no chão. [*N. do T. da edição francesa*]

Noutra variante da bilina, a solução é-nos dada:

«Então o terrível enviado Vassiliuchka
Levantou os vestidos até ao umbigo
E eis que o jovem Staver, filho de Godine,
Reconheceu o anel dourado...»

(*Rybnikov, 171*)

Mas a singularização não é unicamente um processo de adivinhas eróticas ou de eufemismo; é a base e o único sentido de todas as adivinhas. Cada adivinha é ou uma descrição, uma definição do objeto por palavras que geralmente não lhe são aplicadas (exemplo: «Duas extremidades, dois anéis, e no meio um prego»), ou uma singularização fónica obtida com a ajuda de uma repetição deformadora: *Ton da tonok? — Pol da potolok* ([12]) (D. Savodnikov, n.º 51) ou ainda *Slon da kondrik?* — Zaslon i konnik ([13]) (*ibid.*, 177).

Há imagens eróticas que utilizam a singularização sem serem adivinhas; por exemplo, todos os «maços de críquete», «os aviões», «as bonecas», «os amiguinhos», etc., que nós ouvimos na boca dos cançonetistas.

Estas imagens de cançonetistas têm todas um ponto comum com a imagem popular que apresenta os mesmos atos como o facto de «calcar a erva e partir o alburno».

O processo de singularização é completamente evidente na imagem divulgada da pose erótica, na qual o urso e outros animais (ou o diabo, outra motivação da falta de reconhecimento) não reconhecem o homem (*O Mestre Corajoso, Contos da Grande Rússia*, notas da Sociedade Imperial Geográfica

---

([12]) *Pol da potolok* (r.): chão e teto. [*N. do T. da edição francesa*]

([13]) *Zaslon i konnik* (r.): abrigo e cavaleiro. [*N. do T. da edição francesa*]

Russa, vol. 42, n.º 52; *Recolha da Rússia Branca de Romanov*, n.º 84, *O Soldado Justo*, p. 344).

A falta de reconhecimento no conto n.º 70 da recolha de D. S. Zelenine, *Contos Grã-Russos do Governo de Perm*, é um caso muito característico.

«Um mujique lavrava o campo com uma égua pigarça. Um urso aproxima-se dele e pergunta-lhe: "Ó amigo, quem deu à tua égua esta cor pigarça?" — "Dei-lha eu próprio." — "Mas como?" — "Vem, vou dar-ta também a ti." O urso consente. O mujique ata-lhe as patas, pega na relha do arado, põe-na a aquecer ao lume e começa a aplicá-la nos flancos do urso: com a relha em brasa, chamusca-lhe o pelo até à carne e dá-lhe assim a cor pigarça. Depois, desata-o, o urso parte, afasta-se um pouco, deita-se debaixo de uma árvore e fica quieto. — Depois, aparece uma pega junto do mujique para debicar carne nas suas costas. O mujique apanha-a e parte-lhe uma pata. A pega foge e para na árvore junto da qual o urso está deitado. — Depois da pega, uma grande mosca negra vem junto do mujique, pousa na égua e começa a picá-la. O mujique apanha-a, enfia-lhe uma vara no traseiro e deixa-a partir. A mosca foge e pousa na mesma árvore onde já estavam a pega e o urso. Todos os três se encontram aí. Então, chega a mulher do mujique, que lhe traz o almoço. O mujique come ao ar livre com a mulher e deita-a no chão. Ao ver isto, o urso volta-se para a pega e para a mosca e diz: "Meu Deus, o mujique quer mais uma vez dar a cor pigarça a alguém." A pega diz: "Não, ele quer partir-lhe as patas." A grande mosca: "Não, ele quer enfiar-lhe uma vara no traseiro."»

A identidade do processo deste trecho com o processo de *Kholstomer* é, segundo me parece, evidente para nós.

A singularização do próprio ato é muito frequente na literatura; por exemplo, no *Decameron*: «a raspagem do casco», «a caça ao rouxinol», «o trabalho alegre do batedor de lã», não estando esta última imagem desenvolvida como assunto. E assim se utiliza muitas vezes a singularização na representação dos órgãos sexuais.

Há uma série de assuntos que é construída com base nessa falta de reconhecimento. Por exemplo, Afanassiev, *Contos Íntimos*, «A Dama Tímida»: todo o conto se funda no facto de se não chamar ao objeto o seu próprio nome, no jogo do desconhecimento. A mesma coisa em Ontchukov, «A Mancha Feminina» (Conto n.º 525); o mesmo nos *Contos Íntimos*, «O Urso e o Coelho». O urso e o coelho curam a «chaga».

As construções do tipo «pilão e almofariz» ou «o diabo e o inferno» (*Decameron*) pertencem ao mesmo processo de singularização.

Trato, no meu artigo sobre a construção do assunto, a singularização no paralelismo psicológico.

Repito, contudo, que o que importa no paralelismo é a sensação da não coincidência numa semelhança. A finalidade do paralelismo, como geralmente a finalidade da imagem, representa a transferência de um objeto da perceção habitual para a esfera de uma nova perceção; há, pois, uma mudança semântica específica.

Ao examinar a língua poética tanto nos seus constituintes fonéticos e lexicais como na disposição das palavras e das construções semânticas constituídas por essas palavras, apercebemo-nos de que o caráter estético se revela sempre pelos mesmos signos: é criado conscientemente para libertar a perceção do automatismo; a sua visão representa a finalidade do criador e é construída artificialmente, de modo que a perceção se concentre nela e chegue ao máximo da sua força e da sua duração. O objeto é percecionado não com uma parte do espaço, mas, por assim dizer, na sua continuidade. A língua poética satisfaz estas condições. Segundo Aristóteles, a língua poética deve ter um caráter estranho, surpreendente; na prática, é muitas vezes uma língua estranha: o sumério para os Assírios, o latim na Europa Medieval, os arabismos para os Persas, o velho búlgaro como base do russo literário; ou uma língua culta, como a língua das canções populares próxima da língua literária. É a explicação da existência dos arcaísmos tão amplamente espalhados na língua poética, das dificuldades da língua do *dolce stilo nuovo* (século XII), da língua de Arnaud Daniel, com o seu estilo obscuro e as suas formas difíceis (*hart*), formas que supõem um esforço na pronúncia (Diez, *Leben und Werk der Troubadoure*, p. 213). L. Yakubinski demonstrou no seu artigo a lei do obscurecimento no que diz respeito à fonética da língua poética no caso particular de uma repetição de sons idênticos. Assim, a língua da poesia é uma língua difícil, obscura, cheia de obstáculos. Em certos casos particulares, a língua da poesia aproxima-se da língua da prosa, mas sem contradizer a lei de dificuldades.

> «A sua irmã chamava-se Tatiana.
> Eis que pela primeira vez
> Venho com o seu nome santificar
> As páginas deste terno romance»

escrevia Pushkin. Para os contemporâneos de Pushkin, a língua poética tradicional era o estilo culto de Derjavin, enquanto o estilo de Pushkin, com o seu caráter trivial (para aquele tempo), era difícil e surpreendente. Lembremo-nos do horror dos seus contemporâneos perante as expressões grosseiras que emprega. Pushkin utilizava a linguagem popular como um processo destinado a prender a atenção, tal como os seus contemporâneos, nos seus discursos, geralmente em francês, utilizavam palavras russas (cf. os exemplos em Tolstoi, *Guerra e Paz*).

Um fenómeno ainda mais característico tem lugar nos nossos dias. A língua literária russa, que é de origem estranha à Rússia, penetrou de tal modo na massa do povo que elevou ao seu nível muitos elementos dos dialetos; em contrapartida, a literatura começa a manifestar uma preferência pelos dialetos (Remizov, Kliuev, Iessienin e outros, tão desiguais no seu talento e tão próximos na sua língua voluntariamente provinciana) e pelos barbarismos (o que tornou possível o aparecimento da escola de Severyanin). Máximo Gorki, também nos nossos dias, passa da língua literária ao patoá literário à moda de Leskov. Assim, a linguagem popular e a língua literária trocaram o lugar (V. Ivanov e muitos outros). Por fim, somos testemunhas do aparecimento de uma forte tendência que procura criar uma língua especificamente poética; à cabeça desta escola pôs-se, como se sabe, Velemir Khlebnikov. Assim, acabamos por definir a poesia como um discurso *difícil, tortuoso*. O discurso poético é um discurso *elaborado*. A prosa permanece um discurso vulgar, económico, fácil, correto (*Dea prosae* é a deusa do parto fácil, correto, de uma boa posição da criança). Aprofundarei no meu artigo sobre a construção do assunto este fenómeno de obscurecimento, de afrouxamento, enquanto *lei* geral da arte.

As pessoas que pretendem que a noção de economia das forças está constantemente presente na língua poética e que é a sua determinante parecem à primeira vista ter uma posição particularmente justificada no que diz respeito ao ritmo. A interpretação do papel do ritmo dada por Spencer parece ser incontestável: «As pancadas que nos dão irregularmente obrigam os músculos a conservar uma tensão inútil, por vezes até prejudicial, porque não prevemos a repetição da pancada; quando os golpes são regulares, economizamos as forças.»

Esta observação, à primeira vista convincente, peca pelo vício habitual da confusão das leis da língua poética com as da língua prosaica. Spencer não vê nenhuma diferença entre elas na sua *Filosofia do Estilo*, e, contudo, talvez existam duas espécies de ritmo. O ritmo de uma canção que acompanha o trabalho, da *dubinuchka* ([14]), substitui, por um lado, o comando: «Vamos todos»; por outro lado, facilita o trabalho, tornando-o automático. Com efeito, é mais fácil andar ao som da música do que sem ele, mas é também mais fácil andar ao ritmo de uma conversa animada quando a ação de andar escapa à nossa consciência. Assim, o ritmo prosaico é importante como fator automatizador. Mas não é o caso do ritmo poético. Na arte, há uma «ordem»; contudo, não há uma única coluna do templo grego que a siga exatamente, e o ritmo estético consiste num ritmo prosaico violado; houve já tentativas de sistematizar estas violações. Representam a tarefa atual da teoria do ritmo. Podemos pensar que esta sistematização não terá sucesso; com efeito, trata-se não de um ritmo complexo, mas de uma violação do ritmo, e de uma violação impossível de prever; se esta violação se tornar um cânone, perde a força que tinha como processo obstáculo. Mas, quanto aos problemas do ritmo, não entrarei em pormenores; outro livro ser-lhes-á consagrado.

1917.

([14]) Canção russa cantada no decorrer de um trabalho físico difícil. [*N. do T. da edição francesa*]

DO REALISMO ARTÍSTICO

Roman Jakobson

Ainda não há muito tempo, a história da arte, particularmente a história da literatura, não era uma ciência, mas uma *causerie* (1). Seguia todas as leis da *causerie*. Passava alegremente de um tema para outro, e a onda lírica da palavra sobre a elegância da forma dava lugar às anedotas colhidas na vida do artista; os truísmos psicológicos alternavam com os problemas relativos ao fundo filosófico da obra e aos do meio social em questão. É um trabalho tão fácil e tão remunerador como falar da vida, da época, a partir das obras literárias! É mais fácil e mais remunerador copiar um gesso do que desenhar um corpo vivo. A *causerie* não conhece terminologia precisa. Pelo contrário, a variedade dos termos, as palavras equívocas que são um pretexto para os jogos de palavras, tornam-se aí qualidades que conferem encanto à conversa. Assim, a história da arte não conhecia a terminologia científica, utilizava as palavras da linguagem corrente, sem as fazer passar pelo crivo da crítica, sem as limitar com precisão, sem ter em conta a sua polissemia. Por exemplo, os historiadores

(1) Em francês no texto.

da literatura confundiam imprudentemente o idealismo como designação de uma conceção filosófica do mundo com o idealismo tomado na aceção de desinteresse, insubmissão a motivos puramente materiais. Quanto à confusão que incide no termo «forma», revelada brilhantemente nas obras de gramática geral de Anton Marty, é ainda mais desesperante. Mas é o termo «realismo» que é particularmente azarento. O emprego desordenado desta palavra de conteúdo extremamente vago suscitou fatais consequências.

O que é o realismo para o teórico da arte? É uma corrente artística que se apresentou com a finalidade de reproduzir a realidade o mais fielmente possível e que aspira ao máximo de verosimilhança. Declaramos realistas as obras que nos parecem verosímeis, fiéis à realidade. E para já a ambiguidade é evidente:

1. Trata-se de uma aspiração, de uma tendência, isto é, chama-se realista à obra que o autor em causa propõe como verosímil (significação A).

2. Chama-se realista à obra que aquele que a julga entende como verosímil (significação B).

No primeiro caso, somos obrigados a julgar de uma maneira imanente; no segundo, é a minha impressão que é o critério decisivo. A história da arte confunde desesperadamente estas duas significações do termo «realismo». Atribui-se ao ponto de vista individual um valor objetivo e absolutamente autêntico. Reduz-se sub-repticiamente o problema da minha relação com ela. Substitui-se impercetivelmente a significação A pela significação B.

Os clássicos, os sentimentalistas, em parte os românticos, até os «realistas» do século XIX, em grande medida os decadentes e, finalmente, os futuristas, os expressionistas, etc., afirmaram muitas vezes com insistência que a fidelidade à realidade, o máximo de verosimilhança, numa palavra, o realismo, é o princípio fundamental do seu programa estético. No século XIX, este *slogan* deu o seu nome a uma corrente artística. Foram essencialmente epígonos desta arte que criaram a história atual da arte, e sobretudo da literatura. É por isso que nos apresentam um caso particular, uma certa corrente artística, como a realização perfeita da tendência em questão; para avaliar o grau de realismo das escolas artísticas anteriores e posteriores, comparam-nas com esse realismo do século XIX. Assim, realiza-se sub-repticiamente uma nova identificação, introduz-se uma terceira significação da palavra «realismo» (significação C), a saber: a soma dos traços característicos de uma escola artística do século XIX. Por outras palavras, o historiador da literatura considera que as obras mais verosímeis são as obras realistas do último século.

Analisemos a noção de verosimilhança artística. Se em pintura, em arte figurativa, podemos ter ainda a ilusão de uma fidelidade objetiva e absoluta à realidade, a questão de verosimilhança «natural» (segundo a terminologia de Platão) de uma expressão verbal, de uma descrição literária, é evidentemente desprovida de sentido. Será que se pode colocar a questão do grau de verosimilhança desta ou daquela espécie de tropo poético? Será que se pode dizer que uma metáfora ou metonímia é objetivamente mais realista do que outra? Mesmo em pintura, o realismo é convencional, isto é, figurativo. Os métodos de projeção do espaço de três dimensões sobre uma superfície, a cor, a abstração, a simplificação do objeto reproduzido, a escolha dos traços representados são convencionais. É preciso aprender a linguagem pictural convencional para se ver o quadro, do mesmo modo que não se podem captar as palavras sem conhecer a língua. O caráter convencional, tradicional, da apresentação pictural determina numa ampla medida o próprio ato da perceção visual. À medida que se acumulam as tradições, a imagem pictural torna-se um ideograma, uma fórmula que ligamos imediatamente ao objeto seguindo uma associação de contiguidade. O reconhecimento produz-se instantaneamente. O ideograma deve ser deformado. O pintor inovador deve ver no objeto aquilo que ainda ontem não se via, deve impor à perceção uma nova forma. Apresenta-se o objeto por um resumo inabitual. Assim, Kramskoi, um dos fundadores da escola dita realista na pintura russa, conta nas suas memórias como procurou deformar ao máximo a composição académica, e essa «desordem» é motivada por uma aproximação da realidade. É uma motivação característica para o *Sturm und Drang* das novas escolas artísticas, isto é, uma motivação para a deformação dos ideogramas.

A língua quotidiana conhece muitos eufemismos, fórmulas de delicadeza, falas de palavras veladas, alusões, ordenamentos convencionais. Quando pedimos ao discurso que seja franco, natural, expressivo, chamamos os objetos pelo seu próprio nome, e essas apelações têm uma ressonância nova; dizemos neste caso: *c'est le mot* ([2]). Desde que fazemos uso habitual desse nome para designar o objeto, somos inversamente obrigados a recorrer à metáfora, à alusão, à alegoria, se quisermos obter uma apelação expressiva. Os tropos dão-nos o objeto mais sensível e ajudam-nos a vê-lo. Por outras palavras, quando procuramos a palavra justa que poderia fazer-nos ver o objeto, escolhemos uma palavra que não nos é habitual, pelo menos nesse contexto, uma palavra violada. Essa palavra inesperada pode ser tanto a apelação figurativa como a apelação própria: é preciso saber qual das duas se usa na altura. Temos mil exemplos, sobretudo na história do vocabulário obsceno. Chamar o ato pelo seu próprio nome é mordaz, mas, num meio habituado às palavras grosseiras, o tropo, o eufemismo, atuará de maneira mais forte e mais convincente. É o caso da palavra dos hussardos russos

---

([2]) Em francês no texto.

«utilizar» (*utilizirivat'*). É por isso que os termos estrangeiros são mais insultantes, e servimo-nos deles para estes fins. É por isso que um epíteto inverosímil, *holandês* ou *morsa*, atribuído por um locutor russo grosseiro ao nome de um objeto que não tem qualquer relação nem com as morsas, nem com a Holanda, decuplica a força do termo. É por isso que o mujique, em vez de mencionar o acasalamento com a mãe (nas famosas fórmulas grosseiras), prefere a imagem fantástica de acasalamento com a alma, reforçando-a ainda com um paralelismo negativo (*tvoju dushu ne mat'*) [a tua alma, não a tua mãe].

É este também o realismo revolucionário em literatura. As palavras que ontem empregávamos numa narrativa hoje já não nos dizem nada. Caracteriza-se então o objeto por traços que ontem considerávamos como os menos característicos, os menos dignos de figurar em literatura, os traços que não se notavam. «Gosta de se fixar no que não é essencial»: é o juízo clássico que a crítica conservadora de todos os tempos faz sobre o inovador contemporâneo. Deixo o amador escolher ele próprio as citações convencionais nos críticos contemporâneos de Pushkin, Gogol, Tolstoi, A. Bieli, etc. Os adeptos da nova escola consideram os traços que não são essenciais como uma característica mais realista do que aquela que a tradição entorpecida usava. Outros, os mais conservadores, continuam sempre a modelar a sua perceção segundo os antigos cânones; é por isso que sentem a deformação realizada pela nova escola como uma recusa da verosimilhança, como um desvio do realismo; continuam a cuidar dos velhos cânones como os únicos realistas. Logo, visto que falámos da significação A do termo realismo, isto é, da tendência para uma verosimilhança artística, vemos que esta definição deixa lugar a uma ambiguidade:

A1: a tendência para deformar os cânones artísticos em curso, interpretada como uma aproximação da realidade.

A_2: a tendência conservadora limitada ao interior de uma tradição artística e interpretada como uma fidelidade à realidade.

A significação B pressupõe a minha avaliação subjetiva do fenómeno artístico em causa como fiel à realidade; logo, ao substituirmos os resultados obtidos, encontramos:

Significação B_1, isto é: sou um revolucionário em relação aos hábitos artísticos em curso e capto a sua deformação como uma aproximação da realidade.

Significação B_2, isto é: sou um conservador e capto a deformação dos hábitos artísticos em curso como uma alteração da realidade.

Neste último caso, podemos chamar realistas unicamente aos factos artísticos que, para mim, não contradizem os hábitos artísticos em curso; mas, visto que do meu ponto de vista os mais realistas são os meus próprios hábitos (a tradição à qual pertenço), e visto que estes últimos não são realizados senão em parte no quadro das outras tradições, mesmo que não as contradigam, não encontrarei nessas outras tradições senão um realismo partitivo, embrionário, não desenvolvido ou decadente, ao mesmo tempo que declararei como o único realismo autêntico aquele no espírito do qual fui educado. Inversamente, no caso B_1, tenho a mesma atitude em relação às fórmulas que contradizem os hábitos artísticos em curso, inaceitáveis para mim, que em relação àqueles que, no caso B_2, não contradizem os ditos hábitos. Neste caso, posso atribuir facilmente a tendência realista (no sentido A_1 da palavra) às formas que não são de modo algum projetadas como tais. Assim, interpretam-se muitas vezes os primitivos do ponto de vista B_1. Verificou-se imediatamente a sua oposição aos cânones, na altura em que não se tinha em conta o seu tradicionalismo, a sua fidelidade ao seu próprio cânone (interpretava-se A_2 como A_1). Do mesmo modo, captavam-se e interpretavam-se como poéticos escritos que não estavam destinados a sê-lo. São testemunhas disto o juízo de Gogol que atribuía qualidades poéticas ao inventário dos objetos preciosos pertencentes aos príncipes de Moscovo, a observação de Novalis sobre o caráter poético do alfabeto, a declaração do futurista Kruchenykh sobre a impressão poética que lhe deixou uma conta de lavandaria ou a do poeta Khlebnikov, que por vezes vê um sentido artístico na alteração de uma palavra por uma gralha.

O conteúdo concreto de A_1, A_2, B_1, B_2 é inteiramente relativo. Assim, o perito contemporâneo descobrirá realismo em Delacroix mas não em Delaroche, em El Greco e André Rublev mas não em Guido Reni, na imagem da mulher cita mas não na de Laocoonte. Um discípulo do academismo do século passado teria feito um juízo exatamente contrário. Aquele que sente a verosimilhança em Racine não a encontra em Shakespeare, e inversamente.

Segunda metade do século XIX. Na Rússia, um grupo de pintores luta pelo realismo (primeira fase de C, isto é, um caso particular de A_1). Um deles, Repin, pinta um quadro, «Ivan, o *Terrível*, matando o filho». Os companheiros de luta de Repin aprovam a tela como sendo realista (C, caso particular de B_1). Inversamente, o mestre de Repin na Academia indigna-se contra o irrealismo do quadro; descreve em pormenor todas as deformações da verosimilhança, confrontando-as com o cânone académico, que, para ele, é o único válido (isto é, do ponto de vista B_2). Mas eis que a tradição académica morreu, impõe-se o cânone dos «realistas» ambulantes ([3]), este torna-se um facto social. Surgem novas tendências em pintura, um novo *Sturm und Drang* desabrocha; ou seja, em linguagem de

---

([3]) Em russo, *Peredvizhniki:* Os Ambulantes (sociedade de pintores na Rússia dos séculos XIX e XX). ()[*N. do T. da edição francesa*]

manifestos, procura-se uma nova verdade. É por isso que é natural que para o pintor contemporâneo o quadro de Repin seja desnaturado, inverosímil (do ponto de vista B_1), e só o conservador que honra os «preceitos realistas» se esforça por o olhar com os olhos de Repin (segunda fase de C, isto é, um caso particular de B_2). Por sua vez, Repin não vê nas obras de Degas e de Cézanne senão esgares e desnaturações (do ponto de vista B_2). Estes exemplos tornam evidente toda a relatividade da noção de «realismo»; contudo, os historiadores da arte, que, como já dissemos, pertencem na maioria dos casos aos epígonos do «realismo» (à segunda fase de C), tratam arbitrariamente com igualdade C e B_2, embora de facto C não seja senão um caso particular de B. Como sabemos, substitui-se impercetivelmente a significação A pela significação B e não se apreende a diferença de princípio entre A_1 e A_2; toma-se consciência da destruição dos ideogramas unicamente como um meio de criar novos ideogramas; naturalmente, o conservador não apreende o valor estético autónomo da deformação. Assim, sob a aparência de A (mais precisamente de A_2), os historiadores da arte fazem apelo, com efeito, a C. É por isso que, quando o historiador da literatura declara por exemplo que «o realismo é próprio da literatura russa», este juízo equivale ao aforismo «a idade de vinte anos é própria do homem».

Visto que existe uma tradição que diz que o realismo é C, os novos artistas realistas (no sentido A_1 deste termo) são obrigados a declarar-se neorrealistas, realistas no sentido superior desta palavra, naturalistas, a estabelecerem uma distinção entre o realismo aproximativo, ilusório (C), e aquele que é na sua opinião o autêntico (isto é, o deles). «Sou um realista, mas no sentido superior desta palavra», já declarava Dostoievski. Por sua vez, os simbolistas, os futuristas italianos e russos, os expressionistas alemães, etc., repetiram quase a mesma frase. Por vezes, estes neorrealistas identificam inteiramente a sua plataforma estética com o realismo em geral; é por isso que se veem obrigados a excluir do realismo os representantes de C. Assim, a crítica póstuma fez-nos duvidar do realismo de Gogol, Dostoievski, Tolstoi, Turgueniev e Ostrovski.

Além disso, os historiadores da arte (e particularmente da literatura) caracterizam esse C de uma maneira vaga e aproximativa: é preciso não esquecer que são epígonos. Uma análise mais atenta substituiria sem dúvida C por uma série de valores de conteúdo mais preciso, descobriria que certos processos que ligamos gratuitamente a C estão longe de caracterizar todos os representantes da escola dita realista e que, inversamente, podemos igualmente descobrir estes processos fora dela.

Já indicámos que a caracterização que se opera segundo traços não essenciais é própria do realismo progressivo. Há um processo de caracterização que muitos representantes da escola C (na Rússia, a escola dita de Gogol) cultivaram e que por essa razão se identifica incorretamente com C em geral; é a condensação da narrativa com a ajuda de imagens escolhidas no eixo de contiguidade, isto é, seguindo a orla entre o termo próprio e a metonímia ou a sinédoque. Esta «condensação» realiza-se quer fora da intriga, quer ao eliminá-la. Vejamos o exemplo simples de dois suicídios descritos em literatura, o da pobre Liza[4] e o de Ana Karenina. Ao descrever o suicídio de Ana, Tolstoi demora-se mais particularmente na sua mala de mão. Este traço não essencial não teria qualquer sentido em Karamzin, embora a sua narrativa se apoie numa série de traços não essenciais, se a compararmos com o romance de aventuras do século XVIII. Neste romance, se o herói tem um encontro, é sempre com aquele de que tem necessidade ou, pelo menos, com aquele de que

---

[4] *A Pobre Liza*, romance de Karamzin. [*N. do T. da edição francesa*]

a intriga necessita. Enquanto em Gogol, em Dostoievski, em Tolstoi, o herói encontrará, em primeiro lugar, por força, alguém completamente inútil à efabulação, e a sua conversa nada trará a esta última. Visto que se declara muitas vezes que este processo é próprio do realismo, designemo-lo por D, repetindo que encontramos muitas vezes D em C.

Coloca-se um problema a um pequeno grupo: O pássaro fugiu da gaiola. «Sendo dada a distância entre a gaiola e a floresta, quanto tempo foi preciso para chegar à floresta, se percorrer tantos metros por minuto?» O rapaz pergunta: «E a gaiola, de que cor era?» Este rapaz é um representante típico dos realistas no sentido D da palavra.

Ou ainda a anedota do género «adivinha arménia»: «O que é verde e está pendurado no salão? — Pois bem, é um arenque. — Porquê no salão? — Porque não havia lugar na cozinha. — Porquê verde? — Pintaram-no. — Mas porquê? — Para que seja mais difícil de adivinhar.» Este desejo de tornar a adivinha mais difícil, esta tendência para afrouxar o reconhecimento, tem como consequência acentuar o novo traço, o epíteto original. Dostoievski escrevia que em arte, para mostrar o objeto, é preciso proceder por exageração, é preciso deformar a sua aparência precedente, é preciso colori-lo como se faz às preparações para as observar ao microscópio. Colorimos o objeto diferentemente e pensamos: tornou-se mais sensível, mais visível, mais real (A_1). O cubista multiplicou o objeto no quadro, mostrou-o de vários pontos de vista, tornou-o mais palpável. É um processo pictural. Mas há ainda a possibilidade de motivar, de justificar este processo no próprio quadro: por exemplo, o objeto é repetido porque se reflete num espelho. Acontece exatamente o mesmo na literatura. O arenque é verde porque o pintaram, o epíteto surpreendente é ligado à realidade, o tropo torna-se motivo épico. O autor encontrará sempre uma resposta para a questão: «Porque te pintaram?» Mas há apenas uma única resposta justa: «Para que seja mais difícil de adivinhar.» Assim, podemos enxertar um termo estrangeiro no objeto, ou podemos apresentá-lo como um aspeto particular deste objeto. Em nome do termo próprio, o paralelismo negativo rejeita a metáfora. «Não sou uma árvore, sou uma mulher», diz a rapariga num poema checo de Sramek. Podemos justificar esta construção literária, podemos transformar este traço da narrativa direta em pormenor do assunto. «Alguns diziam: são vestígios de arminho; outros objetavam: não, não são vestígios de arminho, é Tchurila Plenkovitch que passou por aí.» O paralelismo negativo inverso rejeita o termo próprio para afirmar a metáfora. (No poema citado de Sramek, a rapariga diz: «Não sou uma mulher, sou uma árvore.» Na peça de outro poeta checo, Capek: «O que é? — Um lenço. Não é um lenço. É uma bela mulher encostada à janela. Traz um vestido branco e sonha com o amor...»)

Nos contos eróticos russos, apresenta-se muitas vezes a imagem do acasalamento nos termos do paralelismo inverso. Acontece o mesmo com as canções de noivado, com a única diferença de que aqui a construção metafórica não é de modo algum justificada, enquanto nos contos estas metáforas são motivadas: é uma maneira de seduzir a rapariga aplicada pelo herói astucioso; ou explicam-se as metáforas designando o acasalamento como a interpretação dada por animais a um ato humano que lhes é incompreensível. Por vezes, chama-se realismo à motivação consequente, à justificação das construções poéticas. Assim, o romancista checo Čapek-Chód, com uma ponta de malícia, chama «capítulo realista» ao primeiro capítulo do seu livro *O Eslavo mais Ocidental*, onde motiva a fantasia «romântica» com a ajuda do delírio provocado pelo tifo.

Designemos por E este realismo, isto é, a exigência de uma motivação consequente, a justificação dos processos poéticos. Confunde-se muitas vezes este E com C, B, etc. Na medida em que os teóricos e os historiadores da arte (e sobretudo da literatura) não distinguem as diferentes noções dissimuladas no termo «realismo», tratam-no como uma palavra que serve para tudo, sem limitarem a sua extensão: podemos servir-nos dela seja onde for.

Podem replicar-nos: não é seja onde for. Ninguém qualificará de «realistas» os contos fantásticos de Hoffmann. Logo, a palavra «realismo» tem mesmo assim um fator comum.

Respondo: ninguém designará a janela com a ajuda da palavra *porta*, mas isso não significa que a palavra *porta* não tenha senão um único sentido([5]). Não se podem identificar impunemente as diferentes significações da palavra «realismo», assim como não é possível confundir a ação de transportar com a porta da casa, sem se passar por insensato. É verdade que a primeira confusão é mais fácil, visto que as diferentes noções que encontramos por detrás do termo *canto* estão nitidamente delimitadas([6]), enquanto podemos imaginar factos de que se dirá simultaneamente que são «realistas» no sentido C, B, A_1, etc., da palavra. Todavia, não é pensável confundir C, B, A_1, etc. Sem dúvida há Júlios cujo nome próprio é Júlio. Isto não nos permite qualificar cada Júlio como Júlios. Esta regra fundamental é evidente mesmo para as crianças; contudo, aqueles que, em arte, tratam do realismo transgridem incessantemente este mandamento.

1921.

([5]) Em russo: *kosa* (falso e cabeleira). [*N. do T. da edição francesa*]

([6]) Em russo: *kljuch* (fonte e chave). [*N. do T. da edição francesa*]

TAREFAS DA ESTILÍSTICA

Viktor V. VINOGRADOV

Nos capítulos precedentes, apresentámos um ensaio da análise estilística sobre um texto literário antigo. Temos de encarar agora a incidência desse trabalho sobre o método estilístico. A conclusão geral impõe-se por si mesma. Conhecer o estilo individual do escritor independentemente de toda a tradição, de qualquer outra obra contemporânea e na sua totalidade enquanto sistema linguístico, conhecer a organização estética, esta tarefa deve preceder toda a investigação histórica. Não se podem dar indicações precisas sobre o elo que liga o artista às tradições literárias do passado sem as fazer preceder de uma descrição exaustiva das formas estilísticas e das suas funções, sem uma classificação dos elementos do estilo. Certamente, a descrição e a classificação são estáticas([1]). Mas estas devem ser conduzidas segundo um método imanente à

([1]) Cf., no artigo de Serge Kartsevski, «Estudos sobre o sistema verbal do russo contemporâneo», *Slavia*, 1922, pp. 2 e 3, a exposição das perspetivas de Saussure sobre a necessidade de uma classificação «sincrónica» e de uma sistematização do material linguístico.

consciência do criador, à qual nenhuma norma exterior deve ser imposta. Isto significa que em tal estudo temos de ter em conta o dinamismo de um estilo individual. As obras de um escritor redigidas em épocas diferentes não se projetam imediatamente no mesmo plano. Devemos descrevê-las segundo a sua ordem cronológica. Do ponto de vista estilístico, cada obra do poeta deve apresentar-se como um «organismo expressivo do sentido final» (B. Croce), como um sistema individual e único de correlações estilísticas. Contudo, mesmo que não se visem senão estes objetivos de análise estilística, não podemos admitir o isolamento total de uma das obras literárias de um artista das suas outras obras. Todas as obras do poeta, apesar da unidade interna da sua composição e, por conseguinte, da sua autonomia relativa, são manifestações de uma mesma consciência criadora no decurso de um desenvolvimento orgânico. É por isso que, ao considerar as outras obras deste artista, o crítico encontra todo o conteúdo potencial que os elementos particulares (por exemplo, os símbolos) de um texto literário encobrem na consciência linguística e deste modo esclarecerá melhor o seu sentido.

É natural que, ao apoiar-se numa análise tão pormenorizada dos «objetos estéticos» particulares, criados pelo escritor, se possa em seguida agrupá-los por ciclos. O estilo de um ciclo formado de obras heterogéneas de um escritor desenha-se de novo como um sistema de processos estilísticos comum a todas as suas obras. Assim, compreendemos que o método de descrição imanente não negligencia o dinamismo de um estilo individual. Mas este dinamismo deve ser apresentado quer como a substituição de um sistema por outro, quer como uma transformação parcial de um sistema único cujas funções centrais permanecem relativamente estáveis. Chamarei a este método de estudos estilísticos funcional e imanente. Este não é desconhecido da linguística. Baudoin de Courtenay, Chtcherba, Saussure, Sechehaye, recentemente Meillet, etc., elaboraram e impuseram processos semelhantes para estudos dialetológicos. Era necessário aplicá-los à estilística, porque a maioria dos ensaios russos sobre este assunto (particularmente os trabalhos recentes de B. M. Eikhenbaum e V. M. Jirmunski) é insuficiente quanto à metodologia, devido a uma confusão dos dois pontos de vista: o do estudo funcional e imanente e o do estudo histórico (a que chamarei aqui retrospetivo e projetivo).

A aplicação mais completa e mais aprofundada deste método estilístico pode ser realizada ao estudar a obra de um poeta contemporâneo. São considerações semelhantes às da dialetologia contemporânea que nos conduzem aí. Possuímos de uma maneira imediata as normas gerais do uso e da combinação das palavras no caso de um dialeto contemporâneo. Então, dispomos de uma escala para apreciar a originalidade linguística de um poeta individual. Estas vantagens do estudo vivo tornam-se particularmente sensíveis quando examinamos a palavra «poética» e as vias da sua transformação. Na língua poética, são os matizes periféricos da significação e do timbre emocional que ressaltam, dissimulando o nó semântico da palavra; estes não constituem um dado habitual da língua quotidiana, e, por esse facto, não são sentidos como os atributos necessários deste ou daquele signo. É por isso que, para sentir a contribuição original do poeta numa língua, é preciso que o crítico e o autor utilizem da mesma maneira os lexemas próprios da língua literária. O lexema (por analogia com o fonema e o morfema) é a unidade semântica da fala ligada a um certo sinal (palavra), sendo a fala o conjunto das significações e dos seus matizes, de que se tem uma consciência pelo menos virtual. Potebnia não tinha razão ao afirmar que todo o emprego de uma palavra equivale à criação de uma palavra nova. Com efeito, a palavra é um modo do lexema, como o som é um modo do fonema. A palavra é um aspeto do lexema, realizado numa dada frase e numa dada situação. As significações do lexema que constituem a sua característica semântica para um dado falar, e que podem ser sentidas pelos locutores, organizam-se num conjunto potencial bastante limitado. Acontece o mesmo com o tom emocional do lexema. Cada lexema é um sincretismo de valores emocionais contraditórios no estado latente; mas a fala quotidiana transforma em dominantes emocionais certos matizes de tom. Estes matizes não são mais do que os que se extraem da palavra nas combinações mais habituais, nas mais automáticas, ou aqueles que refletem as ligações associativas mais frequentes segundo o eixo da contiguidade. Assim, cria-se a ilusão de que uma tinta emocional única e homogénea recobre o signo dado.

O uso poético transforma o lexema ao acentuar matizes de significações diferentes dos matizes dados como característicos pela linguagem quotidiana.

Certamente que é mais fácil realizar esse estudo da «simbólica» sobre o estilo dos artistas contemporâneos; para restabelecer as relações existentes entre os elementos linguísticos, assim como entre as suas funções no estilo de um escritor de antigamente, devemos conhecer as normas gerais de emprego de uma ou de outra palavra na época correspondente e conhecer a frequência de emprego dos diferentes esquemas sintáticos. Chega-se a este resultado por um conhecimento aprofundado dos textos do período escolhido, por investigações filológicas de longa duração. Certamente, neste caso surge inevitavelmente uma esquematização, um nivelamento dos finos matizes no sentido dos símbolos, que tomam então um contorno mais grosseiro e mais acentuado.

Ao mesmo tempo que é muito importante para a solução dos problemas próprios da linguística geral, o estudo funcional e imanente de estilos individuais não é o único objetivo da estilística. Para ela, a criação linguística do escritor é importante, não só como um microcosmo, com o seu sistema de relações entre os elementos linguísticos e com as leis das suas ligações, mas também como uma das malhas na cadeia geral dos estilos artísticos sucessivos. Esta abordagem expulsa as obras do poeta da consciência individual e determina-as a um nível geral. Um confronto estilístico com obras anteriores de outros artistas, do mesmo género ou de um género diferente, estabelece o lugar de uma obra particular nas linhas complexas das tradições; determina-se também a sua ação no uso linguístico dos meios intelectuais dessa época. Estas obras aparecem como monumentos estáticos criados por uma consciência linguística já extinta. O historiador dos estilos poéticos estabelece as relações destas obras com os estilos da época contemporânea e dos tempos passados e observa as sombras mutáveis que elas projetam nos períodos seguintes, provocando assim a criação de novas formas linguísticas. O que importa aqui é determinar o processo de parcelamento destes organismos inteiros («a troca do milhão em moedas de dez copeques», segundo as palavras de Gontcharov), é descrever como as suas partes recebem quer uma aplicação nas obras de arte, quer uma utilização na vida quotidiana. O historiador do estilo compreende com a ajuda destas pesquisas como os «objetos estéticos» constituem agrupamentos estilísticos nas diferentes escolas.

Chamo a este método da estilística um método retrospetivo e projetivo. O seu problema fundamental é o confronto dos fenómenos estilísticos projetados para fora e considerados, do ponto de vista da sua semelhança, numa sucessão cronológica e na finalidade de estabelecer fórmulas que exprimam uma ordem de alternância e de substituição.

Para poder confrontar os factos, será necessário introduzir certos princípios morfológicos: os processos estilísticos perdem a sua singular justificação funcional que tinham na consciência deste ou daquele artista. O confronto de fenómenos homogéneos, mas diferentes na medida em que as consciências que os engendraram eram diferentes, supõe um processo de abstração de alguns traços mais gerais. Contudo, este princípio de esquematização morfológica que se encontra na base do método retrospetivo e projetivo da estilística histórica deve ser corrigido: é preciso, por um lado, compreender claramente a perspetiva histórica e, por outro, estudar antes de mais a atividade linguística dos escritores em causa de uma maneira funcional e imanente. Este estudo faz figurar as suas obras como um sistema integral de processos estilísticos com a representação de um campo de significação para cada um dos elementos e com uma indicação não ambígua sobre o seu papel quanto à sua participação no todo. Assim desaparece o perigo que consiste em não notar as semelhanças principais, quando estamos demasiado ocupados com a comparação das semelhanças secundárias, e em identificar segundo uma similitude externa fenómenos cujo conteúdo funcional é inteiramente diferente.

1922.

A NOÇÃO DE CONSTRUÇÃO

Yuri TYNIANOV

O estudo da arte literária está ligado a duas espécies de dificuldades. Em primeiro lugar, aquelas que se prendem ao seu material, que designamos correntemente por palavra. Em segundo lugar, aquelas que se ligam ao princípio de construção desta arte.

No primeiro caso, o objeto do nosso estudo está inteiramente à nossa consciência prática e não toma, por vezes, o seu sentido senão devido a esta ligação. Esquecemos demasiado facilmente que existe esta relaçao, provida de traços particulares, e prosseguimos o estudo literário apoiando-nos noutras relações que extraímos à vida prática e cuja introdução aqui é completamente arbitrária(1). Deste modo, não se tem em

(1) Ao dizer isto, não levanto naturalmente nenhuma objeção contra «o elo entre a literatura e a vida». Receio somente que a questão não tenha sido bem posta. Poderemos falar de «a arte e a vida» quando a arte é também a «vida»? Será preciso reclamar à «arte» um caráter utilitário se não reclamamos esse caráter à «vida»? É uma coisa diferente falar da originalidade da arte, da sua conformidade a leis internas, comparando-a com a vida prática, com a ciência, etc. De quantos mal-entendidos abusaram os historiadores

conta o caráter heterogéneo, *polissémico*, do material, caráter que depende do papel e do destino deste último. De um modo semelhante, não se tem em conta o facto de, na palavra, haver elementos não equivalentes que dependem da função concreta da palavra; um elemento pode ser promovido à custa de outros, que, por conseguinte, se encontram deformados e por vezes até degradados, até que não são senão acessórios neutros. A tentativa grandiosa de Potebnia de construir uma teoria da literatura partindo da palavra enquanto ἓυ até à obra literária complexa enquanto πᾶυ estava antecipadamente condenada ao fracasso, pois a essência da relação de ἓυ com πᾶυ encontra-se na heterogeneidade e na significação variável deste ἓυ. A noção de «material» não transborda os limites da forma, o material é igualmente formal; e é um erro confundi-lo com elementos exteriores à construção.

A segunda dificuldade vem de tratarmos habitualmente o princípio de construção ou de formação como um princípio *estático*. Vejamos um exemplo. Acabamos de abandonar este

---

da cultura, mal-entendidos nascidos da confusão entre um «facto de arte» e um «facto da vida». Quantos «factos» se restabeleceram como históricos, enquanto não eram senão factos literários tradicionais, aos quais a lenda tinha aposto nomes históricos! Quando a vida entra na literatura, torna-se ela própria literatura e deve ser apreciada como tal. É interessante demorarmo-nos sobre a importância do facto artístico em período de revolução literária, quando começam a desfiar-se os limites da literatura admitidos por todos, quando o fermento da literatura se esgota e ainda não se encontrou a nova direção. Nestes períodos, a vida artística torna-se ela própria provisoriamente literatura e toma o seu lugar. No tempo de Lomonossov, a literatura acantonava-se nos géneros elevados; na época de Karamzine, degradou-se; nada característicos de um uso literário prático, a correspondência amigável e o gracejo efémero foram erigidos em factos literários. Mas a essência do fenómeno reside no facto de uma coisa da vida prática ter sido erigida ao nível de um facto literário, enquanto na época da supremacia dos grandes géneros a mesma correspondência íntima não era senão uma arte da vida prática sem relação direta com a literatura.

tipo de crítica que consiste em pôr em causa e em julgar as personagens do romance como seres vivos. Ninguém pode garantir-nos que as biografias das personagens e as tentativas de restabelecer a realidade histórica segundo estas biografias desapareceram definitivamente. Tudo isto repousa no postulado do *herói estático*. Convém lembrar aqui as palavras de Goethe sobre a ficção artística, sobre as paisagens de luz dupla de Rubens e sobre a dualidade do facto em Shakespeare: «Mas nas regiões superiores da arte, onde o quadro se torna, a bem dizer, um quadro, o artista tem um jogo mais livre e pode até recorrer às ficções... O artista quer falar ao mundo através de um todo... Mas, se for contra a natureza, direi ao mesmo tempo que é mais alto do que a natureza.» ([2]) Lady Macbeth diz uma vez «Amamentei crianças», e mais tarde dizem-nos que ela não tem filhos; a sua personagem justifica-se porque, em Shakespeare, «o que importa é a força de cada uma das suas apóstrofes. Temos de, em todo o lado, nos preservar de analisar a pincelada do pintor ou a fala do poeta com tanta minúcia e exatidão... O poeta faz dizer todas as vezes às suas personagens o que é conveniente, justo e bom num certo momento, sem se inquietar e se preocupar se umas palavras puderem parecer em contradição com outras». E Goethe explica isto partindo do princípio construtivo do drama shakespeariano: «Aliás, Shakespeare não pensou que um dia viriam a ler os seus dramas impressos, que lhes contariam as letras, os confrontariam e lhes fariam o inventário; quando ele escrevia, era a cena que tinha debaixo dos olhos; via nos dramas algo de móvel e de vivo que, da cena, devia passar rapidamente pelos olhos e pelos ouvidos, algo que não se podia pensar em captar nem em criticar com pormenor,

---

([2]) *Conversations de Goethe avec Eckermann*, trad. por J. Chuzeville, Gallimard, Paris, 1949.

visto que não se tratava senão de agir e de produzir uma impressão.»

Logo, a unidade estática da personagem (como toda a unidade estática na obra literária) acaba por ser extremamente instável; depende inteiramente do princípio de construção e pode oscilar no decurso da obra da maneira que lhe é prescrita por cada caso particular, pela dinâmica geral da obra. Basta que haja aí um *signo* designando a unidade: a sua categoria torna legítimos os casos mais ostensivos de violação efetiva e obriga-nos a considerá-los como *equivalências dessa unidade.*

Mas essa unidade não é evidentemente a unidade estática do herói, tal como a imaginamos ingenuamente: o signo de entidade estática é substituído pelo signo da integração dinâmica, da integridade. Não há herói estático, há apenas heróis dinâmicos. E o signo do herói, o nome do herói, são-nos suficientes para que não pormenorizemos o herói em cada situação dada.

A estabilidade e a solidez dos hábitos estáticos da consciência aparecem no caso da personagem. Encontramos o mesmo estado de coisas no problema da «forma» da obra literária. Acabamos de abandonar a famosa analogia: forma : conteúdo = copo : vinho. Mas todas as analogias espaciais que se aplicam à noção de forma não são importantes senão na medida em que não são verdadeiras. Com efeito, a característica estática estreitamente ligada à noção de espaço infiltra-se constantemente na noção de forma. (Enquanto se deveria tomar consciência das formas espaciais como formas dinâmicas *sui generis.*) Passa-se o mesmo com a terminologia. Ouso afirmar que a palavra «composição», em nove de dez casos, esconde no pesquisador uma ideia que este aplicaria a uma forma estática. A noção de «verso» ou de «estrofe» é tirada impercetivelmente para fora da série dinâmica; já não se apreende a repetição como um facto de intensidade diferente segundo as frequências e as quantidades diferentes; cria-se a noção perigosa de «simetria dos factos composicionais», noção perigosa, pois não se pode falar em simetria quando se trata de um reforço.

A unidade da obra não é uma entidade simétrica e fechada, mas uma integralidade dinâmica que tem o seu próprio desenvolvimento; os seus elementos não são ligados por um sinal de igualdade e de adição, mas por um sinal dinâmico de correlação e de integração.

A forma da obra literária deve ser sentida como uma forma dinâmica.

Este dinamismo manifesta-se na noção do princípio de construção. Não há equivalência entre as diferentes componentes da palavra; a forma dinâmica não se manifesta nem pela sua reunião, nem pela sua fusão (cf. a noção corrente de «correspondência»), mas pela sua interação e, por conseguinte, pela promoção de um grupo de fatores à custa de outro. O fator promovido deforma aqueles que lhe estão subordinados. Podemos pois dizer que se capta sempre a forma no decurso da evolução da relação entre o fator subordinante e construtivo e os fatores subordinados. Não somos obrigados a introduzir a dimensão *temporal* no conceito de evolução. Podemos considerar a evolução, a dinâmica, em si mesmas, fora do tempo, como um movimento puro. A arte vive desta interação, deste conflito. O facto artístico não existe fora da sensação de submissão, de deformação de todos os fatores pelo fator construtivo (a *coordenação* dos fatores é uma característica negativa do princípio de construção — V. Chklovski). Mas, se a sensação de *interação* dos fatores desaparece (e supõe a presença necessária de *dois* elementos, o subordinante e o subordinado), o facto artístico eclipsa-se: a arte torna-se automatismo.

Introduz-se assim uma dimensão histórica na noção de «princípio de construção» e na noção de «material», embora a história literária nos prove a estabilidade desses *princípios fundamentais e do material.* O sistema métrico e tónico do verso de Lomonossov foi um fator construtivo; mais tarde, no tempo de Kostrov, associa-se a um certo sistema de sintaxe e de léxico. O seu papel subordinante, deformante, enfraquece, o verso torna-se automático, e somente a revolução de Derjavin quebrará esta associação e a transformará de novo em interação, em conflito, em forma. O que importa aqui, é que se trata de uma nova interação e não da simples introdução de um fator qualquer. O metro, por exemplo, pode eclipsar-se quando se funde de uma maneira completa e natural com o sistema de acentuação da frase e com certos elementos lexicais. Se pusermos este metro em contacto com novos fatores, renovamo-lo, despertamos nele novas possibilidades construtivas (é o papel histórico do *pastiche* poético). A introdução de esquemas métricos *novos* contribui também para o restabelecimento do princípio construtivo no metro.

As categorias fundamentais da forma poética permanecem imutáveis: o desenvolvimento histórico não baralha as cartas, não destrói a divergência entre o princípio construtivo e o material, mas, muito pelo contrário, sublinha-o. Evidentemente, isso não afasta os problemas inerentes a cada caso particular, a saber: a relação individual entre o princípio construtivo e o material, o problema da sua forma dinâmica individual.

1923.

DA EVOLUÇÃO LITERÁRIA

Yuri Tynianov

A Boris Eikhenbaum.

1. Entre todas as disciplinas culturais, a história literária conserva o estatuto de um território colonial. Por um lado, é dominada em grande escala (sobretudo no Ocidente) por um psicologismo individualista que substitui pelos problemas relativos à psicologia do autor os problemas literários propriamente ditos; substitui o problema da evolução literária pelo da génese dos fenómenos literários. Por outro lado, a abordagem causalista esquematizada isola a série literária do ponto em que se coloca o observador; este ponto pode residir tanto nas séries sociais principais como nas séries secundárias. Se estudarmos a evolução limitando-nos à série literária previamente isolada, tropeçamos a todo o momento nas séries vizinhas, culturais, sociais, existenciais no sentido lato do termo; e, por conseguinte, estamos condenados a permanecer incompletos. A teoria dos valores na ciência literária conduz-nos ao estudo perigoso dos fenómenos principais mas isolados e reduz a história literária à «história dos gerais». A reação cega à «história dos gerais»

engendrou ela mesma um interesse pelo estudo da «literatura de massas», mas este estudo não atingiu uma consciência teórica clara nem dos seus métodos nem da sua significação.

Por fim, o elo da história literária com a literatura contemporânea viva, elo proveitoso e necessário à ciência, acaba por nem sempre ser necessário e proveitoso à literatura existente. Os seus representantes veem na história literária o estabelecimento de umas ou de outras leis e normas tradicionais e confundem «a historicidade» do fenómeno literário com «o histericismo» próprio do seu estudo. A tendência para estudar objetos particulares e as leis da sua construção sem ter em conta o aspeto histórico (abolição da história literária) é uma sequela do conflito precedente.

2. A história literária deve responder às exigências da autenticidade se quiser tornar-se finalmente uma ciência. Todos os seus termos, e antes de mais o termo «história literária», devem ser examinados de novo. Este último é extremamente vago, cobre a história dos factos propriamente literários e a história de toda a atividade linguística; além disso, é pretensioso, porque apresenta «a história literária» como uma disciplina já pronta a entrar na «história cultural» enquanto série cientificamente repertoriada. Ora, até hoje, ela não tem esse direito. O ponto de vista adotado determina o tipo de estudo histórico. Distinguem-se dois principais: o estudo da *génese* dos fenómenos literários e o estudo da variabilidade literária, isto é, da *evolução* da série.

O ponto de vista adotado para estudar um fenómeno determina-lhe não só a significação, mas também o caráter: a génese toma, no estudo da evolução literária, uma significação e um caráter que, certamente, não são os mesmos que aparecem no estudo da própria génese.

O estudo da evolução ou da variabilidade literária deve romper com as teorias de avaliação ingénua que resultam da confusão dos pontos de vista: tomam-se os critérios próprios de um sistema (admitindo que cada época constitui um sistema particular), para julgar os fenómenos relevantes de outro sistema. Devemos, pois, tirar à avaliação todo o matiz subjetivo; o «valor» de um ou de outro fenómeno literário deve ser considerado «significação e qualidade evolutivas».

Devemos realizar a mesma operação com todos os termos que, neste momento, supõem um juízo de valor, como «epígono», «diletantismo» ou «literatura de massas» ([1]). A noção fundamental da antiga história literária, a «tradição», não é senão a abstração ilegítima de um ou vários elementos literários de um sistema no qual têm um certo emprego e desempenham um certo papel, e a sua redução aos mesmos elementos de outro sistema no qual têm um certo emprego. O resultado

---

([1]) Basta analisar a «literatura de massas» dos anos vinte e a dos anos trinta (do século XIX) para nos darmos conta da enorme diferença evolutiva que as separa. Nos anos trinta, anos em que se automatizam as tradições precedentes e em que se trabalha sobre a matéria literária acumulada, o «diletantismo» ganha uma grande importância evolutiva. É ao «diletantismo», a essa atmosfera de «versos sobre as margens de um livro», que devemos o aparecimento de um novo fenómeno: Tiutchev, que, pelas suas tonalidades íntimas, transforma a língua e os géneros poéticos. A atitude «íntima» para com a literatura, atitude que, do ponto de vista da teoria dos valores, parece corromper, com efeito transforma o sistema literário. Batizou-se de «grafomania» o «diletantismo» e a «literatura de massas» nos anos vinte, anos dos mestres, anos que assistiram à criação de novos géneros poéticos. Os poetas de primeira ordem dos anos trinta (do ponto de vista da sua importância na evolução) conduziram a luta contra as normas preestabelecidas num espírito de «diletante» (Tiutchev, Polejaev) ou de «epígono» (Lermontov), enquanto até os poetas de segunda ordem nos anos vinte trazem a marca dos mestres da época. Cf. A «universalidade» e a «grandeza» que ressaltam até nos poetas de massas como Oline. É evidente que a significação evolutiva de fenómenos como o «diletantismo», a «influência», etc., mudam de uma época para outra, e a apreciação destes fenómenos é uma herança da antiga história literária.

é uma série que apenas é unida ficticiamente, que não tem senão a aparência da *entidade.*

A noção fundamental da evolução literária, a da *substituição* de sistemas, e o problema das tradições devem ser reconsiderados de outro ponto de vista.

3. Para analisar este problema fundamental, é preciso antes convir que a obra literária constitui um sistema e que a literatura constitui igualmente outro. É unicamente na base desta convenção que se pode construir uma ciência literária que, não se satisfazendo com a imagem caótica dos fenómenos e das séries heterogéneas, se propõe estudá-los. Por esta via, não se afasta o problema do papel das séries vizinhas na evolução literária, pelo contrário, este coloca-se verdadeiramente.

Não foi sem proveito que se realizou o trabalho analítico sobre os elementos particulares da obra: o assunto e o estilo, o ritmo e a sintaxe na prosa, o ritmo e a semântica na poesia, etc., etc.; demo-nos assim conta de que podíamos, até certo ponto, como *hipótese de trabalho*, isolar estes elementos no abstrato, mas que todos estes elementos se encontram em *correlação mútua* e em interação. O estudo do ritmo no verso e do ritmo na prosa deveriam revelar que um mesmo elemento desempenha papéis diferentes em sistemas diferentes.

Chamo *função* construtiva de um elemento da obra literária como sistema à sua possibilidade de entrar em correlação com os outros elementos do mesmo sistema e, por conseguinte, com todo o sistema.

No decorrer de um exame atento, apercebemo-nos de que esta função é uma noção complexa. O elemento entra simultaneamente em relação com a série dos elementos semelhantes que pertencem a outras obras-sistemas, isto é, a outras séries, e, por outro lado, com os outros elementos do mesmo sistema (função autónoma e função sínoma).

Assim, o léxico de uma obra entra simultaneamente em correlação, por um lado, com o léxico literário e com o léxico tomado no seu conjunto; por outro lado, com os outros elementos desta obra. Estas duas componentes, ou, antes, estas duas funções resultantes, não são equivalentes.

A função dos arcaísmos, por exemplo, depende inteiramente do *sistema* em que são utilizados. No sistema de Lomonossov, introduzem o estilo elevado, porque neste sistema a cor lexical desempenha um papel dominante (utilizam-se os arcaísmos por associação lexical com a língua eclesiástica). No sistema de Tiutchev, os arcaísmos têm outra função, designam muitas vezes noções abstratas: *fontan — vodomjot* (²). É interessante notar aqui o emprego dos arcaísmos com função irónica: *Pushek grom i musikija* (³) num poeta que utiliza palavras como *musikiskij* com outra função bem diferente. A função autónoma não decide; oferece somente uma possibilidade, é uma condição da função sínoma. Assim, ao longo dos séculos XVIII e XIX e até à época de Tiutchev, vimos desenvolver-se uma vasta literatura paródica onde os arcaísmos suportam a função paródica. Mas, naturalmente, em todos estes exemplos, a decisão pertence ao sistema semântico e estilístico da obra, que permite esta forma linguística em correlação com o uso «irónico» e não com o estilo «elevado» e que define, pois, a sua função.

É incorreto extrair do sistema elementos particulares e aproximá-los diretamente das séries similares que pertencem a outros sistemas, isto é, sem ter em conta a função construtiva.

(²) r.: jato de água; a segunda forma é um arcaísmo. [*N. do T. da edição francesa*]

(³) r.: o trovão e a música dos canhões; a forma *musikiia* é arcaica. [*N. do T. da edição francesa*]

4. O estudo dito «imanente» da obra enquanto sistema e que ignora as suas correlações com o sistema literário, será esse estudo possível? Isolado da obra, releva da mesma abstração que a dos elementos particulares da obra. A crítica literária utiliza-a frequentemente e com sucesso nas obras contemporâneas, porque as correlações de uma obra contemporânea são um facto previamente estabelecido que se subentende sempre. (Aqui, toma lugar a correlação da obra com outras obras do autor, a sua correlação com o género, etc.) Mas até a literatura contemporânea já não pode ser estudada isoladamente.

A existência de um facto como facto literário depende da sua qualidade diferencial (isto é, da sua correlação quer com a série literária, quer com uma série extraliterária), por outras palavras, da sua função.

O que é «facto literário» para uma época, será um fenómeno linguístico relevando da vida social para outra, e inversamente, segundo o sistema literário em relação ao qual esse facto se situa.

Assim, uma carta a um amigo de Derjavin é um facto da vida social; na época de Karamzin e de Pushkin, a mesma carta amigável é um facto literário. Dão testemunho disto o caráter literário das memórias e dos diários num sistema literário e o seu caráter extraliterário noutro.

O estudo isolado de uma obra não nos dá a certeza de falar corretamente da sua construção, e até de falar da própria construção da obra.

Aqui intervém outra circunstância. A função autónoma, isto é, a correlação de um elemento com uma série de elementos semelhantes que pertencem a outras séries, é uma condição necessária à função sínoma, à função construtiva deste elemento.

É por isso que não é indiferente que um elemento esteja «repisado», «gasto» ou que o não esteja. O que é o caráter «repisado», «usado» de um verso, de um metro, de um assunto, etc.? Por outras palavras, o que é «a automatização» de um ou de outro elemento?

Vou buscar um elemento da linguística: quando a imagem significativa se gasta a palavra que exprime a imagem torna-se uma expressão da relação, torna-se uma palavra-utensílio, auxiliar. Por outras palavras, a sua função muda. Acontece o mesmo com a automatização, com «o desgaste» de um elemento literário qualquer: este não desaparece, só a sua função muda, se torna auxiliar. Se o metro de um poema está gasto, cede o seu papel a outros traços do verso presentes nessa obra e ele próprio se encarrega de outras funções.

Assim, o folhetim em verso do jornal é construído com um metro gasto, banal, abandonado há muito pela poesia. Ninguém o teria lido como um «poema», o teria relacionado com a «poesia». O metro gasto serve aqui de meio para ligar à série literária o material social de atualidade jornalística. A sua função é completamente diferente da que ele tem numa obra poética. É auxiliar. O pastiche no folhetim em verso relaciona-se com a mesma série de factos. O pastiche não tem vida literária senão na medida em que a obra imitada a tem. Que significação poderá ter o milésimo pastiche de *Quando os Campos Amarelos Ondulam*, de Lermontov ou do *Profeta* de Pushkin? Todavia, o folhetim em verso serve-se frequentemente deles. Trata-se aqui do mesmo fenómeno: a função de pastiche torna-se auxiliar, serve para ligar factos extraliterários à série literária.

Se os processos do romance de aventuras estão «gastos», a fábula tomará na obra funções diferentes das que teria tido se esses processos não estivessem gastos no sistema literário. A fábula pode não ser senão uma motivação de estilo ou um processo para expor um certo material.

Em resumo, as descrições da natureza nos romances antigos, que seríamos tentados, do ponto de vista de um certo sistema literário, a reduzir a um papel auxiliar, de soldadura ou de afrouxamento da ação (e, logo, a quase rejeitá-las), deveriam, do ponto de vista de outro sistema literário, ser consideradas como um elemento principal e dominante, porque pode acontecer que a fábula não seja senão motivação, pretexto para acumular «descrições estáticas».

5. O problema mais difícil e menos estudado, o problema dos géneros literários, resolve-se da mesma maneira. O romance parece-nos ser um género homogéneo, desenvolvendo-se de maneira exclusivamente autónoma durante séculos. Na realidade, não é um género constante, mas variável, e o seu material linguístico, extraliterário, assim como a maneira de introduzir esse material na literatura, variam de um sistema literário para outro. Os próprios traços do género evoluem. No sistema dos anos vinte a quarenta, os géneros da «narrativa», da «novela», definiam-se por traços diferentes dos nossos, como ressalta com evidência das suas denominações ([4]). Somos levados a nomear os géneros

---

([4]) Cf. O uso do termo «narrativa», em 1824, em «Moskovskij Telegraf», num artigo sobre *Eugénio Onéguin*: «Haverá um poeta ou mesmo um prosador que tenha tomado como finalidade de uma grande obra a narrativa, isto é, a *interpretação do poema?* Em *Tristam Shandy*, onde evidentemente tudo está incluído na narrativa, a narrativa não é de modo algum uma finalidade em si.» («Mosc. Tel.», 1825, n.º 15, supl. esp., p. 5.) Isto significa que aqui a palavra narrativa se aproxima visivelmente do nosso termo «narrativa direta». Esta terminologia não é ocasional e subsistiu durante muito tempo. Cf. A definição dos géneros em Drujinin em 1849: «O próprio autor (Zagoskin) chamou "narrativa" a esta obra (*Os Russos no Princípio do Século* XVIII); no índice das matérias, é designada como "romance"; mas neste momento é difícil defini-la com mais precisão, pois a obra ainda não está acabada... Quanto a mim, não é nem uma narrativa, nem um romance. Não é uma narrativa porque *a exposição não vem do autor* ou de uma *outra personagem,* mas, pelo contrário, é "dramatizada" (ou antes "dialoguizada"), de modo que as cenas e as conversas se substituem incessantemente umas pelas

segundo os *traços secundários*, em suma, segundo as dimensões. As denominações narrativa, novela, romance correspondem para nós a uma certa quantidade de folhetos de imprensa. Isso não prova o caráter «automatizado» dos géneros no nosso sistema literário; é preferível que definamos os géneros segundo outros traços, específicos para o nosso sistema. As dimensões do objeto, a superfície escrita, não são indiferentes. Não estamos de modo algum em estado de definirmos o género de uma obra isolada do sistema, pois aquilo a que se chamava «ode» nos anos vinte do século XIX ou mesmo no tempo de Fet era chamado «ode» no tempo de Lomonossov, mas devido a outros traços.

Concluamos pois: o estudo dos géneros é impossível fora do sistema no qual e com o qual estão em correlação.

---

outras; por fim, a narração ocupa aí a menor parte. Não é um "romance", porque esta palavra implica uma criação poética, uma *representação artística dos carateres e das situações*... Chamar-lhe-ei "romance", porque apresenta todas as pretensões disso» (Drujinin, t. 6, p. 41, *Cartas de Um Assinante de Uma Outra Cidade*). Aqui põe-se um outro problema interessante.

Em épocas diferentes, em literaturas nacionais diferentes, verifica-se um tipo de «narrativa» cujas primeiras linhas introduzem um narrador; com a continuação, não desempenha nenhum papel no assunto, mas a narração é conduzida em seu nome (Maupassant, Turgueniev). É difícil explicar a função deste narrador no assunto. Se suprimíssemos as primeiras linhas que o apresentam, o assunto não seria alterado. (O «começo-cliché» habitual destas narrativas é: «N. N. acendeu o cigarro e começou a narrativa.») Julgo que estamos aqui perante um fenómeno que depende do género, e não do assunto. A presença do «narrador» é uma etiqueta destinada a assinalar o género «narrativa» num certo sistema literário. Este assinalamento indica a estabilidade do género com o qual o autor põe a sua obra em correlação. É por isso que o «narrador» não é aqui senão um rudimento do antigo género. Foi nesse momento que a «narrativa direta» pôde aparecer em Leskov. No princípio, foi condicionada pela «orientação» para um género antigo, utilizaram-na como meio de «ressurreição», de renovação do antigo género, e não foi senão mais tarde que ultrapassou a função determinada pelo género. Este problema reclama naturalmente um estudo especial.

O romance histórico de Tolstoi entra em correlação não com o romance histórico de Zagoskin, mas com a prosa que lhe é contemporânea.

6. Para falar em sentido restrito, nunca se consideram os fenómenos literários fora das suas correlações. Tomemos como exemplo o problema da prosa e da poesia. Subentendemos que a prosa métrica continua prosa e que o verso livre sem metro continua poesia, sem termos em conta que para certos sistemas literários encontraremos dificuldades consideráveis. É que a prosa e a poesia estão em correlação. Existe uma função comum da prosa e dos versos (cf. a relação no desenvolvimento da prosa e dos versos, a sua correlação estabelecida por B. Eikhenbaum). Num certo sistema literário, é o elemento formal do metro que suporta a função do verso.

Mas a prosa sofre modificações, evolui e, ao mesmo tempo que ela, o verso evolui. As modificações de um tipo posto em correlação com outro arrastam ou antes estão ligadas às modificações desse outro tipo. Uma prosa métrica aparece (a de Andrei Bieli). Ao mesmo tempo, a função do verso é transferida para outros traços do verso, na maioria secundários, derivados, isto é, para o ritmo que delimita unidades, para uma sintaxe particular, para um léxico particular. A função da prosa em relação ao verso subsiste, mas os elementos formais que a designam mudam.

A evolução ulterior das formas pode ou aplicar a função dos versos à prosa durante séculos e transferi-la para uma certa quantidade de traços diferentes ou infringi-la, diminuir a sua importância. Assim como a literatura contemporânea não liga nenhuma importância à correlação dos géneros (segundo os traços secundários), assim pode chegar uma época em que será indiferente que a obra seja escrita em verso ou em prosa.

7. A relação evolutiva entre a função e o elemento formal representa um problema totalmente inexplorado. Dei um exemplo do caso em que a evolução da forma arrasta a evolução da função. Podemos encontrar muitos exemplos em que, tendo uma forma uma função indeterminada, se apodera de outra função e a determina. Há também exemplos de outro género: a função procura a sua forma.

Dou um exemplo onde os dois casos estão combinados.

Nos anos vinte, a corrente literária dos arcaísmos põe em moda uma poesia épica cuja função é ao mesmo tempo elevada e popular. *A correlação da literatura com a série social provoca um prolongamento da obra.* Mas os elementos formais não estão aí, a «procura» da série social não equivale à «procura» literária, e aquela fica sem resposta. Procuram-se elementos formais. Em 1824, Katenin propõe a *oitava* como elemento formal da epopeia poética. O ardor das discussões a propósito da oitava, aparentemente inocente, corresponde à trágica orfandade de uma função sem forma. A poesia épica dos arcaizantes não teve qualquer fortuna. Seis anos mais tarde, a mesma forma é utilizada por Chevirev e Pushkin, com outra função: transformar, utilizando o jambo tetrapódico, toda a poesia épica e criar uma nova poesia épica «vulgar» (e não «elevada»), prosaica (*A Pequena Casa de Kolomna*)

O elo entre a função e a forma não é arbitrário. Não é um acaso se o léxico de um certo tipo se combina, em primeiro lugar, em Katenin, com um certo metro, e, vinte a trinta anos mais tarde, com o mesmo metro, em Nekrassov, que provavelmente não foi buscar nenhuma ideia a Katenin.

A variabilidade da função de um ou de outro elemento formal, o aparecimento de uma ou de outra função num elemento formal, a sua associação a uma função são problemas importantes da evolução literária, problemas que, para já, não tentaremos nem resolver nem estudar.

Direi apenas que todo o problema da literatura enquanto série, enquanto sistema, depende dos estudos futuros sobre este assunto.

8. Temos uma imagem que não é completamente correta da maneira como os fenómenos literários entram em correlação: julga-se que a obra se introduz num sistema literário sincrónico e que aí obtém uma função. A própria noção de um sistema sincrónico em perpétua evolução é contraditória. O sistema da série literária é antes de mais um sistema das funções da série literária, a qual está em perpétua correlação com as outras séries. A série muda de componentes, mas a diferenciação das atividades humanas permanece. A evolução literária, assim como a evolução das outras séries culturais, não coincide nem no seu ritmo nem no seu caráter (por causa da natureza específica do material que ela maneja) com as séries que lhe são correlatas. A evolução da função construtiva intervém rapidamente, a da função literária produz-se de uma época para outra, a das funções de qualquer série literária em relação às outras séries reclama séculos.

9. Visto que o sistema não é uma cooperação fundada na igualdade de todos os elementos, mas que supõe a antecipação de um grupo de elementos («dominante») e a deformação dos outros, a obra entra na literatura e adquire a sua função literária graças a esta dominante. Como consequência, devemos relacionar, apenas segundo algumas das suas particularidades, os versos com a série poética e não com a série prosaica. O mesmo para a correlação dos géneros. Atualmente, é o comprimento de uma obra, a exposição do seu assunto, que a ligam ao género romanesco; outrora, era a presença nesta obra de uma intriga amorosa que era decisiva.

Chocamos aqui com outro facto interessante do ponto de vista da evolução. Põe-se uma obra em correlação com uma série literária para medir o desvio que existe entre ela e essa mesma série literária, à qual pertence. Por exemplo, determinar o género dos poemas de Pushkin era um problema extremamente agudo para os críticos dos anos vinte; apareceu, porque o género de Pushkin era uma combinação mista e nova para a qual não se dispunha de «denominação» já feita. Quanto mais o desvio com uma ou outra série literária é nítido, mais o sistema do qual se desvia é posto em evidência. Assim, o verso livre sublinhou o caráter poético dos traços *extramétricos*, e o romance de Sterne acentua o caráter romanesco dos traços que *não dizem respeito* à fábula (Chklovski). Analogia linguística: «é porque a base sofre variações que somos obrigados a dispensar-lhe o máximo de expressividade e a extraí-la da rede de prefixos que, esses, são invariáveis» (Vendryes).

10. Em que consiste a correlação da literatura com as séries vizinhas?

Quais são estas séries vizinhas?

Temos todos uma resposta pronta: a vida social.

Mas, para resolver a questão da correlação das séries literárias com a vida social, temos de colocar outra questão: *como* e *em quê* a vida social entra em correlação com a literatura? A vida social tem muitas componentes de várias faces, e não é senão a função destas faces que lhe é específica. *A vida social entra em correlação com a literatura antes de mais pelo seu aspeto verbal.* O mesmo para as séries literárias postas em correlação com a vida social. Esta correlação entre a série literária e a série social estabelece-se através da atividade *linguística*, a literatura tem uma função *verbal* em relação à vida social.

Temos a palavra «orientação». Significa pouco mais ou menos: «intenção criadora do autor». Acontece, contudo, que «as intenções sejam boas, mas as realizações se averiguem más». Acrescentemos que a intenção do autor pode ser apenas um fermento. Ao manejar um material especificamente literário, o autor submete-se a ele e afasta-se assim da sua intenção. Assim, a obra *A Infelicidade de Ter Demasiado Espírito* (Griboiedov) deveria ter sido «elevada», «grande» (segundo a terminologia do autor, que não se assemelha à nossa), mas resultou numa comédia-panfleto político, em estilo «arcaizante». *Eugénio Onéguin* devia ser, na origem, um «poema satírico», no qual o autor «descarregaria a sua bílis». Mas, quando trabalhava no quarto capítulo, Pushkin já escreve: «Para onde foi, pois, a minha sátira? Não vemos vestígios dela em *Eugénio Onéguin*.»

A função construtiva, a correlação dos elementos no interior da obra, reduzem «a intenção do autor» a não ser senão um fermento e nada mais. A «liberdade de criação» acaba por ser um *slogan* otimista, mas não corresponde à realidade e cede o lugar à «necessidade de criação». A função literária, a correlação da obra com as séries literárias, remata o processo de submissão.

Retiremos da palavra «orientação» todo o matiz teleológico, toda a destinação e «intenção». O que se obtém? A orientação da obra (e da série) literária será a sua função verbal, a sua correlação com a vida social.

A ode de Lomonossov tem uma orientação (função verbal) *oratória*. A palavra é escolhida para ser *pronunciada*. As mais débeis associações sociais sugerem-nos que estas palavras *tiveram de ser pronunciadas numa grande sala, num palácio*. No tempo de Karamzin, a ode é um género literário «usado». A orientação, cuja significação se restringiu, desapareceu; é utilizada por outras formas que dependem da vida social. As odes de louvor e de qualquer outra espécie tornaram-se versos enfáticos que não pertencem senão à vida social. Não há género literário que possa substituí-las. E eis que fenómenos *linguísticos da vida social* se encarregam desta função. A função, e a orientação verbal, procuram uma forma e encontram-na na romanza, no gracejo, no final rimado, na charada, etc. Aqui, o momento da *génese, a presença de uma ou de outra forma linguística*, que anteriormente não dependiam senão da vida social, adquirem a sua significação evolutiva. Na época de Karamzin, o salão mundano desempenha o papel de série social, vizinha destes fenómenos linguísticos. Facto da vida social, o salão torna-se então um facto literário. Assim, atribuem-se formas sociais à função literária.

Do mesmo modo, uma semântica familiar, íntima, ou de grupo, existe sempre, mas só obtém função literária no decorrer de certos períodos.

O mesmo fenómeno produz-se quando se legitimam certos *resultados surgidos ocasionalmente* em literatura: os esboços de versos de Pushkin e os rascunhos dos seus planos fornecem a versão definitiva da sua prosa. Este fenómeno só é possível se toda a série evoluir e partindo a *sua orientação.*

A literatura contemporânea oferece-nos, também, um exemplo do conflito de duas orientações: a poesia de *meetings* representada pelos versos de Maiakovski (ode) opõe-se à poesia «de câmara», representada pelas composições de Iessienin (elegia).

11. *A expansão inversa da literatura na vida social* incita-nos a ter igualmente em conta a função verbal. A personalidade literária, a personagem de uma obra representam, para certas épocas, a orientação verbal da literatura e, a partir daí, penetram na vida social. A personalidade literária de Byron, aquela que o leitor deduz dos seus versos, está associada às dos seus heróis líricos e assim penetra na vida social. A personalidade de Heine está bastante afastada do verdadeiro Heine. Em certas épocas, a biografia torna-se uma literatura oral apócrifa.

É um fenómeno legítimo condicionado pelo papel de um certo sistema literário na vida social (orientação verbal): assim o mito criado à volta de escritores como Pushkin, Tolstoi, Blok, Maiakovski, Iessienin, que podemos opor à ausência de personalidade mítica em Leskov, Turgueniev, Maikov, Fet, Gumilev, etc.; ausência que se liga à falta de orientação verbal do seu sistema literário. A expansão da literatura na vida social reclama naturalmente condições sociais particulares.

12. É esta a primeira *função social* da literatura. Podemos estabelecê-la, estudá-la unicamente a partir da análise das séries vizinhas, do exame das condições imediatas, e não a partir das séries causais afastadas, embora importantes.

Ainda uma observação: é à série literária ou ao sistema literário que se liga a noção de «orientação» da função verbal e não à obra particular. É preciso pôr a obra particular em correlação com a série literária antes de falar da sua orientação. A lei dos números grandes não se aplica aos pequenos. Se para cada obra e cada autor particular estabelecermos as séries causais vizinhas, estudaremos não a evolução do sistema literário, mas a sua modificação, não as alterações literárias em correlação com as das outras séries, mas a deformação produzida na literatura pelas séries vizinhas. Este problema pode igualmente ser o objeto de um estudo, mas de outro ponto de vista.

O estudo direto da psicologia do autor e o estabelecimento de uma relação de causalidade entre o seu meio, a sua vida, a sua classe social e as suas obras é uma via particularmente incerta. A poesia erótica de Batiuchkov é o fruto do seu trabalho sobre a língua poética (cf. o seu discurso «Da influência da poesia ligeira sobre a língua»), e Viazemski recusou com razão procurar a génese desta poesia na psicologia do autor. O poeta Polonski, que nunca foi um teórico e que, contudo, enquanto poeta, entendia bem da sua profissão, escreve sobre Benediktov: «é muito provável que a natureza austera, as florestas, as pastagens... tenham influenciado a alma sensível de criança do futuro poeta, mas como? É uma questão difícil, e ninguém poderá resolvê-la de maneira satisfatória. A natureza, que é a mesma para todos, não desempenha aqui um papel principal.» Notam-se no artista reviravoltas que não se podem explicar pelas da sua personalidade: as reviravoltas em Derjavin, em Nekrassov; durante a sua juventude, escrevem paralelamente à poesia «elevada» uma poesia «vulgar» e satírica, mas, em condições particulares, estes dois tipos de poesia vão confundir-se e dar nascimento a novos fenómenos. É evidente que se trata aqui de condições objetivas e não individuais e psíquicas: as funções da série literária evoluíram em relação às séries sociais vizinhas.

13. Por isso é preciso reconsiderar um dos problemas complexos da evolução literária, o problema da «influência». Existem profundas influências pessoais ou psicológicas ou sociais que não deixam qualquer traço no plano literário (Tchaadaiev e Pushkin). Existem influências que modificam as obras literárias sem terem significação evolutiva (Mikailovski e Gleb Uspenski). Mas o caso mais surpreendente é aquele em que indícios exteriores parecem testemunhar uma influência que de facto nunca teve lugar. Dei o exemplo de Katenin e de Nekrassov. Estes exemplos podem ser multiplicados. As tribos sul-americanas criaram o mito de Prometeu sem serem influenciadas pela Antiguidade. São factos de convergência, de coincidência. Estes factos são de uma importância tal que ultrapassam completamente a explicação psicológica da influência. E a questão cronológica «Quem disse primeiro?» não é essencial. O momento e a direção da «influência» dependem inteiramente da existência de certas

condições literárias. No caso de coincidências funcionais, o artista influenciado pode encontrar, na obra «imitada», elementos formais que servem para desenvolver e estabilizar a função. Se esta «influência» não existir, uma função análoga pode, contudo, levar-nos a elementos formais análogos sem a sua ajuda.

14. É tempo de colocar aqui a questão do termo principal de que se serve a história literária, a saber: o termo «tradição». Se admitirmos que a evolução é uma mudança da relação entre os termos do sistema, isto é, uma mudança de funções e de elementos formais, a evolução acaba por ser uma «substituição» de sistemas. Estas substituições conservam consoante as épocas um ritmo lento ou entrecortado e supõem não uma renovação e uma substituição súbita e total dos elementos formais, mas a criação de uma *nova função destes elementos formais*. É por isso que o confronto de um certo fenómeno literário com outro deve fazer-se não só segundo as formas, mas também segundo as funções. Fenómenos que parecem totalmente diferentes e que pertencem a sistemas funcionais diferentes podem ser análogos na sua função e vice-versa. O problema tornou-se mais obscuro porque cada corrente literária procura, durante um certo tempo, pontos de apoio nos sistemas precedentes: e é a isto que se poderia chamar o «tradicionalismo».

Assim, em Pushkin, as funções da sua prosa estão talvez mais próximas das da prosa de Tolstoi do que as funções dos seus versos estão das dos seus epígonos dos anos trinta e de Maikov.

15. Em resumo: o estudo da evolução literária só é possível se o considerarmos uma série, um sistema posto em correlação com outras séries ou sistemas e condicionado por eles.

O exame deve ir da função construtiva à função literária, da função literária à função verbal. Deve esclarecer a interação evolutiva das funções e das formas. O estudo evolutivo deve ir da série literária às séries correlativas vizinhas e não às séries mais afastadas, mesmo que sejam principais. O estudo da *evolução* literária não rejeita a significação dominante dos principais fatores sociais; pelo contrário, não é senão neste quadro que a significação pode ser esclarecida na sua totalidade; o estabelecimento direto de uma influência dos principais fatores sociais substitui o estudo da *modificação* das obras literárias e da sua deformação pelo estudo da *evolução* literária.

1927.

O PROBLEMA DOS ESTUDOS LITERÁRIOS E LINGUÍSTICOS

Yuri Tynianov, Roman Jakobson

1. Os problemas imediatos da ciência literária e linguística na Rússia precisam de ser postos numa base teórica estável; exigem que se abandonem definitivamente as montagens mecânicas cada vez mais frequentes que aproximam os processos da nova metodologia dos do velho método estéril, que introduzem hipocritamente o psicologismo ingénuo e outras velharias sob a capa de uma terminologia nova.

É preciso separarmo-nos do ecletismo académico (Jirmunski *et al.*), do «formalismo» escolástico que substitui a análise pela enumeração da terminologia e que não faz senão erguer um catálogo dos fenómenos; é preciso deixar de transformar a ciência literária e linguística tomada como uma ciência sistemática em géneros episódicos e anedóticos.

2. A história da literatura (ou da arte) está intimamente ligada às outras séries históricas; cada uma dessas séries comporta um feixe complexo de leis estruturais que lhe é próprio. É impossível estabelecer entre a série literária e as outras

séries uma correlação rigorosa sem ter previamente estudado estas leis.

3. Não se pode compreender a evolução literária, visto que o problema evolutivo está disfarçado por problemas que intervêm episodicamente e fora do sistema, problemas que dependem da génese literária (as «influências») e extraliterária. Não se pode introduzir no domínio da investigação científica o material utilizado na literatura, seja literário ou extraliterário, senão com a condição de o considerar de um ponto de vista funcional.

4. Até há pouco tempo, para a linguística assim como para a história literária, a nítida oposição entre o aspeto sincrónico (estático) e o aspeto diacrónico era uma hipótese de trabalho fecunda, visto que mostrava o caráter sistemático da língua (ou da literatura) em cada período particular da vida. Hoje, as aquisições da conceção sincrónica obrigam-nos a reexaminar os princípios da diacronia. A ciência diacrónica reformulou, por sua vez, a noção de aglomeração mecânica dos fenómenos, que a ciência sincrónica substituiu pela noção de sistema, de estrutura. A história do sistema é, por seu turno, um sistema. O sincronismo puro acaba por ser hoje uma ilusão: cada sistema sincrónico contém o seu passado e o seu devir, que são elementos estruturais inerentes (A. O arcaísmo como facto do estilo; o conjunto linguístico e literário que se sente como um estilo morto, fora de moda; B. As tendências inovadoras na língua e na literatura, sentidas como uma inovação do sistema). A oposição da sincronia à diacronia contrastava a noção de sistema com a noção de evolução; perde a sua importância de princípio, visto que reconhecemos que cada sistema nos é obrigatoriamente apresentado como uma evolução e que, por outro lado, a evolução tem inevitavelmente um caráter sistemático.

5. A noção de sistema sincrónico literário não coincide com a noção ingénua de época, visto que é constituído por obras de arte próximas no tempo, mas também por obras inseridas no sistema e vindas de literaturas estrangeiras ou de épocas anteriores. Não basta catalogar os fenómenos coexistentes dando-lhes direitos iguais; o que importa é a sua significação hierárquica para uma determinada época.

6. O estabelecimento de duas noções diferentes — *parole* e *langue* (1) — e a análise da sua relação (a escola de Génova) foram extremamente fecundos para a linguística. Aplicar estas duas categorias (a norma existente e os enunciados individuais) à literatura e estudar a sua relação, é um problema que se deve examinar a fundo. Também aqui, não se pode considerar o enunciado individual sem o relacionar com o complexo existente das normas (o investigador que isola estas duas noções deforma inevitavelmente o sistema de valores estéticos e perde a possibilidade de estabelecer as suas leis imanentes).

7. A análise das leis estruturais da língua e da literatura, bem como da sua evolução, leva-nos infalivelmente a estabelecer uma série limitada de tipos estruturais que existem realmente (ou, na diacronia, tipos de evolução das estruturas).

8. A revelação das leis imanentes à história da literatura (ou da língua) permite-nos caracterizar cada substituição efetiva de sistemas literários (ou linguísticos), mas não nos permite explicar o ritmo da evolução, nem a direção que escolhe quando está na presença de várias vias evolutivas teoricamente possíveis. As leis imanentes à evolução literária (ou linguística)

(1) Em francês no texto.

não nos dão senão uma equação indeterminada que admite várias soluções, evidentemente em número limitado, mas não obrigatoriamente uma solução única. Não se pode resolver o problema concreto da escolha de uma direção, ou pelo menos de uma dominante, sem analisar a correlação da série literária com as outras séries sociais. Esta correlação (o sistema dos sistemas) tem as suas leis estruturais próprias, que se devem estudar. Considerar a correlação dos sistemas sem ter em conta leis imanentes a cada sistema é uma via funesta do ponto de vista metodológico.

1928.

SEGUNDA PARTE

RITMO E SINTAXE

Ossip Brik

DO RITMO

Emprega-se tantas vezes a palavra «ritmo» num sentido metafórico, figurado, que, para o poder utilizar como termo científico, temos de o despojar das significações artísticas que lhe estão sobrepostas.

Geralmente, chama-se ritmo a toda a alternância regular; e é-se perfeitamente indiferente quanto à natureza do que alterna. O ritmo musical é a alternância dos sons no tempo. O ritmo poético, a alternância das sílabas no tempo. O ritmo coreográfico, a alternância dos movimentos no tempo.

Apoderamo-nos mesmo dos domínios vizinhos: fala-se da alternância rítmica dos botões no colete, da alternância rítmica do dia e da noite, do inverno e do verão. Em resumo, fala-se do ritmo sempre que se pode encontrar uma repetição periódica dos elementos no tempo ou no espaço.

Este emprego figurado, artístico, não seria perigoso se se acantonasse no domínio da arte. Mas muitas vezes tenta-se construir sobre esta imagem poética a teoria científica do ritmo. Tenta-se, por exemplo, provar que o ritmo das obras artísticas (verso, música, dança) não é outra coisa senão uma consequência do ritmo natural: o ritmo das palpitações do coração, o ritmo do movimento das pernas durante o andamento. Estamos perante a transferência evidente de uma metáfora para a terminologia científica.

O ritmo como termo científico significa uma apresentação particular dos processos motores. É uma apresentação convencional que nada tem a ver com a alternância natural nos movimentos astronómicos, biológicos, mecânicos, etc. O ritmo é um movimento apresentado de uma maneira particular.

É preciso distinguir rigorosamente entre o movimento e o resultado do movimento. Se uma pessoa saltar sobre o terreno esponjoso de um pântano e deixar marcas, a sucessão destas marcas, embora regular, não é ritmo. Os saltos, esses, têm lugar segundo um ritmo, mas as marcas que deixam no solo não são senão dados que servem para os julgar. Falando cientificamente, não se pode dizer que a disposição dessas marcas constitua um ritmo.

Também o poema impresso num livro não oferece senão as marcas do movimento, é apenas o discurso poético e não o seu resultado gráfico, que pode ser apresentado como ritmo.

Esta diferenciação da noção tem uma importância, não somente académica, mas também e sobretudo prática. Até hoje, todas as tentativas de encontrar as leis do ritmo não tratam do movimento apresentado sob uma forma rítmica, mas das combinações de marcas deixadas por esse movimento.

Os especialistas do ritmo poético afundavam-se nos versos, dividindo-os em sílabas, em medidas, e tentavam encontrar as leis do ritmo nessa análise. Com efeito, todas estas medidas e sílabas existem não em si mesmas, mas como resultado de um certo movimento rítmico. Não podem dar senão indicações sobre esse movimento rítmico de que resultam.

O movimento rítmico é anterior ao verso. Não se pode compreender o ritmo a partir da linha dos versos; pelo contrário, compreender-se-á o verso a partir do movimento rítmico.

Há em Pushkin um verso: *Ljogkim zefirom letit* (voa como o Zéfiro ligeiro). Podemos ler este verso de duas maneiras diferentes: *Ljógkim zéfirom letít* ou *Ljógkim zefíron letít.* Podemos combinar e analisar sem fim as sílabas, as medidas, os sons deste verso, nunca saberemos como é preciso lê-lo; mas, se tivermos lido todos os versos precedentes, quando chegarmos a este não deixaremos de o ler como *Ljogkim zéfirom letit* porque a impulsão deste poema é trocaica e não dactílica.

Lemos o verso corretamente porque conhecíamos a impulsão rítmica de que ele resulta. Incluído num contexto dactílico, este verso teria exigido a leitura *Ljogkim zefírom letit.*

Antes de lermos este verso, não havia acento nem sobre o *e* nem sobre o *i.* Depois da leitura, o acento encontrou-se no *e,* mas poderia ter estado no *i.*

É por isso que seria mais correto, regra geral, falar não de sílabas fortes ou fracas, mas de sílabas acentuadas e não acentuadas. Teoricamente, cada sílaba pode ser acentuada ou não acentuada, tudo depende da impulsão rítmica. É por isso que distinguir as fortes, as semifortes, as ligeiramente fortes, as fracas, etc., e tentar penetrar assim a diversidade do movimento rítmico, não podia ser senão um empreendimento estéril. Tudo depende do ritmo do discurso poético, cuja distribuição por linhas de sílabas é a consequência.

Os eruditos tentam fixar a intensidade de cada sílaba e têm de admitir que diferentes pronúncias do verso levam a resultados diferentes. Este mal-entendido permanente não tem outra causa senão a confusão que se faz da impulsão rítmica com o verso inteiro.

Se colocarmos à partida a primazia do movimento rítmico, o facto que se obterá no decurso de diferentes leituras dos diferentes resultados nada terá de espantoso; não ficaremos surpreendidos por obter, no decurso de leituras diferentes de um mesmo poema, uma alternância diferente das unidades rítmicas.

A coreografia torna particularmente clara esta relação da impulsão rítmica com o seu resultado concreto, embora também aí se tente explicar o ritmo pela alternância e pela combinação de certos movimentos. Mas é uma tentativa sem esperança.

É evidente que na dança tudo repousa numa impulsão inicial que se realiza em movimentos cinéticos variados.

Ninguém dirá que o homem que valsa combina certas figuras com repetições periódicas. É claro que neste caso se realiza uma certa fórmula que é interior a cada uma das suas encarnações. É por isso que a valsa não tem fim, podemos pará-la em qualquer momento, não visa uma soma definida de elementos coreográficos. A soma destes elementos é desconhecida no princípio da dança, é por isso que não se pode falar da sua distribuição regular no espaço e no tempo.

A dança apresentada em cena tenta substituir a impulsão rítmica por uma combinação de movimentos coreográficos. A diferença entre as danças ditas populares que encontramos na vida e as suas representações em cena existe no facto de que se dançam as primeiras segundo uma impulsão rítmica pura, enquanto as segundas são construídas sobre a combinação dos movimentos coreográficos. As primeiras têm um começo, mas não um fim preestabelecido. As segundas estão fixadas do princípio ao fim.

A SEMÂNTICA RÍTMICA

Alguns supõem que a leitura correta dos versos consiste em lê-los como prosa, utilizando as entoações habituais da linguagem familiar. Estas pessoas pensam que o sistema rítmico no qual repousa o verso é um elemento de segunda ordem que não serve senão para elevar o caráter emocional da língua poética, enquanto o sistema das curvas de intensidade da língua quotidiana é fundamental na estrutura do verso.

Surge uma atitude semelhante para com a poesia na altura em que se dispensa uma importância primordial às exigências rítmicas e nos arriscamos a ver o verso transformar-se num discurso transracional. Esta atitude que isola a série rítmica da série semântica provoca depois uma reação que consiste em reforçar as entoações da língua falada.

É por isso que todas as épocas conhecem duas atitudes possíveis para com a poesia: algumas acentuam o aspeto rítmico, outras o aspeto semântico. Quando a cultura poética sofre reviravoltas, este conflito torna-se particularmente agudo.

De vez em quando, um dos dois elementos domina-o. A evolução do verso segue a linha de oposição ao tipo dominante.

Assim, a escola de Pushkin sustentava o combate do princípio semântico contra a tendência do não sentido rítmico representada por Derzhavin. O verso de Nekrassov entra em lide contra os últimos versos de Pushkin, onde o sentido está subordinado ao ritmo. O verso dos simbolistas é uma reação contra o verso «social» sobrecarregado de semântica, própria dos epígonos de Nekrassov.

O verso dos futuristas afirmava a razão de ser da poesia transracional com Khlebnikov e Kruchenykh e ao mesmo tempo dava toda a sua importância à semântica nos versos de Maiakovski.

Habitualmente, dá-se a primazia à semântica quando na vida social surge uma nova temática e quando as antigas formas do verso não chegam a assumir estes novos temas.

Vale mais que, no início, o estudo das relações entre as séries rítmicas e semânticas se aplique a épocas em que este isolamento ainda não foi sentido e em que a cultura poética satisfaz as exigências da tal unidade da forma e do fundo.

Neste sentido, é o tempo de Pushkin, e sobretudo a sua própria poesia, que representa a época clássica por excelência da história do verso russo.

É curioso que no princípio da sua atividade literária Pushkin tivesse sido considerado um violador das tradições estéticas, um poeta que degrada o estilo elevado da língua poética, ao propor-lhe uma matéria semântica vulgar, enquanto no fim da sua vida aparecia como o representante da estética pura, de onde toda a semântica havia desaparecido; não é senão no momento de pleno desabrochar da sua carreira que o avaliaram como um mestre sabendo unir nos seus versos tanto as exigências da estética poética como as da construção semântica.

É este período de desabrochar literário que convém perfeitamente escolher para a análise da semântica rítmica no verso russo. Isto explica a atração involuntária que todos os investigadores que empreendem o estudo do verso russo sentem por Pushkin.

O elo indissolúvel entre o ritmo e a semântica é aquilo a que geralmente se chama a harmonia clássica de Pushkin.

O VERSO COMO UNIDADE RÍTMICA E SINTÁTICA

A sintaxe é o sistema de combinação de palavras no discurso vulgar. Na medida em que a língua poética não desobedece às leis principais da sintaxe prosaica, as leis de combinação de palavras são também leis do ritmo. Estas leis rítmicas complicam a natureza sintática do verso.

Estruturas sintáticas aparentemente similares podem ser inteiramente diferentes do ponto de vista semântico, conforme se encontrem num discurso poético ou num prosaico. O verso *Ty xochesn znat' chto delal ja na vole* (Tu queres saber o que eu fazia quando estava em liberdade) será lido de modo diferente na língua prosaica e na língua poética. No discurso prosaico, toda a força da subida entoacional repousa na palavra *na vole* (em liberdade); no discurso poético, será repartida: regularmente, entre as palavras *znat'* (saber), *delal ja* (eu fazia) e *na vole* (em liberdade).

No exemplo citado, a ordem das palavras na língua prosaica reclama uma certa entoação que precisamente a estrutura rítmica da língua poética não admite. É por isso que uma leitura «prosaica» dos versos destruiria a sua estrutura rítmica.

Ao lermos versos, captamos as formas habituais da sintaxe prosaica e, sem termos em conta a sua natureza rítmica, tentamos pronunciá-los como prosa; a leitura que daí resulta toma um sentido prosaico e perde o seu sentido poético.

O verso obedece não só às leis da sintaxe, mas também às da sintaxe rítmica, isto é, à sintaxe que enriquece as suas leis com exigências rítmicas.

Na poesia, é o verso que é o grupo de palavras primordial. No verso, as palavras combinam-se segundo as leis da sintaxe prosaica.

Este facto de coexistência de duas leis que agem sobre as mesmas palavras é a particularidade distintiva da língua poética. O verso apresenta-nos os resultados de uma combinação de palavras, ao mesmo tempo rítmica e sintática.

Uma combinação de palavras rítmica e sintática distingue-se daquela que não é senão sintática devido a estarem as palavras incluídas numa certa unidade rítmica (o verso);

distingue-se da combinação puramente rítmica pelo facto de as palavras se combinarem segundo qualidades tanto semânticas como fónicas.

Sendo o verso a unidade rítmica e sintática primordial, é por ele que deve começar o estudo da configuração rítmica e semântica.

O CLICHÉ *RÍTMICO E SINTÁTICO*

Certas imagens ingénuas apresentam assim a criação poética: o poeta escreve em primeiro lugar o seu pensamento em prosa e depois muda as palavras a fim de obter um metro. Se certas palavras não obedecerem às exigências do metro, desloca-as até que correspondam ao que se espera delas, ou substitui-as por outras palavras que convenham mais. É por isso que a consciência ingénua capta cada palavra ou torneio inesperados como uma liberdade poética, como um desvio feito às regras da língua falada em nome do verso. Certos amadores do verso perdoam esta liberdade ao poeta, consideram que ele tem esse direito. Outros julgam severamente esta alteração, põem em dúvida o direito do poeta de maltratar a língua em nome de impulsões poéticas quaisquer. Os críticos gostam de dizer que a perfeição na arte poética consiste em meter as palavras no metro sem alterar a estrutura habitual da língua.

Fundamentando-se nos resultados e nas observações modernas, algumas pessoas dispensam uma maior atenção à criação poética e fizeram dela uma imagem inversa. No poeta aparece, em primeiro lugar, a imagem indefinida de um complexo lírico dotado de estrutura fónica e rítmica, e é depois que esta estrutura transracional se articula em palavras significantes. Andrei Bieli, Blok, os futuristas, falaram e escreveram a propósito disto.

Na sua opinião, obtém-se afinal uma significação, mas esta não coincide obrigatoriamente com a significação habitual da língua falada. Não se trata do direito do poeta de alterar a língua, mas do facto de o poeta condescender em dar aos leitores um simulacro de significação; poderia inteiramente passar sem isso, mas, acedendo às exigências semânticas do leitor, envolve as suas inspirações rítmicas em palavras que as tornam acessíveis a todos.

A consciência ingénua dá o primeiro lugar à estrutura habitual da língua falada e considera o metro poético como um apêndice decorativo da estrutura habitual do discurso. Bielinski escrevia que, para saber se os versos são bons ou maus, basta dar-lhes uma versão prosaica, e o seu valor aparece imediatamente. Para Bielinski, a forma poética não era senão uma embalagem exterior do complexo linguístico habitual, e era natural que se interessasse antes de mais pela significação do complexo e não pela sua embalagem.

Os poetas e os investigadores modernos partem da imagem inversa. Para eles, o fundo da língua poética é aquilo que os ingénuos tratam como apêndice exterior. Inversamente, o valor semântico do complexo rítmico é, se não um apêndice exterior, pelo menos uma concessão inevitável à mentalidade não poética. Se toda a gente tivesse aprendido a pensar com a ajuda de imagens transracionais, a língua poética não teria necessidade de qualquer tratamento semântico.

A primeira imagem tira todo o sentido à língua poética e transforma a criação poética num exercício inútil, malabarismo linguístico. É assim que Tolstoi caracteriza a poesia: na sua opinião, os poetas são pessoas que sabem encontrar uma rima para cada palavra e agrupar as palavras de diferentes maneiras. Saltykov-Chtchedrin diz a este propósito: «Não compreendo porque é preciso andar em cima de um fio e além disso abaixar-se de três em três passos.» Tal atitude para com a poesia conduz naturalmente a rejeitar esses malabarismos decorativos e a escrever unicamente segundo a língua falada vulgar.

Os campeões da língua poética transracional separam esta última da língua falada e transportam-na para o domínio dos sons convencionais e das imagens rítmicas. Se a estrutura semântica do verso não tem importância, se a significação das palavras não desempenha qualquer papel, não é necessário manejar palavras: os simples sons bastam. Se se for mais longe, nem sequer se sentirá a necessidade de sons, e poderemos limitar-nos a quaisquer signos que evoquem imagens rítmicas correspondentes. O poeta Chicherin chegou a isto: declarou recentemente que o maior mal de que sofria a poesia é a palavra e que o poeta devia escrever não com palavras, mas com a ajuda de certos signos poéticos convencionais.

A primeira e a segunda imagens pecam pelo mesmo vício: as duas consideram o complexo rítmico e sintático composto de dois elementos, estando um submetido ao outro. Com efeito, estes dois elementos não existem separadamente, mas aparecem em simultâneo, criando uma estrutura rítmica e semântica específica, diferente quer da língua falada quer da sucessão transracional de sons.

O verso não é senão o resultado do conflito entre o não sentido e a semântica quotidiana, é uma semântica particular que existe de maneira independente e que se desenvolve segundo as suas próprias leis. Podemos transformar cada verso num verso transracional se substituirmos as palavras significantes por sons que exprimam a estrutura rítmica e fónica destas palavras. Mas, ao privar o verso da sua semântica, saímos do âmbito da língua poética, e as variações ulteriores deste verso serão determinadas, não pelos seus constituintes linguísticos, mas pela natureza musical dos sons que constituem a sonoridade do verso. Particularmente, o sistema dos acentos e o sistema das entoações serão independentes dos acentos e das entoações da língua falada, imitarão os acentos e as entoações da frase musical.

Por outras palavras, privando o verso do seu valor semântico, isolamo-lo do elemento linguístico e transferimo-lo para o elemento musical, e por esse motivo o verso deixa de ser um facto linguístico.

Inversamente, podemos, ao transpor as palavras, privar o verso dos seus traços poéticos e fazer dele uma frase da língua falada. Para isso basta substituir certas palavras por sinónimos, introduzir entoações próprias da língua falada e normalizar a estrutura sintática. Mas, depois de tal operação, o verso deixa de ser uma estrutura linguística específica, fundada em certos traços da palavra que estão em segundo plano na linguagem vulgar.

Mais precisamente, estes traços secundários (o som e o ritmo) têm uma significação diferente na língua falada e na língua poética, e, ao introduzir as entoações faladas na língua poética, inserimos o verso no domínio da língua falada. O complexo linguístico construído segundo uma certa lei é destruído, e o seu material regressa à reserva comum.

Se os campeões da língua transracional separam o verso da língua, os do «verso decorativo» não o isolam da massa verbal comum.

A atitude correta é ver o verso como um complexo necessariamente linguístico, mas que assenta em leis particulares que não coincidem com as da língua falada. É por isso que abordar o verso a partir da imagem geral do ritmo sem ver que se trata não de um material indiferente, mas de elementos da fala humana, é uma via tão falível como julgar que se trata da língua falada enfarpelada de uma decoração exterior.

É preciso compreender a língua poética naquilo que a une à língua falada e naquilo que a distingue; é preciso compreender a sua natureza propriamente linguística.

1920–1927.

SOBRE O VERSO ([1])

Boris Tomachevski

I

A poética levanta o problema da matéria de duas maneiras diferentes. Por um lado, podemos tratá-lo como o problema do volume da matéria que nos propusemos estudar, isto é, o problema da escolha das obras artísticas sobre as quais assenta o estudo. Este aspeto do problema não nos interessa agora.

O outro aspeto do problema consiste em precisar os limites dos fenómenos cujo estudo se encara.

Se designarmos pela palavra «ritmo» todo o sistema fónico organizado para fins poéticos, sistema acessível à perceção do auditório em questão, é claro que toda a produção da fala humana será uma: matéria para a rítmica, na medida em que participa num efeito estético e se organiza de uma maneira particular em verso. Para precisar um pouco estes traços, examinaremos duas noções: o «verso» e o «metro».

([1]) Os excertos reunidos sob este título pertencem na origem a artigos diferentes. [*N. do T. da edição francesa*]

Estas noções de «verso» e de «metro» estão estreitamente ligadas na história da literatura. No âmbito de uma certa escola poética, o metro representa a norma à qual obedece a língua poética. O metro é o traço distintivo dos versos em relação à prosa.

Mas as normas métricas são instáveis. De Meleti Smotritski a Trediakovski, de Lomonossov a Andrei Bieli, de Blok a Maiakovski, observamos por todo o lado deformações das normas métricas. Abandonam-se certos esquemas métricos, canonizam-se outros. E, contudo, a poesia é tradicional. E, contudo, as tradições literárias reúnem os diferentes fenómenos verbais numa única imagem, a da língua poética. Os versos dos Malaios e dos antigos Gregos, os versos dos Japoneses e dos povos romanos assentam em princípios métricos diferentes. Todavia, a imagem do verso une-os, e os tradutores de poesia, ao substituírem a norma métrica própria da língua original pela da língua da tradução, procuram mesmo assim reproduzir o verso por um verso. Por conseguinte, existe um problema geral da forma poética, além de um problema histórico transitório de verso, problema próprio de uma língua e de uma época.

A prática europeia contemporânea conserva o hábito de imprimir os versos em linhas arbitrárias iguais, e mesmo de as realçar por maiúsculas; inversamente, publica-se a prosa em linhas ininterruptas. Apesar do isolamento da grafia e da fala viva, este facto é significativo, visto que, na fala, certas associações estão ligadas à escrita. Esta divisão da língua poética em verso, em períodos de potência fónica comparável e no limite igual, é evidentemente o traço específico da língua poética. Estes versos ou, para introduzir um termo novo, estes períodos discursivos equipotenciais dão-nos pela sua sucessão a impressão de uma repetição organizada de séries semelhantes na sua sonoridade, a impressão de um caráter «rítmico» ou «poético» do discurso. Captamos séries isoláveis (versos), e é ao compará-las que tomamos consciência da essência do fenómeno rítmico.

O papel das normas métricas é facilitar a comparação, revelar os traços ao exame dos quais podemos avaliar o caráter equipotencial dos períodos de discurso; a finalidade destas normas é evidenciar a organização convencional que rege o sistema dos factos fónicos. Este sistema é indispensável à ligação entre o poeta e o seu auditório, ajuda a compreender o desígnio rítmico posto pelo autor no seu poema.

Esta norma métrica pode possuir uma nitidez mais ou menos grande, isto é, servir de sinal mais ou menos explícito do fenómeno «verso». Por outro lado, pode corresponder mais ou menos às possibilidades naturais da língua, paralisar-lhe ou favorecer-lhe mais ou menos a expressividade. As leis do equilíbrio estético, a força da tradição e da educação poética do auditório literário determinam a predominância de um ou de outro sistema métrico num certo momento. Os fatores indicados sustentam-se em parte um ao outro; por outro lado, contradizem-se, e o desenvolvimento do sistema métrico segue a sua resultante.

O sistema métrico concreto que domina a composição do verso clássico russo reduz-se à contagem dos acentos canonizados (métricos) esperados. Como todo o método de contagem, este aparece não no decorrer de uma leitura normal dos versos, no decorrer da declamação, mas no decorrer de uma leitura particular que põe em relevo a lei de distribuição dos acentos, isto é, no decorrer da escansão. O metro, esse sistema canonizado que nos ajuda a ter em conta a capacidade fónica própria das unidades do verso, obriga-nos pelas suas funções a pôr o esquema métrico em relevo, a escandir. Contudo, esta leitura artificial não é um hábito arbitrário, visto que não faz senão revelar a lei de construção utilizada nestes versos. A escansão é obrigatória.

Só o primeiro estádio da perceção poética reclama esta leitura em voz alta. Para o leitor que possui uma audição poética desenvolvida, esta leitura torna-se um ato automático, subconsciente e involuntário, tal como a prática da escrita o é para o letrado. Esta escansão silenciosa torna-se impercetível, graças ao seu caráter habitual. Contudo, acompanha inevitavelmente a nossa perceção dos versos, só ela nos permite reconhecê-los, e dá a sua cor à perceção da língua poética. Impõe-nos que pronunciemos os diferentes versos de uma certa maneira a que chamamos declamação e que se opõe à pronúncia da prosa.

O metro acompanha sempre a leitura e a perceção dos versos, quer como escansão silenciosa, quer como representações motoras. A pronúncia do metro exige que façamos a escansão em voz alta e reclama um isocronismo forçado na pronúncia das sílabas, uma distribuição periódica dos acentos dentro dos limites da unidade métrica (o verso), uma divisão vocálica profunda do discurso pronunciado em unidades elementares, em períodos fónicos equipotenciais.

O domínio do ritmo não é o da contagem. Liga-se não à escansão artificial, mas à pronúncia real. Não se pode pôr em relevo o ritmo porque, ao invés do metro, não é ativo, mas passivo, não engendra o verso, mas é engendrado por ele. Podemos imaginar um metro abstrato, visto que está inteiramente presente na nossa consciência e tira desta presença o caráter obrigatório das suas normas convencionais com a ajuda das quais liga o poeta à perceção do auditor ou do leitor. Mas o ritmo é sempre concreto, é unicamente com base nos elementos da pronúncia que podemos ouvir ou tomar realmente em consideração elementos que se encontram tanto num discurso rítmico como num discurso não rítmico. Não podemos senão reconhecer e reproduzir um metro, enquanto o auditor pode ouvir o ritmo, mesmo que ignore as normas subjacentes do verso, mesmo que não capte o seu metro. É por isso que se encontram, muitas vezes, pessoas sensíveis ao ritmo e à «música» do verso, mas completamente perdidas no domínio do metro, pessoas que não distinguem o jambo do troqueu e que na sua leitura deformam desesperantemente a natureza métrica do verso.

Mas torna-se evidente que, se o ritmo é composto por elementos realmente ouvidos, a classificação dos fenómenos rítmicos deve fundar-se na análise fonética do discurso. Todos os elementos pronunciados podem ser fatores do ritmo. A única condição obrigatória é que a forma poética deve organizar os seus elementos em séries regulares repetindo seja de que maneira for o movimento do discurso dividido em versos, ou deixando-nos a impressão desta divisão.

II

Na segunda metade do século XVIII, sob a influência do estudo dos poetas latinos, começa a considerar-se a qualidade dos sons no verso como a matéria de um novo problema. Os versos de muitos poetas testemunham essa preocupação que conduziu alguns deles a criações aberrantes, como o verso lipogramático. Este problema tomou uma acuidade particular na nossa época: todo o estudo de um poeta propõe uma avaliação muitas vezes incoerente da sua «instrumentação», da sua «harmonia», da sua «inércia fónica», etc. Talvez o exame simplista deste problema peque por uma exageração da sua importância. Mas, se o meio dos poetas contemporâneos dispensa uma atenção firme a este problema, é porque existe realmente na consciência poética.

Mas, até hoje, não possuímos classificação integral dos factos eufónicos na língua poética; a atenção dos investigadores prende-se sobretudo com a qualidade dos sons que criam o facto eufónico e não com a sua função no verso.

É por isso que se distingue mais ou menos a imagem do vocalismo eufónico da do consonantismo eufónico. Por outro lado, ainda que menos nitidamente, a noção que atribui fins expressivos à eufonia diferencia-se. Foi sobre os fenómenos da analogia fónica, sobre a repetição de grupos de sons semelhantes, que se concentrou toda a atenção, e perguntamo-nos se esta repetição se deve à onomatopeia ou a outras relações fónicas associativas ([2]).

É sobretudo a análise da natureza acústica dos sons que geralmente retém a atenção, e isso provoca a interpretação demasiado literal da palavra eufonia. Se me permitem que proponha uma hipótese a propósito deste assunto, direi que todos os sons da fala humana possuem no mesmo grau qualidades musicais. Não é a partir das qualidades acústicas, mas a partir das qualidades articulatórias da pronúncia, que consideramos algumas sonoridades harmoniosas ou não harmoniosas. A perceção acompanha-se de um discurso interior, e as imagens evocadas na nossa consciência obedecem às realizações articulatórias. O discurso eufónico é um discurso fácil de pronunciar, e não fácil de ouvir; o discurso não harmonioso é aquele que evocará para nós a posição incómoda, não habitual, dos órgãos da fala. Deste ponto de vista, não existe eufonia internacional, visto que a articulação levanta dificuldades diferentes a locutores de línguas diferentes. A eufonia poética reduz-se à sistematização dos fenómenos articulatórios próprios da pronúncia. Quer se torne a pronúncia mais difícil ou mais fácil, quer se mantenha a articulação no

---

([2]) Podemos dizer que o estudo contemporâneo da eufonia é «amorfo», na medida em que, sem ter em conta a posição do som no verso, apenas se importa com a sua qualidade.

âmbito das mesmas posições (a eufonia monótona) ou se alternem diferentes articulações, quer se agrupem as articulações em séries similares obedecendo à mesma repartição interior, em todos os casos, a construção é de caráter articulatório e não acústico. As regularidades acústicas são uma consequência involuntária das regularidades articulatórias, na medida em que a passagem dos sons abertos para os sons fechados, das articulações anteriores às articulações posteriores, é acompanhada de uma mudança regular do repercutidor, de uma alternância mais ou menos regular das harmónicas que matizam a fonia da fala. O que nos importa aqui não é o tipo do sistema constituído por sons qualitativamente semelhantes, mas as funções da eufonia no verso.

A rima é a forma canonizada, métrica, da eufonia. Hoje, segundo parece, admite-se geralmente que a rima não é um ornamento sonoro do verso, mas um fator organizador do metro. Serve não só para criar a impressão de analogia entre os sons que a constituem, mas também para dividir o discurso em versos, de que anota o fim. Na medida em que a rima é, independentemente das condições fonéticas da sua realização, um fator do metro, e na medida em que, graças a associações fónicas, ajuda o ouvido a captar a decomposição métrica da língua poética, os factos eufónicos pertencem inteiramente ao verso, isto é, ao ritmo, visto que confirmam a impressão de decomposição do verso e de correspondência entre as suas partes. Sob o nome de «harmonia do verso», Grammont desenvolveu uma teoria sobre a função rítmica das correspondências fónicas. Deveríamos conservar este termo porque une a noção de regularidade eufónica (qualitativa) à das correspondências rítmicas. Contudo, não afasta todos os perigos de ambiguidade devido às analogias importunas com os fenómenos designados por este nome na música e também ao inevitável uso metafórico deste termo;

por outro lado, pelo facto de se aplicar esporadicamente este termo em vários fenómenos (assim, opõe-se por vezes a harmonia à instrumentação, designando a primeira o vocalismo, a segunda o consonantismo). Na Rússia, é o estudo de Brik («As Repetições dos Sons») que aborda o problema da harmonia.

A harmonia persegue duas finalidades, divide o discurso em períodos rítmicos (dissimilação); em segundo lugar, cria a impressão de analogia entre os membros assim esboçados (assimilação).

Por conseguinte, a eufonia deve apoiar-se num sistema fechado de repetições sonoras sucessivas.

Podemos encontrar, aqui, duas situações diferentes. Ou os sons alternam no âmbito de cada divisão rítmica segundo a ordem da divisão inicial, e então dispomos de uma alternância de sons no seio da divisão, mas as diferentes divisões tomadas na sua entidade são idênticas (eufonia cíclica), ou cada divisão respeita uma monotonia que lhe é própria (monotonia contraste). Citarei alguns exemplos destinados a concretizarem estes processos, mas estes exemplos, servindo apenas de ilustração, podem parecer artificiais.

Vejamos o romance de Pushkin sobre o Cavaleiro, escrito em versos trocaicos de quatro medidas. Podemos dizer *a priori* que estes versos têm tendência para se cindirem em duas partes a que não chamarei hemistíquios, pois este termo pressupõe uma cesura constante. Isto deve-se à estabilidade dos acentos da segunda e da quarta medidas, oposta à instabilidade dos acentos da primeira e da terceira medidas. Temos a impressão de que a medida forte sucede regularmente à medida fraca, isto é, que a fórmula descritiva «dois terços do peão» dá uma imagem aproximativa do desenho rítmico *(Molchalívyj i prostój).* Podemos esperar que a eufonia adote também a divisão do verso em duas partes. Efetivamente, encontramos aqui exemplos, de vocalismo construído segundo os princípios da eufonia cíclica ([3]).

Zhíl na svéte rycar' bédnyj
y — e y — e
On imél odnó vidénje
o — e o — e
I do gróba ni s odnóju
i — o — i — o
Po ravnínam Palestíny
9 — i — 9 — i
Uma construção sintática semelhante:

Lumen coelum, sancta rosa
Vsjo vljubljónnyj, vsjo pechál'nyj.

Evidentemente, o ritmo eufónico coincide tanto com a sucessão dos acentos lexicais como com a decomposição entoacional.

É claro que estes fenómenos não são canonizados, isto é, não são os mesmos nos diferentes versos e até nem estão presentes em toda a parte. Não são senão potenciais, procuram realizar-se e realizam-se em certos momentos, sustentam a inércia geral do ritmo.

Vejamos, pelo contrário, os versos de Blok:

To byl osypan zvézdnym cvétom...
Kogdá obmánet svét vechérnij...

O mesmo efeito de decomposição do verso em duas partes é obtido aqui com a ajuda de uma monotonia contraste.

([3]) Cito a primeira redação do romance.

y — y e — e
a — a e — e

É claro que estes dois tipos não esgotam todos os processos da harmonia. Ligados às analogias estróficas, podem diferenciar-se, e a rítmica descritiva deverá classificar todos os processos da harmonia. Não citarei senão um exemplo em que se obtém o efeito por uma analogia das vogais acentuadas figurando nas medidas pares dos versos ímpares e rimados das estrofes:

No bredjót za dál'nim póljusom o — o
Sólnce sérdca mojegó
L'dinjm skóvannoe pójasom o — o
Beznachálja mojegó,
Tak vzojdi-zh v moróznom ínee i — i
Nepomérnyj svét-zarjá!
Podnimí nad dálju sínej i — i
Zhézl pomérkshego carjá.

Aqui, a composição por estrofe encontra-se reforçada pela monotonia: contraste das vogais.

Não darei mais exemplos, estes parecem-me ilustrar suficientemente o meu pensamento.

Colocada assim a questão, o problema da «harmonia» do verso integra-se inteiramente na teoria do ritmo.

1922.

III

Podemos formular desta maneira o problema da versificação: em primeiro lugar, como se organiza geralmente a frase, isto é, como se cria o segmento entoacional, o padrão que nos servirá para dividir o discurso em verso? O primeiro dever do investigador é observar a entoação do verso.

Já que uma metodologia nos é necessária para conduzir esta observação, a dificuldade do nosso problema encontra-se por isso consideravelmente aumentada. Contudo, só a pronúncia real, a entoação real do verso, se presta a uma constatação objetiva, por outras palavras, só a declamação nos permite uma análise experimental. Mas podemos recitar o mesmo poema de várias maneiras sem nunca violar a sua integridade estética. Explicamos este fenómeno em parte pelo facto de a realização das entoações conhecer uma liberdade maior do que a dos acentos lexicais. A frase pode levar ao mesmo efeito ao servir-se de meios diferentes: a entoação melódica é compensada por uma entoação dinâmica ou rítmica. Obtemos os efeitos da pausa por uma cadência enérgica. Existem «substituições», variantes entoacionais. Além disso, nem todos os elementos linguísticos são de importância igual para o processo de criação artística. Por conseguinte, a obra literária nem sempre contém indicações exaustivas sobre a sua realização vocal, e muitos dos seus traços permitem uma interpretação livre.

O declamador vê-se obrigado a resolver arbitrariamente muitas questões sobre as quais a própria obra não dá indicações suficientes. Por isso, deve «despojar-se» a declamação real para obter os dados necessários sobre a entoação estética, isto é, a entoação acessível à perceção estética. A análise sintática oferece-nos uma espécie de via inversa para reconstruir a entoação da obra. Contudo, as dificuldades com as quais esbarramos aqui são tão grandes, senão maiores, como as do método experimental. Todavia, podemos reconstruir a entoação estética do verso, quanto mais não seja porque a língua poética assenta nela, e, logo, existe realmente. Temos de nos apoiar aqui não só na observação direta do ritmo entoacional do verso, mas também no estudo das formas métricas, encaradas sob o ângulo da construção sintática.

O que é o metro? Se a língua poética é uma língua dividida em segmentos entoacionais equivalentes, temos de dispor de uma medida clara e manifesta desta equivalência. E o metro oferece-nos esta medida objetiva. Assim, não há valor autónomo, mas um valor auxiliar cuja função é facilitar o reconhecimento da medida (ou da amplidão).

O metro é a medida, visto que dá indicações sobre a igualdade dos segmentos entoacionais (dos versos), sobre a sua copresença ([4]).

([4]) O princípio de «copresença», que introduzi na definição do metro em *A Versificação Russa*, provocou muitos mal-entendidos que devemos esclarecer. Eis a essência do princípio proposto: é preciso chamar, por exemplo, «jambo de quatro medidas» a todo o grupo de palavras que podemos, considerando-o como verso de um poema homogéneo no seu metro, combinar com outros grupos satisfazendo a mesma exigência. Seria talvez mais preciso falar de substituição, isto é, chamar «jambo de quatro medidas» a toda a combinação que poderia substituir num poema qualquer verso jâmbico de quatro medidas. Por outras palavras, se chamarmos por convenção, a um verso de *Eugénio Onéguin*, «jambo de quatro medidas», todo o grupo de palavras que podemos substituir por este verso sem violar o princípio de construção da obra será também um jambo de quatro medidas. É claro que esta substituição equivale à combinação deste verso com outros versos, isto é, com o contexto de jambos de quatro medidas, e indica-nos a possibilidade de copresença dos versos escritos neste metro. Isto não exclui a possibilidade de ligar versos com metros diferentes numa mesma estrofe, por exemplo, em Brussov, o anfíbraco de três medidas é o metro dos versos ímpares, o jambo de duas medidas o dos versos pares *(«O kogda by ia nazval svojeju — Hot' ten' tvoju»)*, mas talvez se devessem estudar estes versos heteromorfos fora do âmbito dos metros normais que comportam um número igual de sílabas, estudá-los como versos que não seguem a estrutura estabelecida por Lomonossov e Pushkin.

O número de traços métricos não é o mesmo segundo as diferentes formas: pode incluir-se em Mtsyri todo o jambo de quatro medidas de rima masculina, e em *Boris Gudunov* unicamente os jambos de cinco medidas e com cesura, mas independentemente da rima; admitem-se nas fábulas

O metro é o critério segundo o qual se qualifica o grupo de palavras como admissível ou inadmissível na forma poética escolhida. É preciso notar que, se não se tiver em conta a análise proposicional dos versos, muitos fenómenos da estrutura métrica serão para nós incompreensíveis. Assim, a constante acentuada no fim da unidade rítmica tem evidentemente um valor para a frase e não para a sílaba, visto que as sílabas acentuadas e não acentuadas são equivalentes no interior do verso. O número diferente das sílabas no interior do verso ou no seu fim, observado nos versos franceses ou italianos, só se explica se se tiver em conta a cadência proposicional final no verso, cadência que deforma a perceção da sílaba. Geralmente, o fenómeno de sonoridade final no sentido lato destas palavras explica-se unicamente pela organização do verso em unidades entoacionais, isto é, em frases.

Vejamos fenómenos próprios do jambo russo. Como se sabe, os acentos não métricos são possíveis sobretudo no início do verso:

Dúx otricánja, dúx somnénja…

Contudo, estes fenómenos são igualmente possíveis depois de uma pausa sintática:

Drugój? Nét, nikomú na svéte…
Kák, Grandisón! A, Grandisón…
U névskoj prístani. Dní léta…

Evidentemente, os acentos não métricos são geralmente possíveis na entoação de abertura, isto é, no

---

todas as espécies de jambos independentemente do número de cesuras. Por outras palavras, cada poema pode ter a sua característica e a sua composição métricas.

início da proposição. Se aparecem mais frequentemente no início do verso ou do hemistíquio, é porque, geralmente, o início do verso coincide com o início da frase, e tenta ligar-se a aparição dos acentos não métricos às condições sintáticas. Os estudos ulteriores esclarecerão o mecanismo deste elo, mas podemos constatar desde já a existência de tal relação.

IV

Temos de encarar os problemas que se produzem no interior do verso de três pontos de vista: em primeiro lugar, do ponto de vista da construção individual de um verso particular (é aquilo a que A. Bieli chama «o ritmo»); em segundo lugar, do ponto de vista da realização neste facto individual de uma lei métrica tradicional, indiscutível no âmbito da forma escolhida; e, em terceiro lugar, do ponto de vista da impulsão rítmica concreta que rege a escolha tipológica das formas particulares nas obras de um poeta ou de um estilo poético. A impulsão rítmica é diferente do metro, em primeiro lugar porque é muito menos rígida que o metro: define, não a escolha absoluta de formas particulares («jambo» — «não jambo», sendo o «não jambo» estritamente interdito na série dos «jambos»), mas a preferência por certas formas face a outras; em segundo lugar, a impulsão rítmica rege não só os fenómenos situados no campo esclarecido da consciência e assim objetivados na métrica tradicional, mas também todo o complexo de fenómenos que, embora sentidos confusamente, têm um valor estético potencial; em terceiro lugar, obedecendo à impulsão rítmica, o poeta respeita menos as regras tradicionais do que procura organizar o discurso segundo as leis do ritmo da fala, leis que são muito mais interessantes para o observador do que a análise de normas métricas definitivamente estabelecidas e fixas.

O estudo da impulsão rítmica reduz-se: à observação das variantes características de um verso nos limites das obras unidas pela identidade da forma rítmica (por exemplo, «o troqueu de Pushkin nos seus *Contos* dos anos trinta»); ao estabelecimento do grau da sua frequência; à observação dos desvios do tipo; à observação do sistema segundo o qual se organizam os diferentes aspetos fónicos do fenómeno estudado (os tais traços secundários do verso); à definição das funções construtivas destes desvios («as figuras rítmicas») e à interpretação das observações.

Esta interpretação é tanto mais fecunda quanto a impulsão rítmica agir de maneira mais autónoma e mais clara, ou seja, quanto a influência do metro for mais fraca, porque é precisamente ele que limita as formas livres do verso. É por isso que é importante para a teoria do verso não só observar os versos métricos regulares, mas também e sobretudo estudar os metros ditos livres.

O termo «verso livre», pela sua característica negativa, une muitas e diversas formas particulares. Os versos livres de Blok estão mais afastados dos versos livres de Maiakovski do que dos versos regulares de Fet. O termo «livre» não tem utilidade senão pela sua característica negativa: indica a ausência de uma tradição métrica rígida e não limita, pois, de uma maneira precisa, o número de variações possíveis. Mas, no nosso caso, esta liberdade é uma noção bastante relativa. Assim, os hexâmetros dactilo-trocaicos russos que se ligam ao verso livre são rigorosamente limitados pela tradição métrica. Os versos de Maiakovski não são limitados senão pela impulsão rítmica e admitem, embora raramente, desvios sensíveis do tipo médio sem dar os limites precisos a estes desvios.

Além disso, segundo o caráter de impulsão rítmica que rege os versos livres, pode esboçar-se uma série de domínios autónomos do verso livre que não se confundem. Assim, a impulsão rítmica do verso livre pode ser uma forma regular onde as sílabas são em número definido. Podem escrever-se versos livres ajustando-se ao tom do anfíbraco, do jambo, do troqueu, e compreender-se-á claramente esta dominante métrica. Foi por isso que, em estudos já antigos, aproximei os versos de Tiutchev *o kak na sklone nashix let* (ó como sobre o declínio da nossa vida) do jambo de quatro medidas; «As canções dos Eslavos Ocidentais» do troqueu de cinco medidas; e a maior parte dos versos ditos *dolnik* ([5]) dos nossos metros ternários (quer dizer, sobretudo anfibráquicos).

Por conseguinte, existem tipos particulares de versos livres dotados de uma dominante métrica. Ao lado destes versos, conhecemos uma composição «em mosaico» (sobretudo em Khlebnikov e N. Tikhonov), em que se admitem livremente versos que satisfazem a normas métricas diferentes, mas que estão ligados de maneira a que sintamos a norma métrica de cada verso. Assim, a redação original de *Silentium* de Tiutchev contém jambos e anfíbracos, comportando um número igual de sílabas. Enfim, existe uma grande classe de versos livres que não admitem qualquer elo com os ritmos habituais dos versos regulares e que dependem de um princípio autónomo de construção.

Infelizmente, não possuímos qualquer classificação científica do verso livre. É claro que tal classificação deve fundamentar-se no maior número possível de traços rítmicos de um verso e não no menor número possível. Contudo, a tradição dos velhos manuais de métrica dirigia os investigadores para uma fórmula à qual obedeceriam todas as variações do verso

---

([5]) *Dolnik* (r.): verso tónico. [*N. do T. da edição francesa*]

livre. É perfeitamente natural que tal fórmula acabe por ser bastante ampla (e, por conseguinte, neutra, impessoal, amorfa) para que se possam inserir nela não só todos os casos possíveis de verso livre, mas também todos os versos regulares, dos jambos aos anapestos, e até por vezes a prosa. Esta fórmula era má, porque não dava indicação sobre o ritmo concreto do verso estudado. A sua universalidade era fictícia, na medida em que estabelecia as leis gerais do verso, ignorando o ritmo poético. Na maior parte dos casos, estas fórmulas eram completamente estéreis devido ao seu caráter simbólico, cuja grafia nos escondia o conteúdo fónico do verso.

A análise do verso livre não deve procurar estabelecer uma fórmula geral, mas tem de encontrar formas particulares. Além disso, visto que o verso livre repousa na violação da tradição, é inútil procurar uma lei rígida que não admita exceção. É preciso procurar apenas a norma média e estudar a amplitude do desvio que situa cada forma em relação a esta média. Não insistiremos de novo no erro que provoca um «objetivismo» ilusório no estudo dos versos e na necessidade de estudar o verso na sua dicção e não nos textos. Nenhum estudo ótico ou até cinegráfico poderá esclarecer-nos um domínio constituído por atos puramente psíquicos da perceção rítmica.

1927.

A CONSTRUÇÃO DA NOVELA E DO ROMANCE

Viktor CHKLOVSKI

I

Ao começar este capítulo, devo dizer antes de qualquer outra coisa que ainda não encontrei definição para a novela. O mesmo é dizer que não posso ainda dizer que qualidade deve caracterizar o motivo, nem como os motivos devem combinar-se a fim de se obter um assunto. Não basta uma simples imagem, um simples paralelo, nem mesmo uma simples descrição de um acontecimento para que tenhamos a impressão de nos encontrarmos diante de uma novela.

No artigo precedente, tentei mostrar a ligação que existe entre os processos de composição e os processos estilísticos gerais. Esbocei particularmente o tipo de construção em que os motivos se acumulam em patamares sucessivos. Este género de acumulação é efetivamente interminável, tal como são os romances de aventuras que o utilizam. É o que nos explicam os inumeráveis volumes de *Bagatela,* assim com os volumes de *Vinte Anos Depois* e do *Visconde de Barcelona* de Alexandre

Dumas. É também o que explica que este tipo necessite de um epílogo. Não se pode terminar sem acelerar o desenrolar da narrativa sem se mudar a escala do tempo.

Habitualmente, toda a série das novelas encontra-se encerrada numa novela-quadro. No romance de aventuras, o rapto, o reconhecimento e também o casamento, realizando-se apesar dos obstáculos, servem sempre de armação à novela principal. É por isso que, no fim das *Aventuras de Tom Sawyer,* Mark Twain declara que não sabe como terminar a sua história, pois a narrativa que incide num rapazinho não pode terminar com o casamento que geralmente finaliza um romance sobre os adultos. É por isso que assinala que concluirá o seu livro quando se lhe apresentar a ocasião. Como sabemos, a história de Tom Sawyer prolonga-se pela história de Huck Finn (uma personagem secundária torna-se herói principal), depois por outro romance que utiliza os processos do romance policial e, finalmente, por um terceiro, que foi buscar os seus processos às *Cinco Semanas de Balão* de Júlio Verne.

Mas o que é necessário para que captemos a novela como concluída?

Numa análise, é fácil constatar que a construção por patamares se duplica de uma construção circular ou, melhor, em caracol. A descrição de um amor partilhado e feliz não pode dar origem a uma novela; se o conseguir, será apenas em oposição às novelas tradicionais que descrevem um amor impedido por obstáculos. Por exemplo, A ama B, B não ama A; quando B começa a amar A, A já não ama B. As relações de Eugénio Onéguin e de Tatiana são construídas segundo este esquema; uma motivação psicológica complexa explica porque os heróis não são atraídos no mesmo momento um pelo outro. Boiardo motiva o mesmo processo pelos sortilégios. No seu *Rolando Apaixonado,* Rolando ama Angélica, mas bebe por acaso a água de uma fonte enfeitiçada e esquece imediatamente o seu amor. Entretanto, Angélica, tendo bebido a água de outra fonte dotada das qualidades contrárias, sente, em vez do seu antigo ódio, um amor ardente por Rolando. Temos o quadro seguinte: Rolando foge de Angélica, que o persegue de país para país. Depois de terem percorrido assim o mundo inteiro, Rolando e Angélica encontram-se de novo na mesma floresta das fontes enfeitiçadas, bebem uma vez mais água e trocam assim os seus papéis: Angélica começa a odiar Rolando, enquanto este começa a amá-la. Neste caso, a motivação é quase posta a nu. Deste modo, a novela reclama não só a ação, mas também a reação, reclama uma falta de coincidência. Isto aproxima o motivo do tropo e do equívoco. Como já observei no artigo sobre a singularização erótica, os assuntos dos contos eróticos são muitas vezes metáforas desenvolvidas; por exemplo, Boccaccio compara os órgãos sexuais do homem e da mulher a um pilão e um almofariz. Esta comparação é motivada por uma história, e obtemos assim um motivo. Observa-se o mesmo fenómeno na novela sobre o Diabo e o Inferno, mas neste caso o processo de desenvolvimento é ainda mais evidente porque o fim indica-nos diretamente que existe essa expressão popular. A novela não é evidentemente senão o desenvolvimento desta expressão.

Existem muitas novelas que não são senão um desenvolvimento de equívocos. As narrativas sobre a origem dos nomes dependem, por exemplo, deste tipo de novela. Ouvi pessoalmente um velho habitante dos arredores de Ohta afirmar que o nome Ohta se deve à exclamação de Pedro, *o Grande*, «Oh! ta!» ([1]) Quando o nome não se presta a uma explicação por um quiproquó, dividem-no em nomes próprios inexistentes. Por exemplo, Moscovo *(Moskva)* derivando dos nomes Mos e Kva, Iausa de Ia e Usa (na narrativa sobre a fundação de Moscovo).

([1]) *Ta* (r.): aquela. [*N. do T. da edição francesa*]

O motivo está longe de ser sempre o desenvolvimento de uma fórmula linguística. A contradição dos costumes pode, também ela, servir de motivo. Eis um pormenor do folclore militar (mistura-se aí também a influência dos elementos linguísticos): ao buraco da baioneta chama-se virola, e contam que os jovens soldados se queixam assim: «perdi a minha virola.» O aparecimento de luz não fazendo fumo (a eletricidade) engendrou um motivo semelhante que encontramos noutra narrativa militar: soldados, tendo estado ao fumar na caserna, persuadem o seu sargento de que o fumo provém das lâmpadas.

O motivo da falsa impossibilidade funda-se também numa contradição. Por exemplo, numa profecia, esta contradição estabelece-se entre as intenções das personagens que procuram evitar a profecia e o facto de ela se realizar (o motivo de Édipo). No caso do motivo da falsa impossibilidade, a profecia realiza-se, ainda que isso nos parecesse impossível; mas realiza-se graças a um jogo de palavras. Por exemplo: as feiticeiras prometem a Macbeth que ele não conhecerá a derrota enquanto a floresta não se puser contra ele e que não receberá a morte de ninguém «nascido de uma mulher». Quando os soldados atacam o castelo de Macbeth, avançam por detrás dos ramos que seguram na mão; aquele que mata Macbeth não «nasceu», foi arrancado ao seio da sua mãe. O mesmo se passa no romance sobre Alexandre: profetizaram-lhe que não morrerá senão numa terra de ferro sob um céu de osso. Morre sobre um escudo, sob um teto de marfim. A mesma coisa em Shakespeare: profetizaram ao rei que morreria em Jerusalém, e morre num quarto do mosteiro chamado Jerusalém.

Podemos encontrar outros motivos derivados do contraste: «o combate do pai com o filho», «o irmão, esposo da sua própria irmã» (Pushkin torna este motivo mais complexo na sua variante da canção popular), «o marido no casamento da sua mulher». O motivo do «criminoso incapturável», que Heródoto incluiu na sua *História*, apoia-se no mesmo processo: apresentam-nos, em primeiro lugar, uma situação sem saída, depois uma solução espiritual. Os contos em que se coloca e em que se decifra um enigma ligam-se ao mesmo caso, assim como aqueles em que se resolvem problemas e se realizam façanhas. Mais tarde, a literatura acusa um pendor particular para o motivo do falso criminoso, do criminoso inocente. Este género de motivos implica a sucessão seguinte: o inocente é suscetível de ser acusado, acusam-no e, por fim, absolvem-no. Por vezes, chega-se a esta absolvição graças ao confronto dos falsos testemunhos (como no caso de Susana ou nos contos de Camões, de Minaev); outras vezes, é uma testemunha de boa-fé que intervém.

Se não nos apresentam desenlace, não temos a impressão de nos encontrarmos perante um assunto. O que é facilmente observável em *O Diabo Coxo* de Lesage, onde certos quadros são privados de assunto. Vejamos um extrato deste romance:

«Aproximemo-nos desse edifício novo que contém dois corpos centrais separados. Um é ocupado pelo proprietário, que é esse velho cavaleiro que umas vezes se passeia no seu apartamento, outras vezes se deixa cair num sofá. "Julgo", diz Zambullo, "que tem na cabeça um grande projeto. Quem é esse homem? Se tivermos em conta a riqueza que brilha na sua casa, deve ser um grande de primeira classe." "Contudo, não é senão um contador", responde o demónio. "Envelheceu em empregos muito lucrativos. Tem quatro milhões de bens. Como está inquieto com os meios de que serviu para os juntar e como se vê prestes a ir dar contas no outro mundo, tornou-se escrupuloso. Pensa construir um mosteiro. Vangloria-se de que, depois de uma tão boa obra, terá a consciência tranquila. Já obteve a permissão de fundar um convento; mas só lá quer pôr religiosos que sejam simultaneamente castos, sóbrios e de uma extrema humildade. Está muito embaraçado com a escolha."

»O segundo corpo central é habitado por uma bela dama que acaba de se banhar no leite e de se deitar mesmo agora. Esta voluptuosa pessoa é viúva de um cavaleiro de Santiago, que não lhe deixou por fortuna senão um belo nome. Mas, felizmente, tem como amigos dois conselheiros do Conselho de Castela, que pagam a meias a despesa da casa.

»"Oh! Oh!", exclamou o novato, "vejo tremer o ar de gritos e de lamentações. Acontecerá alguma desgraça?"

»"Eis o que se passa" diz o espírito: "dois jovens cavaleiros jogavam juntos às cartas, nessa espelunca onde vê tantas lâmpadas e velas acesas. Excitaram-se logo, pegaram na espada e feriram-se ambos mortalmente. O mais velho é casado, e o mais novo é filho único. Vão entregar a alma." A mulher de um e o pai do outro, avisados deste funesto acidente, acabam de chegar. Enchem de gritos toda a vizinhança. "Filho infeliz", diz o pai ao apostrofar o filho, que não pode ouvi-lo, "quantas vezes te exortei a renunciar ao jogo? Quantas vezes te previ que ele te custaria a vida? Declaro que não é por minha culpa que morres miseravelmente." Por seu turno, a mulher desespera. Embora o esposo tenha perdido ao jogo tudo o que ela lhe trouxe em casamento, embora tenha vendido todas as pedras preciosas que ela tinha, e mesmo os seus fatos, está inconsolável da sua perda. Amaldiçoa as cartas, que são a causa dela; amaldiçoa aquele que as inventou; amaldiçoa a espelunca e todos aqueles que a habitam.»

É evidente que os extratos citados não correspondem a novelas; esta impressão não depende das suas dimensões. Em contrapartida, a leitura da pequena cena que interrompe a novela contada por Asmodeu dá a impressão de um todo acabado:

«Por muito interessante que seja a história que me conta, avisto uma coisa que me impede de ouvir tão atentamente como gostaria. Descubro numa casa uma mulher que me parece gentil, entre um jovem e um velho. Bebem os três aparentemente licores requintados; e, enquanto o cavaleiro de idade beija a mulher, a velhaca, por detrás, dá uma das mãos a beijar ao jovem, que sem dúvida é seu namorado. "Muito pelo contrário", responde o coxo, "é o seu marido, e o outro o seu amante. Esse velho é um homem de importância, um comendador da ordem militar de Calatrava. Arruína-se com esta mulher, cujo esposo tem um pequeno cargo na corte. Ela faz carícias por interesse ao seu velho amante, e infidelidades a favor do marido, por inclinação".»

Este caráter acabado vem do facto de, depois de nos terem enganado com um falso reconhecimento, nos revelarem a verdadeira situação. Assim, respeita-se a fórmula.

Por sua vez, novelas bastante longas podem parecer-nos inacabadas. Encontramos uma seminovela semelhante no final do décimo capítulo. Começa pela narrativa de uma serenata onde se intercalam versos:

«"Mas deixemos estas coplas", continuou ele. "Vai ouvir outra música."

»"Segui com os olhos esses quatro homens que surgem subitamente na rua. Vêm precipitar-se sobre os sinfonistas. Estes fazem escudos dos seus instrumentos, os quais, não podendo resistir à força dos golpes, voam em pedaços. Vede chegar em seu socorro dois cavaleiros, sendo um o patrão da serenata. Com que fúria carregam sobre os agressores! Mas estes últimos, que lhes equivalem em jeito e em valor, recebem-nos à vontade. Que fogo sai das suas espadas! Note que um defensor da sinfonia cai. Foi o que deu o concerto. Está mortalmente ferido. O seu companheiro, que se apercebe disso, põe-se em fuga; os agressores, por sua vez, fogem, e todos os músicos desaparecem. Não fica lá senão o infortunado cavaleiro, cuja morte é o preço da sua serenata. Considerai ao mesmo tempo a filha do alcaide. Está na sua gelosia, de onde observou tudo o que acaba de se passar. Esta dama é tão orgulhosa e tão fútil com a sua beleza, embora bastante vulgar, e, em vez de deplorar os efeitos funestos, a cruel aplaude e julga-se mais atraente por isso.

»"Não é tudo", acrescentou ele. "Olhai para outro cavaleiro que para na rua, junto daquele que está banhado em sangue para o socorrer, se for possível. Mas, durante o tempo em que se ocupa de um cuidado tão caridoso, vede que é surpreendido pela ronda que aparece. Esta leva-o para a prisão, onde ficará muito tempo, e não lhe seria menos penosa se fosse o assassino do morto".

»"Quantas desgraças acontecem esta noite!", diz Zambullo.»

Temos a impressão de que a novela não terminou. Por vezes, acrescenta-se a estes quadros-novelas aquilo a que chamarei um fim ilusório. Habitualmente, são descrições da natureza ou do tempo que fornecem a matéria a estes fins ilusórios, tal como os encontramos nos contos de Natal que o *Satíricon* tornou célebres: «O frio cortava mais duro.» Quanto ao extrato de Lesage, proponho ao leitor que invente pelo menos a descrição da noite em Sevilha ou a do céu indiferente e lha acrescente.

Em *A Zanga dos Dois Ivan*, de Gogol, a descrição do outono e a exclamação «É aborrecido viver neste mundo, Senhores!» constituem um exemplo típico desse fim ilusório.

Este novo motivo inscreve-se paralelamente na narrativa precedente; e, graças a ele, a novela parece concluída.

Classificaremos à parte as novelas de fim negativo. Para já, explico o meu termo. Nas palavras *stola* e *stolu*, os sons *a* e *u* são terminações, desinências, a raiz *stol* é o radical. No nominativo singular, encontramos a palavra *stol* sem desinência, mas captamos esta ausência de desinência em comparação com as outras formas fletidas, e ela é o índice de um caso.

Podemos chamar-lhe forma negativa (o termo de Furtunatov), desinência zero (na terminologia de Baudoin de Courtenay). Estas formas negativas são bastante frequentes na novela e sobretudo na de Maupassant.

Por exemplo, a mãe visita o filho natural confiado a uma família no campo. A criança tornou-se um camponês grosseiro. Desesperada, a mãe foge e cai na ribeira. O filho, que não o sabe, remexe o fundo da água com uma vara comprida e, tendo-lhe apanhado o vestido, retira-a. A novela termina aqui. O leitor compara inconscientemente esta novela com as do tipo tradicional que possuem uma «conclusão». A propósito disto, faremos notar (é mais uma opinião do que uma afirmação) que o romance de costumes francês da época de Flaubert utilizou amplamente como processo a descrição de uma ação que nunca se realiza (*A Educação Sentimental*).

Geralmente, a novela é uma combinação das construções em caracol e em patamares e, além disso, complicada por diversos desenvolvimentos.

Nas obras completas de Tchekhov, o volume das novelas é sempre o mais usado. O grande público lê sobretudo as primeiras narrativas de Tchekhov, as novelas designadas pelo autor «variadas». Se tentarmos contá-las, os temas de Tchekhov parecerão muito banais. O autor conta a vida de pequenos empregados, de pequenos comerciantes. Estes costumes eram já familiares ao leitor. Eram descritos por Leikine, por Gorbunov. Para o leitor contemporâneo, cheiram a armazém de antiguidades.

Podemos explicar o sucesso das novelas de Tchekhov pela construção do seu assunto. A literatura russa trabalhou pouco os assuntos da novela. Durante anos, Gogol esperava anedotas para as desenvolver em romance ou em novela.

Do ponto de vista do assunto, as construções de Goncharov são bastante fracas. Na exposição de *Oblomov*, Goncharov leva pessoas muito diferentes a visitarem o herói no mesmo dia; o leitor poderia julgar que esta personagem tem uma vida muito agitada.

Rudine, de Turgueniev, não é senão uma novela, um único episódio seguido da confissão de Rudine.

Só as novelas de Pushkin possuem um assunto bem construído. Novelas mundanas monótonas, como as de Marlinski, Kalachnikov, Vonliarliarski, Sologub e Lermontov, constituem quase metade da produção literária no século XIX.

As novelas de Tchekhov rompem bruscamente com esta tradição. Pouco originais quanto aos temas, distinguem-se nitidamente dos inumeráveis estudos «fisiológicos» que rivalizam com a novela mundana para o primeiro lugar. Tchekhov organiza as suas novelas sobre um assunto preciso e nítido, ao qual dá uma solução inesperada.

A confusão serve de processo fundamental à composição. A narrativa *No Banho* toma todo o seu valor quando se sabe que, na antiga Rússia, os niilistas [2] e o clero usavam cabelos compridos. Foi preciso afastar todos os traços secundários para que a confusão possa produzir-se. É por isso que a ação se desenvolve nos banhos. Para reforçar o conflito, o autor escolhe a época do jejum, em que os problemas do clero são de atualidade. As réplicas do Padre, diácono tomado por niilista, são agrupadas de tal modo que o leitor fica surpreendido ao saber que se trata de um diácono e não de um niilista. Contudo, achamos esta revelação legítima, visto que nos esclarece a balbuciação obscura do diácono. Para incluir o desenlace na narrativa, para acentuar o reconhecimento, é preciso que as personagens se interessem por esse desenlace. No nosso caso, o barbeiro está aflito porque, ao respeitar

---

(2) Sobrenome dado à juventude radical na Rússia (segunda metade do século XIX). [*N. do T. da edição francesa*]

o jejum por causa da confissão, insultou um eclesiástico, enganando-se a seu respeito devido aos cabelos e julgando que este último tinha ideias na cabeça.

Encontramo-nos aqui perante uma equação estabelecida segundo as regras e em que todas as partes se ligam funcionalmente.

A novela *O Gordo e o Magro* ocupa duas páginas. O seu assunto repousa na desigualdade social que separa dois antigos camaradas de escola. A situação é perfeitamente elementar, mas desenvolve-se com a ajuda de um artifício inesperado e adequado. Em primeiro lugar, os amigos abraçam-se e olham-se, com os olhos cheios de lágrimas; ambos estão agradavelmente surpreendidos. O magro dá apressadamente notícias da sua família num estilo amigável e prolixo. No meio da novela, isto é, no fim da primeira página, o magro fica a saber que o gordo se tornou conselheiro secreto. Um abismo de desigualdade social abre-se; parece-nos tanto mais profundo quanto os dois amigos nos tinham sido apresentados como nus, fora de toda a conjuntura. O magro, recomeçando a falar da sua família, diz, gaguejando, quase as mesmas frases, mas adota um tom de relatório. Esta repetição das réplicas mostra a diferença graças à sobreposição que se pode fazer delas, e esclarece assim a construção da novela.

O paralelismo está presente ao longo de toda a narrativa, que se conclui num duplo desenlace segundo a sensibilidade dos dois amigos frente a frente. O gordo tem quase náuseas perante a delicadeza do seu velho amigo, afasta-se e estende a mão antes de partir. O magro aperta-lhe três dedos, saúda-o com todo o corpo e põe-se a rir como um chinês, hi-hi-hi. A sua mulher sorri. Nataniel, o filho, junta os calcanhares e deixa cair o boné. Os três ficam agradavelmente surpreendidos.

Muitas vezes, Tchekhov viola a forma estereotipada, tradicional.

Uma das suas novelas, *Uma Noite Atroz*, conta-nos que uma pessoa encontra caixões em todos os apartamentos em que entra e até no seu.

Uma mística elementar matiza o início da novela. O nome do narrador é Panikhidin[3]. Vive em Uspenie[4], junto de Moguiltsi[5], na casa de um funcionário, Trupov[6]. Para atenuar a desnudação do processo, o autor acrescenta: «Por outras palavras, num dos lugares mais perdidos de Arbate.»

Esta acumulação dos terrores estereotipados torna o final da narrativa completamente inesperado. Este fim utiliza a contradição entre o caixão, objeto místico, atributo da novela de terror, e o caixão, simples bem de um vendedor de pompas fúnebres.

O vendedor, fugindo à penhora, escondeu os caixões em casa dos amigos.

A novela *Uma Natureza Enigmática* é cheia de ironia para os epígonos da novela mundana. Para revelar o seu processo, Tchekhov põe em cena a heroína, contando diretamente a história a um escritor. A ação desenvolve-se num compartimento de primeira classe, situação tornada tradicional com a introdução de personagens mundanas:

«À sua frente está sentado um funcionário para missões especiais do governador, jovem escritor debutante que coloca pequenas narrativas nos *Mensageiros* do governo ou, como ele próprio lhes chama, novelas da vida do grande mundo.»[7]

A mulher conta a sua história, que no começo é completamente tradicional. Foi pobre e depois refere «a absurda

---

(3) *Panikhida* (r.): ofício dos mortos.

(4) *Uspenie* (r.): a festa dos mortos.

(5) *Moguila* (r.): túmulo.

(6) *Trup* (r.): cadáver.

(7) A. Tchekhov, *Ma femme* (*Œuvres complètes*, t. 4), tr. de Denis Roche, Plon, Paris, 1924.

educação dada num colégio, a leitura de romances estúpidos, os erros de juventude, o primeiro amor tímido». Ama um homem e quer ser feliz. É aqui o começo de um novo pastiche do romance psicológico.

«Maravilhoso! — murmura o escritor ao beijar a mão da dama à volta da pulseira. — Não é a si que beijo, mas o sofrimento humano!»

A jovem mulher desposa um velho; num tom paródico, descrevem-nos brevemente a sua vida. O velho morre e deixa-a rica. A felicidade parece próxima, mas eis que um novo obstáculo aparece. «O que há pois no seu caminho? Ainda um velho rico.»

Esta repetição priva o motivo da sua motivação primeira, e os temas da novela mundana aparecem nesta narrativa de uma simples prostituição.

A novela *Então Era Ela* é menos perfeita quanto à sua qualidade. Esta novela serve-se da inércia própria dos contos de Natal, a saber, o encontro do herói com uma mulher desconhecida. O narrador não afirma que essa mulher seja desconhecida, mas o leitor ou o auditor adivinha-o. No final, descobrimos que esta mulher é a esposa do narrador, os auditores protestam, e o narrador vê-se obrigado a recorrer ao fim tradicional.

A notável novela de Tchekhov *Um Homem do Seu Conhecimento* é fundada numa dupla relação com o mesmo objeto; não utiliza a inércia de outro género. Uma prostituta deixa o hospital. Sem o seu vestuário profissional, sem o seu vestido curto à moda, sem o seu grande chapéu, sem os seus escarpins castanhos-avermelhados, sente-se nua, não a profissional Wanda, mas Anastásia Kanavkin, como tem no seu bilhete de identidade. É preciso encontrar dinheiro. Depois de ter empenhado o seu último anel por um rublo, Wanda-Anastásia, essa mulher dupla, vai ao dentista Finkel, um dos seus bons conhecimentos. Pelo caminho, elabora o seu plano: entrará como uma rajada no consultório do dentista e exigirá, a rir, vinte e cinco rublos. Mas leva um vestido ordinário. Entra, pergunta timidamente: «O doutor está?» A escada parece-lhe luxuosa, avista um espelho. Ele devolve-lhe a imagem, sem vestido à moda, sem escarpins castanhos-avermelhados. Wanda entra no consultório do médico e, intimidada, declara que tem dores de dentes. Com os seus dedos amarelos do tabaco, Finkel salga-lhe os lábios e as gengivas e arranca-lhe um dente; Wanda dá-lhe o seu último rublo.

A ideia norteadora da novela é que cada um tem uma existência dupla. Estamos perante profissões diferentes, prostituta e dentista, e a mulher apresenta-se como uma não profissional em casa de um profissional. Pelo facto de Wanda estar vestida de modo diferente, lembramo-nos incessantemente da sua situação mudada. No fundo de tudo isto, encontramos a vergonha, a vergonha em dizer quem somos, a vergonha que nos faz escolher a dor. Toda a novela se resume neste tema.

«Na rua, sentiu-se ainda mais envergonhada, mas já não era por causa da sua pobreza. Já não via que lhe faltava um grande chapéu e um vestido à moda. Andava na rua e cuspia sangue, cada cuspidela vermelha falava-lhe da sua vida má, difícil, das afrontas que sofrera, durante toda a vida, até à morte.» ([8])

Tchekhov serve-se raramente da «narrativa direta» pura. Mas escreveu uma excelente novela, *Polinnka,* em que utiliza os diferentes estilos do discurso para fins de composição.

O caixeiro fala à modista do seu amor por ela e explica que o estudante por quem está apaixonada não deixará de

---

([8]) A. Tchekhov, *Œuvres* (1886), t. 8, tr. por M. Durand e E. Parayre, les Éditeurs français réunis, 1956.

a enganar. A conversa desenrola-se enquanto o caixeiro lhe vende os aviamentos, e as entoações próprias de um armazém de modas contradizem o drama que se produz. A venda é intencionalmente demorada, pois uma das personagens ama, e a outra sente-se culpada.

«— Os mais modernos são como penas de pássaros. Agora a cor, se quiser, é o heliotrópio ou o canaque, por outras palavras, *bordeaux* com amarelo. Temos um grande sortido. E aonde vos levará toda esta história? Não consigo compreender!

»A mulher está pálida, chora e escolhe botões.

»— É para uma vendedora, dê-me alguma coisa que saia do vulgar...

»— Sim, para uma vendedora é preciso alguma coisa de vistoso. Aqui tem botões, menina, uma mistura de azul-escuro, vermelho e dourado à moda. É o que há de mais vistoso. As nossas clientes distintas levam botões pretos com um pequeno círculo brilhante. Só não percebo: não consegue raciocinar sozinha? A que podem levar esses passeios?

»— Eu própria não sei — murmura Polinnka inclinando-se sobre os botões. — Não sei, Nicolai Timofeitch, o que se passa comigo.»

A novela termina com uma série de palavras de retrosaria quase sem sentido e entrecortadas de lágrimas.

«Nicolai Timofeitch esconde Polinnka e, procurando dissimular, também ele, a sua emoção, crispa-se ao querer sorrir e recita com voz forte:

»— Há duas espécies de rendas, menina, em algodão e em seda. As rendas orientais, bretãs, valencianas, *crochet*, *torchon* são de algodão, e as rendas rococó, bordadas a sutache, cambraia de seda... Por Deus, enxugue as lágrimas! Vem aí gente!

»E, ao ver que as lágrimas correm sempre, continua ainda mais alto:

»— Espanholas, rococó bordadas a sutache, cambraia... Meias de fio de Escócia em algodão, em seda...» ([9])

As novelas de Tchekhov pertenceram, em primeiro lugar, à série inferior da literatura, foram publicadas em jornais humorísticos. A grande glória literária de Tchekhov começa com a aparição das suas peças de teatro e das suas longas novelas. Hoje, deve não só reeditar-se, mas também reexaminar-se Tchekhov; é provável que, ao longo de tal reexame, todos reconheçam que o Tchekhov mais lido é o Tchekhov perfeito do ponto de vista formal.

II

O paralelismo é outro processo utilizado na construção da novela. Observamo-lo nos textos de Tolstoi.

Para fazer de um objeto um facto artístico, temos de o extrair da série dos factos da vida. E, para isso, é preciso antes de mais «fazer mexer o objeto», tal como Ivan, *o Terrível*, passava as suas pessoas «em revista». É preciso extrair o objeto do seu envelope de associações habituais. É preciso voltar o objeto como se volta uma acha no lume. No caderno de Tchekhov, encontramos o seguinte exemplo: alguém utilizava durante quinze ou mesmo trinta anos a mesma rua, lia todos os dias o letreiro, «Grande sortido de salmões», e perguntava todos os dias a si mesmo: «Quem pode ter necessidade de um grande sortido de salmões?» Um dia, tiram o letreiro, colocam-no ao lado da parede; então ele lê: «Grande sortido de cigarros.» ([10]) O poeta tira todos os letreiros da

---

([9]) A. Tchekhov, *Trois Ans* (*Œuvres complètes*, t. V), 1925, trad. francesa de D. Roche.

([10]) Em russo, *sigar* e *sigov*. [*N. do T. da edição francesa*]

sua praça, o artista é o instigador da revolta dos objetos. Nos poetas, os objetos insurgem-se, rejeitam os seus nomes antigos e adquirem um sentido suplementar com o novo nome. O poeta serve-se das imagens, dos tropos, para fazer comparações; chama, por exemplo, ao fogo uma flor vermelha, ou aplica um novo epíteto à palavra antiga, ou diz ainda, como Baudelaire, que o cadáver em decomposição tinha as pernas no ar como uma mulher lúbrica. Assim, o poeta realiza um deslocamento semântico, retira a noção da série semântica em que se encontrava e coloca-a com a ajuda de outras palavras (de um tropo) noutra série semântica; sentimos, assim, a novidade, a colocação do objeto numa nova série. A nova palavra é posta sobre o objeto como um novo vestuário. O letreiro é retirado. É um dos meios de tornar o objeto percetível, de o transformar num elemento de obra de arte. A criação de uma forma em patamares é outro. O objeto duplica-se e triplica-se graças às suas projeções e às suas oposições.

Ó maçãzinha, para onde rolas?
Ó mãezinha, tenho desejo de me casar,

canta a vagabundo de Rostov, continuando certamente a tradição das canções do género:

A maçãzinha quer cair da ponte,
A Katiazinha quer sair da mesa.

Dispomos aqui de duas noções que não coincidem, mas que se excluem mutuamente das séries das associações habituais.

Por vezes, desdobra-se ou divide-se o objeto. Alexandre Blok divide a palavra «caminho de ferro» em «tristeza de caminho, tristeza de ferro». Nas suas obras, formalizadas como peças musicais, L. Tolstoi deu exemplos tanto do tipo de singularização que consiste em designar o objeto por um nome não habitual como do tipo da construção em patamares.

Já escrevi a propósito da singularização em Tolstoi. Este processo tem uma variante que consiste em nos fixarmos num único pormenor do quadro e em acentuá-lo; isto traz uma deformação das proporções habituais. Assim, ao descrever uma batalha, Tolstoi desenvolve o pormenor de uma boca húmida que mastiga. O acento posto neste pormenor cria uma deformação particular. No seu livro sobre Tolstoi, Constantin Leontiev não compreendeu este processo.

Mas, mais habitualmente, Tolstoi utiliza outro processo: recusa-se a reconhecer os objetos e descreve-os como se os visse pela primeira vez, designa as decorações como pedaços de cartão pintado, o santo sacramento como um pequeno pão ou então assegura-nos que os cristãos comem o seu Deus. Suponho que este processo vem da tradição literária francesa, talvez do *Huron dit le Naïf*, de Voltaire, ou da descrição da corte real feita pelo selvagem de Chateaubriand. De qualquer modo, Tolstoi tornou as obras de Wagner singulares, ao descrevê-las do ponto de vista de um camponês inteligente, isto é, do ponto de vista de uma pessoa que, tal como os selvagens franceses, não se pode referir às associações habituais. Aliás, o antigo romance grego conhecia também este processo quando descrevia a cidade do ponto de vista de um camponês (Vesselovski).

Foi de uma maneira muito particular que L. Tolstoi utilizou o segundo processo, o da construção em patamares.

Não tentarei fazer um estudo, mesmo que conciso, deste processo na poética de Tolstoi e limitar-me-ei a indicar alguns exemplos. O jovem Tolstoi estabelecia bastante ingenuamente o paralelismo. Julgou necessário introduzir três variantes para nos apresentar um tema: a morte da dama, a do mujique e a da árvore. Estou a pensar na novela *Três Mortes*. Uma certa motivação liga as partes desta narrativa: o mujique é o cocheiro da dama, e a árvore é abatida para lhe fazerem uma cruz.

Na poesia folclórica recente, justifica-se por vezes o paralelismo; assim, o paralelismo difundido «amar-pisar a erva» explica-se pelo facto de os amantes pisarem a árvore ao passearem.

A frase seguinte reforça o paralelismo cavalo-homem em *Kholstomer:* «O corpo de Serpukhovski, que ia através do mundo comendo e bebendo, foi enterrado muito mais tarde. Nem a sua pele, nem a sua carne, nem os seus ossos puderam servir para nada.»

O elo entre os dois elementos do paralelo justifica-se pelo facto de Serpukhovski ter sido outrora proprietário de Kholstomer. Em *Os Dois Hussardos,* o paralelismo explica-se pelo título e por vários pormenores: o amor, o jogo de cartas, a atitude para com os amigos. O elo entre as partes é motivado pelo parentesco dos personagens.

Se compararmos os processos técnicos de Tolstoi com os de Maupassant, podemos notar que o mestre francês omite o segundo membro do paralelo. Nas suas novelas, Maupassant passa em silêncio esse segundo elemento como se o subentendesse. Este segundo membro pode ser quer a estrutura tradicional da novela (deformada por Maupassant nas suas novelas «sem fim»), quer a atitude convencional da burguesia francesa para com a vida. Por exemplo, em várias novelas, descreve a morte do camponês; esta descrição é simples, mas muito singular; o critério de comparação é certamente a descrição da morte de um citadino, mas esta descrição não está presente na mesma novela. Por vezes, este elemento complementar é introduzido sob a forma de uma relação emocional do narrador. Podemos dizer que deste ponto de vista Tolstoi é mais primitivo do que Maupassant, precisa de um paralelo manifesto; assim, em *Os Frutos da Civilização*, mostram-nos a cozinha e o salão. Julgo que se pode explicar este fenómeno pela maior nitidez própria da tradição literária francesa comparada com a da Rússia; o leitor francês sente mais nitidamente a violação do cânone, acha mais facilmente o paralelo, enquanto o nosso leitor tem uma imagem bastante vaga do normal.

Gostaria de observar de passagem que me parece impossível assimilar a tradição literária aos empréstimos feitos por um escritor a outro. Imagino que, para o escritor, respeitar a tradição é depender de um conjunto de normas literárias, conjunto que, tal como a tradição das invenções, é constituído pelas possibilidades técnicas do momento.

As oposições entre certas personagens ou certos grupos de personagens nos romances de Tolstoi representam um exemplo mais complexo do paralelismo. Assim, em *Guerra e Paz*, sentimos nitidamente as oposições: 1. Napoleão--Kutuzov; 2. Pedro Bezukov-André Bolkonski e ao mesmo tempo Nicolau Rostov, que serve de eixo de referência a um e a outro. Em *Ana Karenina*, opõe-se o grupo Ana-Vronski ao grupo Levin-Kitty; a ligação destes dois grupos é motivada pelo parentesco. É uma motivação habitual em Tolstoi e talvez em todos os romancistas; Tolstoi escrevia que ele próprio fizera do velho Bolkonski «o pai do jovem brilhante (André)» porque lhe seria «embaraçoso descrever uma personagem que não estivesse ligada ao romance». Existe outro processo que Tolstoi quase não usou e que consiste em fazer participar uma mesma personagem em combinações diferentes (processo preferido dos romancistas ingleses). O episódio de Petruchka e Napoleão, em que esse processo serve a singularização, é antes uma exceção. De qualquer modo, em *Ana Karenina*, os membros do paralelo estão tão pouco ligados que só a necessidade estética pode explicar a ligação.

Tolstoi utiliza o parentesco não só para estabelecer um paralelismo, mas também para assentar a construção em patamares. Apresenta-nos os dois irmãos Rostov e a sua irmã, que são diferentes realizações de um mesmo tipo. Por vezes, Tolstoi compara-os, como na passagem precedente, à morte de Petia. Nicolau Rostov é o retrato simplificado, endurecido, de Natacha. Stiva Oblonski descobre-nos um aspeto da estrutura mental de Ana Karenina; o elo é-nos dado pela palavra «um poucochinho» que Ana pronuncia com a voz de Stiva. Stiva situa-se num patamar inferior em relação à irmã. Aqui o parentesco não serve para ligar os carateres: no seu romance, Tolstoi aparentou sem dificuldade personagens que concebera separadamente. Aqui, tem necessidade do parentesco para construir patamares.

O processo tradicional que consiste em descrever um irmão nobre e o outro criminoso mostra bem que na tradição literária a apresentação dos parentes não implica obrigatoriamente projeções de um mesmo caráter. Aliás, introduz-se por vezes uma motivação: um acaba por ser bastardo (Fielding).

Como sempre na arte, tudo aqui não é senão uma motivação imposta pelas regras do ofício.

III

A recolha de novelas precedeu o romance contemporâneo: esta afirmação não implica a existência de um elo causal, estabelece-se antes um facto cronológico.

Habitualmente tenta-se ligar, mesmo que seja apenas de uma maneira formal, as partes que constituem uma recolha. Põem-se as novelas particulares no interior de outra novela cujas partes estão encarregadas de representar. As recolhas

Panchatantra, *Kalila e Dimna*, *Hidopadeshah*, os *Contos do Papagaio*, *Os Sete Vizires*, *As Mil e Uma Noites*, o corpo georgiano de novelas do século XVIII, *Livro da Sabedoria e da Mentira* e muitos outros são feitos da mesma maneira.

Podemos estabelecer vários tipos de novelas que servem de quadro a outras novelas ou que são antes uma maneira de incluir uma novela noutra. O meio mais difundido é o de contar novelas ou contos para retardar a realização de uma ação qualquer. Assim, é pelos seus contos que os sete vizires impedem o rei de executar o filho; em *As Mil e Uma Noites*, Xerazade recua com os contos o momento da sua própria execução; na recolha dos contos mongóis de origem budista *Ardji Bardji*, as estátuas de madeira, que são os degraus de uma escada, impedem com os seus contos a chegada do rei ao trono, e o segundo conto inclui dois outros; nos *Contos do Papagaio*, o pássaro ocupa com os seus contos a mulher que quer enganar o marido e demora-a assim até à chegada deste último. Os ciclos de contos no meio das *Mil e Uma Noites* são construídos segundo o mesmo sistema de retardamento: são contos antes da execução.

Podemos considerar a discussão com a ajuda dos contos como uma segunda maneira de introduzir uma novela noutra: os contos são citados para provar uma ideia, e o novo conto serve de objeção ao precedente. Este processo interessa-nos pelo facto de se estender igualmente a outras matérias que podem ser incluídas na narrativa. Assim, introduzem-se versos e aforismos.

Importa observar que estes processos são puramente livrescos, o comprimento do texto não permite à tradição oral ligar as partes com a ajuda de meios semelhantes. O elo entre as partes é tão formal que só um leitor pode captá-lo. A criação dita popular, isto é, anónima, privada de consciência pessoal, não pôde conhecer senão um tipo elementar de ligação. Desde que o romance apareceu como género, e mesmo antes desse dia, tende para a expressão escrita.

Na literatura europeia, encontramos bastante cedo recolhas de novelas apresentadas como um todo e ligadas por outra que lhes serve de quadro.

As recolhas de origem oriental que se devem aos Árabes e aos Judeus permitiram aos Europeus conhecerem muitas narrativas estrangeiras postas assim na presença das novelas similares escritas pelos indígenas.

Simultaneamente, cria-se na Europa uma maneira original de enquadrar as novelas, maneira na qual a narração é uma finalidade em si mesma.

Quero falar aqui do *Decameron*.

O *Decameron*, assim como a sua posterioridade literária, é ainda muito diferente do romance europeu dos séculos XVIII e XIX porque as mesmas personagens não ligam os episódios particulares. E mais ainda: aqui não encontramos a personagem; a atenção concentra-se na ação, o agente não é senão a carta de jogo que permite ao assunto desenvolver-se.

Afirmo, sem procurar neste momento provar esta opinião, que esta situação se prolongou durante muito tempo: Gil Blas de Lesage tem tao pouco caráter que incita os críticos a pensarem que o objetivo do autor foi apresentar um homem médio. Não é verdade. Gil Blas não é um homem, é o fio que liga os episódios do romance; e este fio é sombrio.

Nos *Contos de Cantuária*, o elo entre a ação e o agente é bem mais forte.

Os romances picarescos utilizam largamente o processo de enquadramento.

É interessante seguir a sorte deste processo na obra de Cervantes, Lesage, Fielding e, depois, a sua deformação em Sterne, no romance europeu moderno.

A estrutura do conto *História de Kamaralzaman com a Princesa Budur* oferece-nos um exemplo particularmente curioso. Este conto tem lugar na noite cento e setenta e dura até à noite duzentos e quarenta e nove. Divide-se imediatamente em vários contos:

1. A história do príncipe Kamaralzaman (filho de Schahzaman) e dos seus ajudantes-demónios, dotada de uma composição muito complexa e acabando com o casamento dos apaixonados, enquanto a rainha Budur abandona o pai.

2. A história dos dois príncipes, Amgiad e Assad. Só o facto de estes príncipes serem filhos das mulheres do rei Kamar liga esta história à precedente. O rei quer executá-los, eles fogem e conhecem diversas aventuras. A princesa Margiane apaixona-se por Assad, que descobre, dissimulado, sob o nome de Mamelik entre os seus escravos. Vai de aventura em aventura, caindo sempre às mãos do mesmo mágico Behram. Finalmente, os dois juntam-se. O mágico, que abraçou o Islão, conta nesta ocasião a história de Neameh e de Noam. Esta narrativa é muito complicada e não é interrompida em nenhuma parte pela história dos dois irmãos. «Ao ouvirem esta narrativa, os dois príncipes ficaram espantados.» Nesta altura, chega o exército da princesa Margiane, que pede que lhe deem Mamelik, o imberbe do qual a haviam privado. Em seguida, chega o exército do rei El Ganer, que é o pai da rainha Budur, ela própria mãe de Amgiad. Mais tarde chega um terceiro exército, o de Kamar, que procura os filhos, de cuja inocência teve conhecimento; por fim, vemos o exército de Schahzaman, que tínhamos esquecido completamente e que anda igualmente à procura do filho. Vários contos são assim ligados por este meio artificial.

O assunto do drama popular *O Rei Maximiliano* é outro caso interessante. Este assunto é muito simples: o filho do rei Maximiliano desposou Vénus; não quer adorar os ídolos e por isso morre às mãos do pai. O próprio pai e toda a sua corte são destruídos pela morte. Trata-se este texto como um cenário: acrescentam-se-lhe motivos que lhe são exteriores e para isso recorre-se a motivações muito diferentes. Por exemplo, existem outros dramas populares: *O Barco, O Bando.* Por vezes, sem nenhuma motivação, introduzem-nos em *O Rei Maximiliano*, tal como se inserem as cenas pastorais em *Dom Quixote* ou versos em *As Mil e Uma Noites.* Justifica-se por vezes a sua presença da seguinte maneira (julgo que são fenómenos tardios): Adolfo, insubmisso, foge ao pai e entra num bando. O episódio de Anika e a Morte foi introduzido primeiro no texto. Esta adição teve lugar, talvez, quando o texto surgiu pela primeira vez na aldeia, sob a forma de uma variante a que, para simplificar, podemos chamar incorretamente texto inicial. O episódio do ofício dos mortos, ridicularizado, conhecido igualmente fora desta peça, foi aí introduzido muito mais tarde. Muitas vezes os novos episódios, e sobretudo os jogos de palavras (acumulação de homónimos motivados pela surdez), tomaram tal desenvolvimento que expulsaram Maximiliano da peça. Não é já senão um pretexto para começar a comédia. O caminho entre *O Rei Maximiliano* inicial, derivando talvez de um drama da Rússia do Sul, e o texto recente destruído pelos equívocos e que se desenvolve segundo um princípio diferente não é mais curto do que aquele que vai de Derzhavin a Andrei Bieli. Não esqueçamos que certos versos de Derzhavin figuram por vezes no texto do drama. Esta é mais ou menos a história dos processos que servem para desenvolver a ação no texto do *Rei Maximiliano.* Para cada variante particular, alterava-se o texto, completando-se o mesmo com um material local.

IV

Já disse que, se pegarmos numa novela-anedota muito representativa, veremos que ela tem um caráter acabado. Se numa novela a situação difícil puder produzir-se pela resposta feliz a um enigma, encontraremos todo o complexo de elementos complementares: a motivação desta situação, a resposta do herói e uma certa solução; é geralmente o caso das novelas «de manha». Por exemplo, cortaram um tufo de cabelos a uma pessoa que cometeu um crime; o criminoso corta igualmente um tufo de cabelos a todos os camaradas e assim salva a cabeça; o mesmo processo ocorre no conto similar sobre a casa marcada a giz (*As Mil e Uma Noites,* Andersen). O assunto forma aqui um meandro no qual se bordaram quer descrições, quer digressões psicológicas, mas permanece um objeto também acabado. Como disse nas passagens precedentes, podemos agrupar várias novelas no seio de uma construção mais complexa, incluindo-as num quadro ou ligando-as ao mesmo tronco.

Mas o processo de composição por «enfiamento» é ainda mais difundido. Neste caso, várias novelas, cada uma formando um todo, sucedem-se e são reunidas por uma personagem comum. O conto polissilábico, que impõe várias tarefas ao herói, adota já uma composição por enfiamento. Um conto integra os motivos de outro precisamente com a ajuda do enfiamento. Obtemos, então, contos compreendendo dois ou mesmo quatro contos. Podemos imediatamente estabelecer dois tipos de enfiamento. No primeiro, o herói tem um papel neutro, são as aventuras que o perseguem, e ele próprio não as procura. Encontramos muitas vezes este fenómeno nos romances de aventuras, onde os piratas roubam uns aos outros uma jovem rapariga ou um adolescente, enquanto os seus barcos, não podendo chegar ao destino, conhecem durante esse tempo múltiplas aventuras. Outras composições tentam já ligar a ação e o agente e motivar as aventuras. As aventuras de Ulisses são motivadas, embora de uma maneira bastante superficial, pela cólera dos deuses, que não deixam ao herói tempo para descansar. O irmão árabe de Ulisses, Simbad, *o Marinheiro*, traz em si mesmo a explicação da grande quantidade das suas aventuras: este tem a paixão das viagens, é por isso que as suas sete partidas permitem encadear ao acaso todo o folclore turístico contemporâneo.

A motivação do enfiamento em *O Burro de Ouro* (*As Metamorfoses*) de Apuleu é a curiosidade de Lucius, que passa o tempo a escutar às portas. Faço notar a propósito disto que *O Burro de Ouro* realiza uma combinação de dois processos, de enquadramento e de enfiamento. Reúnem-se por enfiamento o episódio do combate com os odres, as narrativas sobre as metamorfoses, as aventuras dos bandidos, a anedota sobre o burro no celeiro, etc.; introduzem-se com a ajuda de um enquadramento as narrativas sobre a feiticeira, o célebre conto de Amor e Psique e muitas outras novelas curtas. Sente-se muitas vezes que as partes das obras construídas com a ajuda do enfiamento tiveram, outrora, uma vida autónoma. Assim, quando, depois do episódio do burro escondido no celeiro, se precisa ao leitor que esta história está na origem de tal provérbio, pressupõe-se no leitor o conhecimento da história ou pelo menos do seu esquema.

Mas muito cedo a viagem se tornou a motivação mais frequente do enfiamento; e particularmente a viagem à procura de um emprego. Um dos mais antigos romances espanhóis, *Lazarilho de Tormes*, é construído desta maneira. Lazarilho procura um emprego e vive assim toda a espécie de aventuras. Faz-se notar muitas vezes que certos episódios, certas frases de Lazarilho, se tornaram proverbiais; penso que já o eram antes de serem incluídos no romance. Aventuras fantásticas e metamorfoses terminam o romance: é um fenómeno bastante difundido, porque os autores não têm, na maior parte do tempo, ideias construtivas para a segunda parte dos romances, as quais são muitas vezes construídas sobre um princípio completamente novo: é o caso de *Dom Quixote*, de Cervantes, e de *Gulliver*, de Swift.

Por vezes, utiliza-se o processo de enfiamento fora do assunto. Em *O Licenciado Vidraça*, de Cervantes, a novela breve sobre um sábio que vive isolado do povo e que depois, tendo bebido um filtro, se torna louco, desenvolve-se um insensato monólogo durante páginas inteiras:

«Mostradores de fantoches, dizia pior que pendurar: que eram vagabundos e que tratavam indecentemente das coisas divinas, pois com as figuras que mostravam no seu retábulo tornavam a devoção risada e acontecia-lhes meter num saco todas ou quase todas as figuras do Antigo e do Novo Testamento e sentarem-se em cima para comer e beber nos cabarés e nas tabernas. Por fim, espantava-se que se pudesse deixar de lhes impor um perpétuo silêncio nas suas barracas e de os banir do reino.

»O acaso fez passar junto dele um comediante vestido como um príncipe.

»— Eh! — exclamou ao vê-lo. — Lembro-me de ter visto este sair do teatro, com o focinho enfarinhado e uma pelica às avessas no dorso, e, contudo, a cada passo que ele dá fora dos palcos blasfema pela sua fé de fidalgo!

»— Deve ser esse — observou alguém —, pois há muitos comediantes que são bem-nascidos e fidalgos.

»— Não é impossível — replicou Vidraça. — Contudo, aquilo de que a farsa precisa menos é de pessoas de qualidade. Galãs, ainda bem! E homens amáveis e que falem pelos cotovelos. Direi também dessas pessoas que ganham o pão com o suor da testa e à custa de insuportáveis trabalhos, ao fazerem andar sempre a memória e ao correrem de aldeia em aldeia e de albergue em tasca, como eternos ciganos, consagrando as vigílias a contentarem os outros, pois é no prazer de outrem que consiste o seu próprio bem. Além disso, com a sua arte, não enganam ninguém, pois têm de estabelecer a mercadoria na praça pública, à vista e ao juízo de todos. O trabalho dos seus diretores é inacreditável, e o seu esforço extraordinário; é preciso fazer enormes receitas para, no final do ano, não se encontrarem com dívidas e processos. Todavia, são necessários numa república, como são os bosques, as avenidas, os jardins de recreio e todas as coisas que recreiam honestamente a vista e o espírito.

»Citava esta opinião de um seu amigo que aquele que ajuda uma comediante ajuda várias pessoas ao mesmo tempo, pois era uma rainha, uma ninfa, uma deusa, uma lavadora de pratos, uma pastora, e muitas vezes a sorte queria que ele ajudasse nela um pajem ou um lacaio.» ([11])

Estas frases suplantam completamente a ação na novela. No final da novela, o licenciado está curado. Mas encontra-se aqui um fenómeno muito difundido na arte: o processo subsiste, embora a sua motivação tenha desaparecido; o licenciado, mesmo curado, ao falar da corte, pronuncia frases do mesmo tipo das precedentes.

Assim, em *Kholstomer*, mesmo depois da morte do cavalo, Tolstoi continua a descrever a vida do ponto de vista deste último; em *Kotik Letaev*, Andrei Bieli constrói imagens deformadas, motivadas pela perceção da criança, mesmo quando trata de uma matéria desconhecida à criança.

Volto ao tema. Podemos dizer em geral que tanto o processo de enquadramento como o processo de enfiamento

---

([11]) M. de Cervantes Saavedra, *L'Ingénieux Hidalgo Don Quichotte de la Manche. Nouvelles exemplaires.* Bibl. de la Pléiade, Paris, 1956. «Le Licencié de Verre», tr. por Jean Cassou.

ajudaram a integrar cada vez mais as matérias exteriores no corpo do romance. É muito fácil observar este fenómeno no exemplo notório de *Dom Quixote* ([12]).

([12]) É o tema do capítulo seguinte no livro de Chklovski, *Sobre a Teoria da Prosa*.

SOBRE A TEORIA DA PROSA [1]

Boris Eikhenbaum

I

Já Otto Ludwig indicava, analisando a função da narração, a diferença entre duas formas de narração: «a narrativa propriamente dita» (*die eigentliche Erzählung*) e «a narrativa cénica» (*die szenische Erzählung*). No primeiro caso, o autor ou o narrador imaginário dirige-se aos auditores: a narração é um dos elementos que determinam a forma da obra, por vezes o elemento principal; no segundo caso, o diálogo das personagens está em primeiro plano, e a parte narrativa reduz-se a um comentário envolvendo e explicando o diálogo, isto é, apoia-se em indicações cénicas. Este género de narrativa lembra a forma dramática, não só pelo acento posto no diálogo, mas também pela preferência dispensada à apresentação dos factos e não à narração: captamos as ações não como contadas (a poesia épica), mas como se se produzissem diante de nós, em cena.

---

[1] Os excertos reunidos sob este título pertencem originalmente a artigos diferentes. [*N. do T. da edição francesa*]

Enquanto a teoria da prosa se limitar ao problema da composição da obra, esta diferença aparecerá como insignificante. Mas toma uma importância fundamental desde que se toque em certos problemas primeiros que estão ligados naturalmente à teoria da prosa literária. Esta, por agora, está no estado embrionário, porque não se estudaram os elementos que determinam a forma de uma narrativa. A teoria das formas e dos géneros poéticos, que é fundada no ritmo, possui princípios teóricos estáveis que faltam à teoria da prosa. A narrativa composta não está suficientemente ligada à palavra para servir como ponto de partida à análise de todos os tipos de prosa literária. Neste sentido, só o problema da forma da narrativa, segundo me parece, o providencia.

A relação entre a narração literária e a narrativa oral toma neste caso uma importância determinante. Foi a prosa literária que sempre utilizou amplamente as possibilidades da tradição escrita e que criou formas impensáveis fora do quadro desta tradição. A poesia é sempre mais ou menos destinada a ser falada: por isso vive fora do manuscrito, do livro, enquanto a maioria das formas e dos géneros prosaicos está inteiramente isolada da fala e tem um estilo próprio da linguagem escrita. A narrativa do autor orienta-se quer para a forma epistolar, quer para as memórias ou as notas, quer para os estudos descritivos, o folhetim, etc. Todas estas formas de discurso têm a ver expressamente com a linguagem escrita, dirigem-se ao leitor e não ao auditor, constroem-se a partir dos signos escritos e não a partir da voz. Por outro lado, nos casos em que os diálogos são construídos segundo os princípios da conversa oral e ganham um matiz sintático e lexical correspondente, introduzem na prosa elementos falados e narrativas orais: geralmente, o narrador não se limita a uma narrativa, acrescenta também falas ([2]).

([2]) Cf., na obra de K. Hirzel (*Der Dialog, Ein literarhistorischer Versuch,* 1895), indicações sobre o papel importante do diálogo como género

Se em tal diálogo se deixar um lugar de destaque a um dos locutores, aproximar-nos-emos mais da narrativa oral. Por vezes, a novela está muito perto da fala, de onde a introdução de um certo narrador cuja presença é motivada pelo autor ou deixada sem explicação.

Assim, obtemos uma imagem global da variedade das formas na prosa literária. Este ponto de vista lança uma luz completamente nova sobre os problemas do romance. A novela italiana dos séculos XIII e XIV desenvolveu-se diretamente a partir do conto e da anedota e não perdeu a sua ligação com estas formas primitivas de narração. Sem imitar intencionalmente o discurso oral, dobrou-se à maneira do narrador sem pretensões que procura dar-nos a conhecer uma história não se servindo senão de palavras simples. Esta novela não contém nem descrições exaustivas da natureza, nem características pormenorizadas das personagens, nem digressões líricas ou filosóficas. Não encontramos aí diálogo, pelo menos sob a forma a que a novela e o romance contemporâneos nos habituaram. No antigo romance de aventuras, a ligação dos episódios que a fábula justapõe uns aos outros fazia-se com a ajuda de um herói sempre presente. Este romance desenvolveu-se a partir de uma recolha de novelas como o *Decameron*, sendo dada a importância ao enquadramento da narrativa e aos processos de motivação (V. Chklovski). Aqui, o princípio de narração oral ainda não está destruído, a ligação com o conto e com a anedota não está definitivamente cortada.

---

prosaico: destrói as formas fixas da língua literária e introduz elementos da linguagem familiar, falada. Citam-se como exemplo os diálogos de Maquiavel, o célebre diálogo de Castiglione contra o dialeto toscano, que dominava então a literatura italiana, os diálogos dirigidos contra o latim, etc. (T. 1, pp. 87 e segs.).

A partir de meados do século XVIII e sobretudo no século XIX, o romance toma outro caráter. A cultura livresca desenvolve as formas literárias de estudos, de artigos, de narrativas de viagem, de recordações, etc. A forma epistolar permite as descrições pormenorizadas da vida mental, da paisagem observada, das personagens, etc. (por exemplo, em Richardson). A forma literária de notas e de recordações dá livre curso às descrições ainda mais pormenorizadas dos costumes, da natureza, dos hábitos, etc. No princípio do século XIX, produz-se uma grande expansão dos estudos de costumes e do folhetim, que tomarão mais tarde a forma dos estudos ditos «fisiológicos», estudos privados de todo o caráter moralizador e centrados na descrição da vida citadina com toda a variedade das suas classes, dos seus grupos, dos seus jardins, etc. O romance do século XIX deriva em Dickens, Balzac, Tolstoi e Dostoievski destes estudos descritivos e psicológicos. Os estudos ingleses do tipo de *Life in London* (P. Egan), as descrições francesas de Paris (*O Diabo em Paris, Os Franceses Vistos por Eles Mesmos*, etc.), os «estudos fisiológicos» russos: eis as fontes desse romance. Existe, contudo, um romance que remonta ao tipo antigo do romance de aventuras e que ou ganha uma forma histórica (W. Scott), ou utiliza as formas do discurso oratório, ou se torna uma espécie de narração lírica ou poética (V. Hugo). Mantém-se aqui o elo com a fala, que, contudo, se aproxima da declamação e não da narração; os romances de tipo descritivo e psicológico de caráter puramente livresco perdem até esta ligação atenuada.

O romance do século XIX caracteriza-se por um uso amplo das descrições, dos retratos psicológicos e dos diálogos. Por vezes, apresentam-se estes diálogos como uma simples conversa que nos desenha o retrato das personagens através das suas réplicas (Tolstoi), ou que é simplesmente uma forma mascarada de narração e, por isso, sem caráter «cénico»; mas, por vezes, estes diálogos tomam uma forma puramente dramática e têm menos a função de caracterizar as personagens pelas suas réplicas do que a de fazer avançar a ação. Assim, tornam-se o elemento funcional de construção. O romance rompe desta maneira com a forma narrativa e torna-se uma combinação de diálogos cénicos e de indicações pormenorizadas que comentam o cenário, os gestos, a entoação, etc. As conversas ocupam páginas e capítulos inteiros; o narrador limita-se a observações explicativas do género «disse ele», «respondeu ele». Sabemos bem que os leitores procuram neste tipo de romance a ilusão da ação cénica e que muitas vezes não leem senão estas conversas, omitindo todas as descrições ou considerando-as unicamente como indicações técnicas. Certos escritores, conscientes do facto, substituem as descrições por uma forma dramática. Zagoskin escreve: «Quando toda a gente fala, a narrativa não está no lugar. Estas falas explicativas, "Um disse, uma interrompeu, outro objetou, outra retomou", apenas confundem e desconcertam o leitor; por isso, permitam que recorra à forma dramática vulgar. É mais clara e mais simples» *(Moscovo e os Moscovitas).* Ou ainda: «Ao reproduzir uma conversa particular, sobretudo quando uma sociedade inteira participa nela, somos obrigados contra a nossa vontade a nomear muitas vezes os interlocutores e, além disso, a repetir constantemente: "Um disse, uma respondeu..."; para evitar estas repetições completamente inúteis, vale mais, à exceção de algumas narrativas, utilizar uma forma dramática.»

Assim, o romance europeu do século XIX é uma forma sincrética que contém apenas alguns elementos de narração e que por vezes se separa dela completamente ([3]).

([3]) É curioso notar que a noção do romance como nova forma sincrética era familiar à antiga crítica. Citarei como exemplo as palavras de S. Chevirev:

O desenvolvimento deste romance chegou ao seu apogeu por volta dos anos setenta do século XIX; desde então, não nos libertámos dessa impressão de definitivo, julgando que não existe forma ou género novos na prosa literária. Contudo, o romance deste tipo desagrega-se perante nós e diferencia-se. Por um lado, cultivam-se as pequenas formas próximas da narração simples; por outro, encontramos memórias, narrativas de viagem, correspondências, estudos de costumes; ao mesmo tempo, os elementos que dependiam da efabulação do romance passam cada vez mais para os argumentos cinematográficos: facto muito significativo porque prova a possibilidade de traduzir uma obra verbal deste género numa língua «muda». Podemos observar também o facto de depois de *Ana Karenina* L. Tolstoi escrever peças de teatro e «narrativas populares». A prosa russa do século XIX mostra-nos um fenómeno ainda mais significativo e mais notável: é a existência de escritores como Dal, Gogol, Leskov, dos escritores etnógrafos, como A. Melnikov-Petcherski, P. Yakuchkin, S. Maximov, etc. Estes fenómenos, ofuscados pelo desenvolvimento do romance e pela inércia que provocou, reaparecem agora como uma nova tradição: a prosa contemporânea tornou de novo atual o problema da forma, e desse modo o problema da narração. São testemunho disso os contos e novelas de Remizov, de Zamiatin, as últimas obras de Gorki, os estudos de Prishvin, as novelas de Zochtchenko, V. Ivanov, Leonov, Fedin, Nikitin, Babel, etc.

«Na nossa opinião, o romance é o fruto de uma mistura nova e contemporânea de todos os géneros poéticos. O elemento dominante dá o caráter do romance: assim, podemos indicar romances épicos, por exemplo, *Wilhelm Meister*, de Goethe, ou *Dom Quixote*, de Cervantes; há romances líricos: citarei *Werther*, do mesmo Goethe; podemos chamar aos romances de Walter Scott "dramáticos", porque se fundam no drama, sem que os outros elementos sejam excluídos.» (*Moskvitianine*, 1843, t. I. p. 574).

II

O romance e a novela não são formas homogéneas, mas, pelo contrário, formas profundamente estranhas uma à outra. É por isso que não se desenvolvem simultaneamente, nem com a mesma intensidade, numa mesma literatura. O romance é uma forma sincrética (pouco importa que se tenha desenvolvido diretamente a partir da recolha de novelas ou se se complicou ao integrar descrições de costumes); a novela é uma forma fundamental, elementar (o que não quer dizer primitiva). O romance vem da história, da narrativa de viagens; a novela vem do conto, da anedota. Com efeito, trata-se de uma diferença de princípio, determinada pelo comprimento da obra. Diversos escritores e diferentes literaturas cultivam ou o romance ou a novela.

Constrói-se a novela com base numa contradição, numa falta de coincidência, num erro, num contraste, etc. Mas isso não basta. Tudo na novela como na anedota tende para a conclusão. A novela deve progredir com impetuosidade, como um projétil lançado de um avião para ferir com a ponta e com toda a força o objetivo visado. Naturalmente, não trato aqui senão da novela de intriga, deixando de parte a novela-descrição que caracteriza a literatura russa, assim como a «narrativa direta». *Short story* é um termo que subentende sempre uma história e que deve corresponder a duas condições: as dimensões reduzidas e o acento posto na conclusão. Estas condições criam uma forma que, nos seus fins e nos seus processos, é completamente diferente da do romance.

São outros fatores que desempenham um papel importante no romance, a saber: a técnica utilizada para afrouxar a ação, para combinar e soldar os elementos heterogéneos, a habilidade para desenvolver e ligar episódios, para criar centros de interesse diferentes, para conduzir intrigas paralelas, etc.

Esta construção exige que o fim do romance seja um momento de enfraquecimento e não de reforço; o ponto culminante da ação principal deve encontrar-se em qualquer lado antes do fim. O romance caracteriza-se pela presença de um epílogo: uma falsa conclusão, um balanço que abre uma perspetiva ou que conta ao leitor a *Nachgeschichte* das personagens principais (cf. *Rudin*, de Turgueniev, *Guerra e Paz*). É por isso que é natural que um fim inesperado seja um fenómeno muito raro no romance (e, se o encontrarmos, não dá testemunho senão da influência da novela): as grandes dimensões e a diversidade dos episódios impedem esse modo de construção, enquanto a novela tende precisamente para o inesperado do final, onde culmina o que o precede. No romance, um certo declive deve suceder ao ponto culminante, enquanto na novela é mais natural parar no cume que se atingiu. Comparar-se-á o romance a um longo passeio através dos lugares diferentes, que supõe um regresso tranquilo; a novela, à escalada de uma colina, cuja finalidade é oferecer-nos a vista que se descobre no cimo.

Tolstoi não pôde terminar *Ana Karenina* com a morte de Ana: viu-se obrigado a escrever uma parte suplementar, embora fosse muito difícil, visto que o romance estava centrado no destino de Ana. A lógica da forma romanesca pedia um prolongamento: de outra forma, o romance parecer-se-ia com uma novela diluída, compreendendo personagens e episódios completamente inúteis. Esta construção foi uma espécie de habilidade: mata-se a personagem principal antes que o destino das outras personagens esteja decidido. Não é por acaso se, por hábito, os heróis atingem o fim do romance, salvos depois de terem estado a dois dedos da morte (só os seus companheiros morrem). O paralelismo da construção ajudou Tolstoi: desde o início, Levine disputa o primeiro lugar a Ana. Por outro lado, em *As Narrativas de Bielkin*, Pushkin procura precisamente fazer coincidir a conclusão da novela com o cume da intriga a fim de obter o efeito de um desenlace inesperado (cf. *A Tempestade, O Vendedor de Caixões*).

A novela lembra o problema que consiste em colocar uma equação a uma incógnita: o romance é um problema de regras diversas que se resolve com a ajuda de um sistema de equações a várias incógnitas, sendo as construções intermediárias mais importantes do que a resposta final. A novela é um enigma; o romance corresponde à charada ou ao enigma.

Na América, muito mais do que em qualquer outro sítio, cultivou-se a novela breve (*short story*). Até meados do século XIX, a literatura americana confunde-se com a literatura inglesa na consciência dos escritores e dos leitores e é absorvida em grande medida por esta última, sendo considerada como uma literatura provinciana. Washington Irving escreve com amargura no prefácio dos seus estudos sobre a vida inglesa: «Ficaram surpreendidos por um homem saído dos desertos da América se exprimir em inglês de uma maneira suportável. Fui olhado como um fenómeno estranho na literatura, como uma espécie de semisselvagem segurando uma pena na mão em vez de a trazer na cabeça, e ficaram curiosos por saber o que um ser deste género podia ter a dizer sobre a sociedade civilizada.» ([4])

Contudo, ele próprio reconhece-se educado no espírito da cultura e da literatura inglesas, e os seus estudos ligam-se estreitamente à tradição dos estudos de costumes ingleses: «Nascido num país novo, mas familiarizado desde a infância com a literatura de um país antigo, o meu espírito cedo ficou cheio de ideias históricas e poéticas que se ligavam aos lugares, aos costumes e aos usos da Europa, mas que raramente podiam aplicar-se aos da minha pátria... A Inglaterra

---

([4]) W. Irving, *Le Château de Bracebridge*, trad. franc. de J. Cohen, T., 1822.

é, para um americano, uma terra tão clássica como a Itália é para um inglês, e a velha Londres inspira-lhe tantas ideias históricas como a Roma antiga.» É verdade que no seu primeiro livro de estudos (*The Sketch Book,* 1819) tenta utilizar um material americano, por exemplo, em *Rip Van Winkle* ou *Philip of Pokanoket*; esta última obra começa com um lamento: «Os autores antigos que descreviam a descoberta e a colonização da América não nos deixaram descrições suficientemente pormenorizadas e objetivas sobre os costumes notáveis que floresciam nos Selvagens.» Contudo, o próprio tipo destes estudos permanece tradicional na sua maneira e no seu estilo: não encontramos aí nada de «americano» no sentido atual da palavra.

Os anos trinta e quarenta do século XIX mostraram claramente a tendência da prosa americana para desenvolver o género da novela (*short story*), enquanto a literatura inglesa cultiva nesta época o romance. Surgem diferentes periódicos (revistas) que começam a desempenhar um papel importante na Inglaterra e na América, mas é preciso notar que os periódicos ingleses são preenchidos, de preferência, com os grandes romances de Bulwer, Dickens, Thackeray, enquanto os periódicos americanos dispensam um lugar central às *short stories.* É, aliás, uma boa ilustração do facto de não se poder considerar o desenvolvimento da novela na América como uma simples consequência do aparecimento dos jornais: aqui como noutro lado, não existe causalidade simples. A extensão dos jornais está ligada à afirmação do género *short story,* mas não a gera.

É natural que apareça um interesse particular pela novela nesta época na crítica americana; além disso, o facto liga-se a uma aversão aparente para com o romance. Neste sentido, os raciocínios de Edgar Poe de que as novelas dão testemunho, também, da afirmação do género são particularmente interessantes e indicativos. O seu artigo sobre as novelas de Nathaniel Hawthorne é uma espécie de tratado sobre as particularidades construtivas da novela. «Um preconceito nefasto e mal fundado existiu durante muito tempo em literatura», escreve Poe, «e a tarefa do nosso tempo será rejeitá-lo e saber que o simples comprimento de uma obra deve entrar amplamente na avaliação dos seus méritos. Duvido que um crítico, por muito medíocre que seja, mantenha a ideia de que há alguma coisa que provoca necessariamente a nossa admiração no comprimento ou na massa de uma obra, considerados de uma maneira abstrata. Assim, graças à simples sensação de grandeza física, uma montanha afeta o nosso sentido do sublime; mas não podemos admitir que o mesmo se passe com a apreciação de *La Columbiade*.» Depois, Poe desenvolve a sua teoria: original sobre o poema, que para ele é superior a todos os outros géneros do ponto de vista estético (trata-se do poema cujas dimensões não ultrapassam o que se pode ler numa hora. «[...] a unidade de efeito ou de impressão é uma questão da maior importância.» ([5]) O poema longo é para ele um paradoxo). «As epopeias eram o fruto de um sentido artístico imperfeito, e o seu reinado já acabou.» A novela aproxima-se mais do tipo ideal, que é o poema, mas no seu próprio domínio, o da prosa. Poe julga possível recuar o limite de comprimento até duas horas de leitura em voz alta (por outras palavras, até dois folhetos de imprensa); considera o romance um género «inconveniente» devido ao seu comprimento: «Como não se pode lê-lo de uma assentada, priva-se, naturalmente, da imensa força que confere a totalidade (o conjunto).»

No fim, Poe caracteriza o género da novela: «um escritor hábil construiu um conto. Se conhecer o seu ofício, não

([5]) E. Poe, *Choix des contes*, Aubier, Éditions Montaigne, Paris, 1958. «*Les contes deux fois contés* de Hawthorne», trad. franc. de R. Asselineau.

modelou os seus pensamentos sobre os seus incidentes, mas, depois de ter concebido com cuidado e reflexão um certo efeito único que se propõe produzir, inventa incidentes — combina acontecimentos — que lhe permitem obter melhor esse efeito preconcebido. Se nem a sua primeira frase tender a produzir esse efeito, então falhou desde o primeiro passo. Em toda a obra, não deveria haver uma única palavra escrita que não tendesse direta ou indiretamente para realizar este desígnio preestabelecido. E, graças a este método, a este cuidado e a esta arte, um quadro é finalmente pintado, o que deixa, no espírito de quem o contempla com um sentido artístico análogo, um sentimento de satisfação completa. A ideia da narrativa foi apresentada em toda a sua pureza porque nada veio intrometer-se aí; e esse é um objetivo que o romance não pode atingir.» Poe dizia que tinha o hábito de escrever as suas novelas começando-as pelo fim, como os Chineses escrevem os seus livros.

Logo, Poe atribui uma importância particular a um efeito principal para o qual contribuem todos os pormenores, assim como à parte final, que deve esclarecer a que a precede. O sentimento da importância particular que é preciso dar ao acento final encontra-se em toda a novela americana, enquanto para o romance (e sobretudo para aquele do tipo dos romances de Dickens e de Thackeray) a parte final desempenha de preferência o papel de um epílogo em vez de um desenlace. Stevenson escrevia em 1891 a um amigo a propósito de uma das suas novelas: «Como fazer?... Inventar uma nova conclusão? Sim, certamente, mas não escrevo assim; esta conclusão está subentendida ao longo de toda a novela; nunca utilizo um efeito se puder guardá-lo para o momento em que ele me servirá para introduzir efeitos ulteriores; é nisso que consiste a essência da novela (a *story*). Criar outro fim significa mudar o princípio. O desenlace de uma longa novela não é nada; não é senão uma conclusão (*coda*), que não é um elemento essencial do seu ritmo; mas o conteúdo e o fim de uma novela breve (*short story*) são a carne da carne e o sangue do sangue do seu início.»

Tal é a imagem geral das particularidades da novela na literatura americana. Todas as novelas americanas, a começar pelas de Edgar Poe, são construídas mais ou menos com base nestes princípios. Isto leva a cuidar particularmente as surpresas finais e a construir a novela sobre um enigma ou um erro que manterá o papel motor na intriga até ao fim. No princípio, esta novela toma-se completamente a sério; certos escritores enfraquecem o efeito de surpresa por tendências moralizadoras ou sentimentais, mas conservam sempre este princípio de construção. Assim, em Bret Harte: a proposição do enigma é geralmente mais interessante do que a sua solução. Vejamos a novela *A Herdeira*. Baseia-se num enigma, ou mesmo em dois: porque legou o velho o seu dinheiro precisamente a essa mulher, feia e estúpida, e porque dispõe ela dele tão parcimoniosamente? Mas a solução dececiona-nos: o primeiro enigma fica sem solução, enquanto o segundo recebe uma solução insuficiente, pálida (o velho ordenou que não desse dinheiro àqueles que ela amasse). As soluções moralizadoras e sentimentais de narrativas como *O Estúpido*, *Miggles*, *O Homem de Fardo Pesado* deixam a mesma impressão. Dir-se-ia que Bert Harte receia a intensificação da parte final para não se separar dessa ingenuidade sentimental que caracteriza o tom do narrador.

Na evolução de cada género, produzem-se momentos em que o género utilizado até então com objetivos inteiramente sérios ou «elevados» degenera e ganha uma forma cómica ou paródica. O mesmo fenómeno se produziu com o poema épico, com o romance de aventuras, com o romance biográfico, etc. Naturalmente, as condições locais ou históricas criam diferentes variações, mas o próprio processo conserva esta ação enquanto lei evolutiva: a interpretação séria de uma efabulação motivada com cuidado e nos pormenores dá lugar à ironia, ao gracejo, ao pastiche; as ligações que servem para motivar a presença de uma cena tornam-se mais fracas e mais percetíveis, sendo puramente convencionais; o próprio autor vem ao primeiro plano e destrói muitas vezes a ilusão de autenticidade e de sério; a construção do assunto torna-se um jogo com a fábula, que se transforma em adivinha ou em anedota. Assim, produz-se a regeneração do género: este encontra novas possibilidades e novas formas.

A primeira etapa da novela americana efetuou-se em Irving, Edgar Poe, Hawthorne, Bret Harte, Henry James, etc.: a novela muda de estilo e de construção, mas fica sempre um género «elevado», sério. Assim, o aparecimento das novelas divertidas de Mark Twain nos anos oitenta é completamente natural e legítimo: aproximam a novela da anedota e reforçam o papel do narrador humorista. Por vezes, o próprio autor mostra este parentesco com a anedota, por exemplo em *About Magnanimous-Incident Literature*, em que M. Twain diz: «Durante toda a minha vida, conservei o hábito, ganho na minha infância, de ler uma recolha de anedotas... Gostaria que essas anedotas deliciosas não parassem no seu fim feliz, mas que continuassem a alegre história dos diferentes benfeitores e dos seus protegidos. Esta possibilidade tentava-me de tal maneira que ao fim e ao cabo decidi realizá-la criando eu próprio os prolongamentos dessas anedotas.» Assim, apresenta continuações (*sequel*) para três anedotas.

O romance passa a segundo plano e continua a sua existência sobretudo sob a forma de romance policial. Desta maneira, instaura-se a moda dos pastiches. Em Bret Harte, a par dos seus próprios romances falhados, encontramos uma série de pastiches de romances de outrem; são esboços concisos (*Condensed Novels*), que ilustram o estilo de diferentes escritores: Cooper, Miss Braddon, Dumas, Brontë, Hugo; Bulwer, Dickens, etc. Não é por acaso que Edgar Poe ataca assim o romance; o princípio da unidade de construção no qual se apoia desacredita a forma de grandes dimensões em que se encontram inevitavelmente vários centros de interesse, linhas paralelas, descrições, etc. Neste sentido, o artigo crítico de E. Poe sobre o romance de Dickens *Barnaby Rudge* é muito significativo. Entre outros, Poe censura a Dickens as contradições e os erros técnicos do romance e encontra a sua causa no «absurdo costume atual que consiste em escrever romances para os periódicos, não sabendo ainda o autor todos os pormenores do plano quando começa a publicação do seu romance».

Ao lado, aparecem romances que tendem visivelmente sob todos os seus aspetos para a novela: têm uma quantidade limitada de personagens, um mistério como efeito central, etc. É o caso do romance do mesmo Hawthorne *A Letra Escarlate*, que os teóricos e os historiadores da literatura americana citam constantemente como exemplo de construção notável. Este romance não conta senão três personagens ligadas entre si por um segredo que se descobre no último capítulo (*Revelação*); não há intrigas paralelas, nem digressão, nem episódio marginal: estamos diante de uma unidade total de tempo, de lugar e de ação. Trata-se aqui de um fenómeno radicalmente diferente dos romances de Balzac ou de Dickens, que encontram a sua origem menos na novela do que nos estudos de costumes ou nos estudos ditos fisiológicos. Assim, a literatura americana caracteriza-se pelo desenvolvimento da novela. Esta novela baseia-se nos seguintes princípios: unidade de construção, efeito principal para o centro da narrativa e forte acento final. Até aos anos oitenta, esta novela varia, aproximando-se ou afastando-se da reportagem; mas conserva sempre o seu caráter sério: moralizador ou sentimental, psicológico ou filosófico. A partir desta altura (Mark Twain), a novela americana dá um grande passo no sentido da anedota, sublinhando o papel do narrador humorista ou introduzindo elementos do pastiche e da ironia literária. Mesmo a surpresa final está submetida ao jogo da intriga e das esperas do leitor. Os processos de construção são revelados intencionalmente e não têm senão uma significação formal; a motivação é simplificada, a análise psicológica desaparece. Nesta época surgem as novelas de O. Henry, onde se manifesta no seu maior grau a tendência anedótica.

1925.

COMO É FEITO «O CAPOTE» DE GOGOL

Boris EIKHENBAUM

I

A composição da novela depende em grande medida do papel que desempenha o tom pessoal do autor na sua estrutura. Por outras palavras, este tom pode ser um princípio organizador criando mais ou menos uma narrativa direta; mas também pode ser apenas um elo formal entre os acontecimentos, elo que se contenta com um papel auxiliar. A novela primitiva, assim como o romance de aventuras, não conhecem a narrativa direta e não têm necessidade dela, pois o interesse e o movimento são determinados por uma rápida e inesperada sucessão de acontecimentos e de situações. Uma combinação de motivos e das suas combinações: é este o princípio organizador da novela primitiva. O mesmo acontece com a novela cómica: apresenta-se uma anedota fundamental, que, independentemente da narrativa, é em si mesma rica em situações cómicas.

A composição torna-se completamente diferente se o assunto, essa combinação de motivos e das suas motivações, deixar de desempenhar o papel organizador, isto é, se o narrador se põe à frente ao servir-se do assunto unicamente para ligar os processos estilísticos particulares. Transfere-se o centro de gravidade do assunto, reduzido então ao mínimo, para os processos da narrativa direta; confere-se o efeito cómico principal aos equívocos, que permanecem simples jogos de palavras ou que se desenvolvem em pequenas anedotas. Os efeitos cómicos dependem da maneira de conduzir a narrativa direta. É por isso que pequenos «nadas» se tornam essenciais no estudo deste género de composição: basta afastá-los, e a estrutura da novela desagrega-se. Podemos distinguir duas espécies de narrativa direta cómica: 1. a narrativa narrativa, e 2. a narrativa representativa. A primeira limita-se a gracejos, a equívocos, etc.; a segunda introduz processos de mímica e de gestos, inventando articulações cómicas e singulares, trocadilhos de sílabas, disposições sintáticas extravagantes, etc. A primeira deixa a impressão de um discurso igual; a segunda deixa-nos entrever um ator que a pronuncia; assim, a narrativa direta torna-se um jogo, e já não é a simples combinação de gracejos que determina a composição, mas um sistema de diferentes caretas e de movimentos articulatórios singulares.

Podemos encontrar um material fecundo para o estudo da «narrativa direta» em muitas das novelas de Gogol ou em alguns dos seus extratos. A composição em Gogol não é definida pelo assunto: o seu assunto é sempre pobre, até mesmo inexistente; Gogol parte de uma situação cómica qualquer (que por vezes não é cómica em si mesma), e esta situação serve de estimulante, de pretexto, a uma acumulação de processos cómicos. Assim, *O Nariz* desenvolve-se a partir de uma anedota: *O Casamento* e *O Inspetor-Geral* são também oriundos de uma situação estática; *As Almas Mortas* não são senão a simples justaposição de cenas diferentes ligadas pelas viagens de Tchitchikov. Sabemos que Gogol sempre se intimidou com a necessidade de dar um assunto qualquer às suas obras. P. V. Annenkov relata-nos as palavras de Gogol: «Para que uma novela ou qualquer conto em geral tenha êxito, basta que o autor descreva um quarto ou uma rua que lhe seja familiar.» Numa carta a Pushkin de 1835, Gogol escreve: «Faça-me o favor de me dar algum assunto, *engraçado ou não*, uma anedota puramente russa... Faça-me esse favor, dê-me um assunto, far-lhe-ei imediatamente uma comédia em cinco atos, e ela será, juro-lhe, das mais divertidas.» Pede muitas vezes anedotas, como numa carta a Prokopovitch (1837). «Pede sobretudo ao Júlio (isto é, a Annenkov) que me escreva. Ele tem matéria para o fazer, certamente se passou alguma anedota na chancelaria.»

Por outro lado, Gogol salienta-se pelo facto de saber ler as suas próprias obras, como testemunham muitos dos seus contemporâneos. Podemos distinguir nele dois estilos de leitura: ou uma declamação patética e melodiosa, ou uma maneira particular de apresentação, uma imitação mimada que ao mesmo tempo, como indica Turgueniev, não se transforma numa simples leitura teatral dos papéis.

Sabemos, segundo a narrativa de I. I. Panaev, como Gogol espantou toda uma assembleia ao passar sem transição da conversa ao jogo, de modo que os seus soluços e as frases que os acompanhavam não foram compreendidos como fazendo parte do jogo. O príncipe Obolenski menciona: «Gogol tinha passado como mestre na arte de ler: cada palavra era clara e, variando muitas vezes a entoação dos seus propósitos, rompia-lhes a monotonia e obrigava o leitor a captar os matizes mais finos do seu pensamento. Lembro-me como começava com uma voz surda e um pouco sepulcral: «Porquê apresentar a pobreza e nada mais senão a pobreza?... E eis que estamos de novo num canto perdido, que encalhámos num outeiro esquecido.» Depois destas palavras, Gogol ergueu a cabeça, atirou para trás os cabelos e continuou com uma voz forte e solene: «Mas que canto, que outeiro!»; depois disto começou a descrição magnífica da aldeia de Tentetnikov e, depois da leitura de Gogol, tínhamos a impressão de que *a havia escrito segundo um metro regular*... Eu estava emocionado no mais alto grau pela harmonia extraordinária do discurso. Compreendi então que Gogol tinha utilizado admiravelmente essas denominações locais das ervas e das flores, denominações que recolhia com tanto cuidado. *Nele, por vezes, a inserção de uma palavra sonora não tinha outro fim senão uma certa harmonia.*» I. I. Panaev descreve assim a sua maneira de ler: «Gogol lia de maneira inimitável. Consideram-se Ostrovski e Pissemski como os melhores recitadores das suas obras entre os escritores contemporâneos. Ostrovski lê sem nenhum efeito dramático, com a maior simplicidade, mas dá a cada personagem o matiz apropriado; Pissernski lê como um ator, representa para dizer assim a sua peça ao lê-la... A leitura de Gogol participava dos dois estilos de leitura. Lia de uma maneira mais dramática que Ostrovski e com muito maior simplicidade que Pissemski.» Até o ditado de Gogol se tornava uma espécie de declamação. P. V. Annenkov conta-nos: «Nicolai Vassilievitch punha o caderno diante de si e absorvia-se por completo nele; começava a ditar seguindo um ritmo e com solenidade, punha nisso tanto sentimento e tanta expressividade que os capítulos do primeiro volume das *Almas Mortas* tomaram um colorido particular na minha memória. Era como uma inspiração tranquila de curso regular, uma inspiração nascida de uma meditação profunda. Nicolai Vassilievitch esperava pacientemente que eu tivesse escrito a última palavra e começava então um novo período com a mesma voz rica de pensamentos e de recolhimento. Por altura da passagem do jardim de Plyushkin, o *pathos* do seu ditado atingiu um ponto de elevação ainda não igualado, conservando na mesma a sua simplicidade. Gogol deixou até o sofá e *acompanhou o ditado com gestos altivos e imperiosos.*»

Tudo isto indica que a narrativa direta se encontra na base do texto de Gogol, o qual se organiza a partir de imagens vivas da língua falada e de emoções inerentes ao discurso. Mais ainda: esta narração não tende para uma simples narrativa, para um simples discurso, mas reproduz as palavras por intermédio da mímica e da articulação. As frases são escolhidas e ligadas menos segundo o princípio do discurso lógico do que segundo o princípio do discurso expressivo, no qual a articulação, a mímica, os gestos sonoros ([1]) assumem um papel particular. É aí que aparece o fenómeno de semântica fónica ([2]) da sua linguagem: o envelope sonoro da palavra, o seu caráter acústico tornam-se *significativos* no discurso de Gogol, independentemente do sentido lógico e concreto. Nele, a articulação e o seu efeito acústico tornam-se um processo expressivo de primeira ordem. É por isso que gosta das denominações, dos apelidos, dos nomes, etc. Encontra aqui um vasto campo para esse jogo articulatório. Além disso, o seu discurso acompanha-se muitas vezes de gestos (*ver acima*) e toma a forma de uma imitação, sensível até na sua forma escrita. Os testemunhos dos contemporâneos mencionam também estas particularidades. Lemos nas recordações de Obolenski: «Encontrei na estação um livro de reclamações e li aí uma queixa bastante divertida de um senhor. Depois de a ter ouvido, Gogol perguntou-me: "O que pensa, quem é esse senhor? Quais são as suas qualidades, qual é o seu caráter? — De facto, não sei, respondi-lhe eu. — Pois bem, vou dizer-lho", e começou imediatamente a

---

([1]) O autor chama assim à combinação não habitual e rebuscada dos sons. [*N. do T. da edição francesa*]

([2]) Conservamos o termo empregue pelo autor. [*N. do T. da edição francesa*]

descrever de uma maneira engraçada e original a sua aparência, depois fez-me a narrativa de toda a sua vida de funcionário e *representou-me* até certos episódios da sua vida. Lembro-me de que eu ria como um louco, mas ele continuava muito sério. Depois, confiou-me que outrora N. M. Yazikov (o poeta) e ele próprio tinham vivido juntos e que, à noite, ao deitarem-se, se divertiam a descrever diferentes carateres e que para cada um deles inventavam um nome.» O. N. Smirnova informa-nos também sobre o papel dos nomes em Gogol: «Atribuía uma importância extrema aos nomes das personagens; procurava-os em toda a parte a fim de terem uma cor típica. Encontrava-os nos anúncios (o nome de Tchitchikov, no primeiro volume, foi encontrado numa casa: antes, não se inscrevia número, mas o nome do proprietário nos letreiros); ao lançar-se ao segundo volume das *Almas Mortas*, encontrou o nome do general Betrichtchev num caderno no correio e contou a um amigo seu que este nome lhe havia inspirado a silhueta e os bigodes brancos do general.» A atitude particular de Gogol para com os nomes e apelidos e a sua habilidade neste domínio já foram observadas na literatura, por exemplo no livro do professor I. Mandelstam: «Este tipo de formação de nomes que não visa "o riso através das lágrimas" relaciona-se com a época em que Gogol se distrai a si mesmo (Pupopuz, Dovgotchkhun, Golopupenko, Golopuz, Sverbygug, Kizjakolupenko, Perepertchikha, Krutorychtchenko, Petcherytsia, Zakrutyguba, etc.). Gogol soube sempre inventar nomes risíveis: Iaitchnitsa(3) (*O Casamento*) e Neuvajai Koryto(4), Belobruchkova(5) e Bachmatchkin(6) (*O Capote*); além disso, este

(3) *Jaichnica* (r.); omeleta.

(4) *Neuvazhaj* (r.); não respeita. *Koryto* (r.): gamela.

(5) *Belobrjushkova* (r.): de bandulho branco.

(6) *Bashmak* (r.): sapato.

último nome torna-se pretexto para um jogo de palavras. Por vezes, escolhe premeditadamente nomes já existentes: Akaky Akakievitch, Trefily, Dula, Varassakhy, Pavsikahy, Vahtissy, etc. Noutros casos, utiliza os nomes para fazer trocadilhos (este processo é há muito conhecido de todos os humoristas. Molière diverte o seu público com nomes como: Pourceaugnac, Diafoirus, Purgon, Macroton, Des Fonandrès, Villebrequin; Rabelais utiliza muito mais amplamente combinações inverosímeis de sons que nos fazem já rir pela sua consonância não habitual, como, por exemplo: Solmigonbinois, Trinquarnelle, Trouillogan, etc.).»

Logo, em Gogol o assunto não tem senão uma importância marginal e, por essência, é estático. Não é sem razão que *O Inspetor-Geral* termina com uma cena muda, e tudo o que a precede não lhe serve senão de prelúdio. A verdadeira dinâmica e ao mesmo tempo a composição destas obras estão compreendidas na construção narrativa, no jogo do estilo. As suas personagens não são senão a projeção fixa de uma atitude. O artista, ao mesmo tempo encenador e verdadeiro herói, domina-os com toda a sua alegria e com o seu gosto pelo jogo.

A partir destas posições gerais sobre a composição e apoiando-nos em tudo o que acaba de ser dito aqui sobre Gogol, tentaremos evidenciar a camada composicional fundamental de *O Capote*. Esta novela é particularmente interessante para este género de análise porque a narração puramente cómica que recorre a todos os processos de jogo estilístico próprios de Gogol está ligada à declamação patética, que constitui uma segunda camada composicional. Os nossos críticos haviam tomado esta segunda camada pelo fundo; e todo o «labirinto de junções» complexo (expressão de Leão Tolstoi) estava reduzido a uma certa ideia que, até hoje, os «estudos» sobre Gogol não deixam de repetir. Gogol poderia dar a semelhantes críticos e eruditos a mesma resposta que L. Tolstoi aos críticos de *Ana Karenina*: «Felicito-os e, correndo os meus riscos, posso afirmar *qu'ils en savent plus long que moi.*» ([7])

II

Em primeiro lugar, consideraremos isoladamente os processos principais da narração em *O Capote* e, depois, examinaremos o seu sistema de combinações.

Os diferentes equívocos desempenham um papel importante, sobretudo no início. São construídos ou sobre uma analogia fónica, ou sobre um jogo de palavras etimológicas, ou sobre um absurdo subentendido. Num esboço, a primeira frase da novela continha um equívoco «No Departamento dos *Impostos e Cobranças*, a que também se chama por vezes o Departamento das *Cobardias* e da *Estupidez* ([8])...» No segundo rascunho, o autor acrescenta-lhe uma observação que confirma o jogo de palavras: «Que sobretudo os leitores não pensem que esta denominação era realmente fundada numa verdade qualquer. Não. Não se trata aqui senão de uma simples semelhança etimológica. É por causa disso que o Departamento das Águas e Florestas se chama Departamento dos Negócios Amargos e Salgados ([9]). Acontece que os funcionários fazem alguns achados entre o escritório e a mesa de jogo.» Este equívoco não aparece na redação definitiva. Gogol tem uma afeição particular pelos trocadilhos etimológicos. Assim, o nome de Akaky Akakievitch era na origem Tichkievitch e não se

([7]) Em francês no texto.

([8]) Em russo: *podatej i zborov e poshlostej i vzdorov.*

([9]) Em russo: *gornyx i solianyx e gorkix i soljonyx.*

prestava ao trocadilho; depois, Gogol hesitou entre duas formas, Bachmakievitch (cf. Sobakievitch) e Bachmakov, e decidiu-se por fim por Bachmatchkin. A passagem de Tichkievitch para Bachmakievitch foi sugerida naturalmente pelo desejo de fazer um trocadilho; a escolha da forma Bachmatchkin pode ser explicada pela preferência de Gogol pelos sufixos diminutivos, assim como pela maior expressividade articulatória dessa forma, que cria um gesto sonoro *sui generis*. O trocadilho construído com a ajuda deste nome de família complica-se com processos cómicos que o mascaram sob uma aparência completamente séria. «Vemos que este nome provém de *bachmak*, mas onde, quando e como se estabelece esta filiação, nada se sabe a este respeito. O pai, o avô e até o cunhado (o trocadilho é levado impercetivelmente até ao absurdo: um processo frequente em Gogol) do nosso herói, em resumo, todos os Bachmatchkin traziam botas a que mandavam pôr solas três vezes per ano.» ([10]) O trocadilho é como que destruído per este género de comentários, tanto mais que introduzem pormenores completamente estranhos (sobre as solas); com efeito, temos um trocadilho complexo, duplo. Encontramos frequentemente em Gogol um processo que consiste em mascarar o absurdo, a associação ilógica das palavras, por uma sintaxe lógica e rigorosa, por muito que este emprego nos pareça involuntário; por exemplo, na passagem sobre Petrovitch, que, «embora fosse zarolho e marcado pelas bexigas, ocupava-se com bastante sucesso do remendo das calças e dos fraques burocráticos e outros». Aqui, o absurdo lógico é mascarado pela abundância dos pormenores que desviam a nossa atenção; o trocadilho não é evidente, pelo contrário, é bem dissimulado, e o seu poder cómico encontra-se por isso muito mais aumentado.

([10]) N. Gogol, *Récits de Pétersbourg*, trad. franc. de B. de Schoezer, J.-B. Janin, Paris, 1946, pp. 57–107.

Encontramos várias vezes o trocadilho puramente etimológico: «as múltiplas calamidades espalhadas no caminho não só dos conselheiros titulares, mas também dos conselheiros de corte, secretos, atuais, e até daqueles que não dão nem pedem conselhos a ninguém.»

Estes são os tipos principais dos trocadilhos utilizados por Gogol em *O Capote*. Podemos acrescentar outro processo que visa um efeito cómico. Falámos da afeição de Gogol por todos os nomes e designações sem sentido; este género de palavras «transracionais» abre largas perspetivas a uma semântica fónica particular ([11]). *Akaky Akakievitch* é o resultado de uma escolha fónica bem definida; não é sem razão se toda uma anedota acompanha esta denominação; nos rascunhos, Gogol faz especialmente observar: «naturalmente, poderíamos ter evitado as repetições frequentes da letra *K*, mas as circunstâncias eram tais que era impossível fazê-lo.» A semântica fónica deste nome é preparada por uma série de outros nomes apresentando uma expressividade fónica particular, que se «procurou» com uma evidente intenção. No rascunho, esta escolha era ligeiramente diferente:

1. Evvul, Mokky, Evloguy;
2. Varassakhy, Dula, Trefily; (Varadat, Pharmuphy) ([12])
3. Pavskahy, Phrumenty.

Na redação definitiva:

1. Moky, Sossy, Kozdozatt;
2. Trifily, Dula, Varassakhy; (Baradatt, Baruch)
3. Pavsikahy, Vahtissy e Akaky.

([11]) Cf. Pul'putik e Mon'munja em *O Quadrilongo do Tear.*

([12]) Os nomes preferidos pela parturiente.

Se compararmos as duas listas, constatamos que a escolha articulatória é muito mais cuidada na segunda, que possui o seu sistema fónico particular. A natureza cómica destes nomes vem, não do seu caráter não habitual (o não habitual não pode ser cómico em si), mas dos motivos que conduziram o autor a escolher o nome de Akaky e a associá-lo além disso ao patrónimo Akakievitch. Graças à uniformidade silábica evidente, esta denominação assemelha-se antes a uma *alcunha* carregada de semântica fónica. O facto de a parturiente escolher os nomes respeitando sempre o mesmo sistema reforça a impressão cómica. Daqui resulta uma mímica articulatória, um gesto fónico. Outra passagem de *O Capote* é igualmente interessante sob esta relação. É ela que descreve a aparência de Akaky Akakievitch: «Havia, pois, num *certo ministério, um funcionário*; um funcionário não muito notável: de pequena estatura, um pouco ruço, até um pouco zarolho, a testa ligeiramente descoberta, as faces enrugadas e uma tez a que se chama hemorroidal.» Esta última palavra está colocada de maneira a obter um poder expressivo particular, e captamo-lo como um gesto cómico sonoro, independente do sentido. Por um lado, é preparado pelo processo de progressão rítmica, por outro, pelas terminações rimadas ([13]). É por isso que soa de maneira imponente e irreal, sem qualquer relação com o sentido. É interessante verificar que os rascunhos registam uma frase muito mais simples: «logo, nesse Departamento trabalhava um funcionário bastante apagado, de pequena estatura, careca, ligeiramente bexigoso, avermelhado e até, à primeira vista, um pouco cego.» Na sua forma definitiva, esta frase é menos uma *descrição* realista do que uma *reprodução* mimada e articulatória: as palavras são escolhidas e agrupadas segundo o princípio da semântica fónica e não segundo

(13) Em russo: *rjabovat* — *ryzhevat* — *podslepovat*, isto é, ruivo e vesgo.

o princípio de designação de traços característicos. A visão interna nem sequer é aflorada (penso que não há nada mais difícil do que descrever as personagens de Gogol): a frase deixa-nos de preferência a impressão de uma sucessão fónica, terminando com uma palavra cómica e quase desprovida de sentido lógico, mas muito poderosa na sua expressividade articulatória, «hemorroidal». A observação de D. A. Obolenski toma aqui o seu lugar: «Gogol punha por vezes uma palavra sonora unicamente para obter uma certa harmonia.» A frase inteira dá-nos a impressão de uma entidade fechada, de um sistema de gestos fónicos que determina a escolha das palavras. É por isso que estas palavras mal se percebem como unidades lógicas, como designações de noções; são decompostas e recompostas segundo o princípio do discurso fónico. É um dos efeitos notáveis da língua de Gogol. Algumas das suas frases criam uma espécie de relevo fónico: a articulação e a acústica são promovidas a primeiro plano. O autor apresenta a palavra mais vulgar de tal maneira que a significação lógica ou concreta se apaga; pelo contrário, a semântica fónica é despojada, e a simples designação toma o aspeto de uma alcunha: «Ele vai de encontro a um funcionário, que, tendo largado a sua *alabarda* ao lado dele, esvaziou um cartucho de rapé no seu punho caloso.» Ou: «Poderão até dissimular-se as casas dos botões do colarinho com pequenas *patas* de prata, como é moda atualmente.» O último caso é um jogo articulatório evidente (a repetição *lpk — plk*) ([14]).

Gogol não utiliza um discurso neutro, isto é, de simples noções psicológicas ou concretas, logicamente distribuídas nas proposições concretas. O discurso fónico, que assenta em princípios articulatórios e mímicos, alterna com uma entoação tensa que mantém os períodos. As suas obras são muitas

---

([14]) Em russo: *lapki pod aplike.*

vezes construídas a partir desta alternância. Encontramos um exemplo evidente disto em *O Capote*: um período declamatório e patético: «Nas próprias horas em que se extingue o céu cinzento de São Petersburgo e em que a multidão dos funcionários, tendo cada um jantado segundo os seus meios e os seus gostos, repousa, quando toda a gente, depois de ter feito ranger os aparos no ministério, depois de ter corrido e trabalhado para os outros e para eles e realizado toda a tarefa que se impõe por si, de boa vontade e para lá até do que é necessário, o homem inquieto, etc.» O enorme período que, para o fim, leva a entoação a um ponto de tensão extrema conclui-se com um desenlace de uma simplicidade inesperada: «Akaky Akakievitch não procurava nenhuma distração.» ([15]) Sente-se um desacordo cómico entre a tensão da entoação sintática, que se iniciou surda e discretamente, e a sua consistência semântica. Esta impressão é reforçada pela escolha das palavras, que parece contradizer a construção sintática do período «Caras..., picante menina... bebendo a pequenos golos chá com biscoitos baratos...»; por fim, pela anedota sobre o monumento de Falconnet, que é inserida como de passagem. Esta contradição ou esta discordância age sobre as próprias palavras de modo que se tornam estranhas, insólitas, soam de uma maneira inesperada e ressoam ao ouvido como se estivessem decompostas ou inventadas pela primeira vez por Gogol. Encontra-se também em *O Capote* outro período declamatório sentimental e melodramático; integra-se inopinadamente no estilo geral dos trocadilhos; é a famosa passagem «humanista» a que a crítica russa deu tal relevo que viu nela a essência de toda a novela, em vez de lhe conservar o seu

---

([15]) Esta construção rítmica não se conservou na tradução francesa, em que, à frase russa, correspondem quatro frases, sendo a ordem de palavras, além disso, ligeiramente alterada. [*N. do T. da edição francesa*]

papel de processo artístico secundário: «Deixai-me! Porque me atormentais?» E havia alguma coisa de estranho nestas palavras, na voz com que as pronunciava. Percebia-se nelas um acento tão lamentável que um jovem... E ainda muito tempo depois, no seio dos pensamentos mais alegres, via de súbito o pequeno funcionário careca... Mas, através das suas palavras, captava outras, e escondia então a cara nas mãos...» Esta passagem não existe nos rascunhos, é mais tardia e pertence incontestavelmente à segunda camada, aquela que faz alternar o estilo puramente anedótico dos primeiros esboços com os elementos de uma declamação patética ([16]).

Em *O Capote*, Gogol deixa falar muito pouco as suas personagens, e o seu discurso é formado de uma maneira particular, constante nele — de modo que essas réplicas são sempre estilizadas, e, apesar das divergências individuais, este discurso não dá a impressão de uma língua familiar, como é o caso em Ostrovski (não é sem razão que Gogol lia de modo diferente dele). As palavras de Akaky Akakievitch entram no sistema geral do discurso fónico e da articulação mímica de Gogol, sendo sempre elaboradas e acompanhadas por comentários: «É preciso dizer que Akaky Akakievitch se explicava na maior parte do tempo por meio de proposições, de advérbios

---

([16]) V. Rozanov explica esta passagem como «o sofrimento do artista perante o princípio da sua criação, as suas lágrimas sobre o quadro espantoso que não sabe pintar de outra maneira e, tendo-o pintado, admira-o, odeia-o e despreza-o» (o artigo «Como é criada a personagem de Akaky Akakievitch», no livro *A Lenda do Grande Inquisidor*, São Petersburgo, 1906, p. 278–9). E ainda: «E eis que ao interromper esse fluxo de zombarias, ferindo a mão que não pode parar de as escrever, segue uma nota marginal acrescentada ulteriormente: "mas Akaky Akakievitch não lhe dizia nada..."» Deixamos de lado o fenómeno do sentido filosófico e psicológico desta passagem, que consideramos aqui unicamente como um processo artístico e que apreciamos do ponto de vista da composição como uma integração do estilo declamatório no sistema de narração cómica.

e de partículas desprovidas de toda a significação.» A língua de Petrovitch, contrariamente à articulação fragmentária de Akaky Akakievitch, é concisa, rigorosa e firme, e age por contrastes; não encontramos aí matiz da língua familiar, a entoação quotidiana não lhe convém, as suas palavras são tão «rebuscadas» e convencionais como as de Akaky Akakievitch. Como sempre em Gogol (em *O Serviço de Outrora*, em *A Zanga dos Dois Ivan*, nas *Almas Mortas* e nas peças de teatro), essas frases estão lá fora do tempo, fora do momento, imutáveis e definitivas: é uma língua de fantoches. As falas próprias de Gogol, a sua narração, são rebuscadas. Esta narração imita em *O Capote* um falatório negligenciado e ingénuo. Os pormenores «supérfluos» aparecem como involuntários: «à sua direita estavam o padrinho, Ivan Ivanovitch Jerochkin, excelente homem, chefe de escritório no Senado, e a madrinha, Arina Semionovna Bielobriuchkova, esposa de um oficial de polícia, dotada das mais raras virtudes. Ou então a sua narração toma o caráter de um palavreado familiar: «Poderíamos evidentemente não nos alongar mais sobre a personalidade deste alfaiate, mas, visto que se admite, nas narrativas, que se precise o caráter de cada um dos personagens, não há nada a fazer; temos de vos apresentar este Petrovitch.» Depois desta declaração, acaba por se caracterizar Petrovitch indicando que bebe em todas as festas, sem exceção, e é esta a essência do processo cómico. O mesmo acontece com a sua mulher: «Visto que falamos da mulher, seria preciso descrevê-la também em algumas palavras. Infelizmente, não sabemos grande coisa a seu respeito, a não ser que Petrovitch tinha uma mulher que trazia na cabeça um boné em vez de um lenço; mas parece que ela não podia vangloriar-se da sua beleza. De qualquer modo, só os soldados da guarda, encontrando-a na rua, lançavam um olhar ao seu boné, eriçando os bigodes com um resmungo significativo.» Este estilo de narração inscreve-se de uma maneira particularmente incisiva numa frase como: «Para grande pena nossa, não podemos precisar onde morava o funcionário que o tinha convidado: a memória começa a falhar, e as ruas e as casas de São Petersburgo confundem-se de tal modo na nossa cabeça que é impossível tirar qualquer informação exata.» Se acrescentarmos a esta frase os inúmeros «qualquer», «infelizmente sabemos muito pouco», «nada sabemos sobre isso», «não me lembro», etc., teríamos uma imagem do processo de narrativa direta, processo que dá a toda a novela a aparência de uma história verdadeira, de uma história à maneira de um acontecimento do dia a dia, mas cujos pormenores não seriam todos conhecidos do narrador. Ele desvia-se de bom grado da anedota principal e insere aí anedotas digressivas: «diz-se que...»; assim, no início, a demanda de um chefe de polícia do distrito («e já não me lembro qual a cidade»), ou então acerca dos antepassados de Bachmatchkin, sobre a cauda do cavalo do monumento de Falconnet, sobre o conselheiro titular nomeado governador e que reservou para ele uma divisão chamada «quarto de residência», etc. Sabemos que a ideia da novela veio a Gogol de uma «anedota de chancelaria» sobre um pobre funcionário que perdeu a espingarda para a qual havia economizado durante muito tempo: «A ideia inicial da sua admirável novela *O Capote* era uma anedota», comunica-nos P. V. Annenkov. Esta tinha, em primeiro lugar, o título «História de um funcionário que rouba um capote», e a narração nos rascunhos tendia para uma maior estilização, para uma tagarelice negligente e familiar: «A sério, não me lembro do nome», «no fundo, era um grande animal», etc. Gogol atenuou ligeiramente este género de processo na redação definitiva, inseriu trocadilhos e anedotas, mas introduziu também a declamação ao complicar a primeira camada composicional. Daqui resulta um efeito grotesco em que a careta do riso alterna com a do sofrimento; e uma e outra ganham o aspeto de um jogo onde se sucedem convencionalmente gestos e entoações.

III

Examinaremos, agora, esta alternância, a fim de captar o próprio tipo de combinação dos processos particulares. Estas combinações, este agenciamento, saíram da narrativa direta, cujos traços se definiram acima. Vimos que esta narrativa é de caráter mímico e declamatório e não factual: não é um narrador, é um Gogol intérprete, até mesmo comediante, que transparece no texto de *O Capote*. Qual é a trama deste papel, qual é o seu esquema?

A novela começa com um conflito, com uma interrupção, com uma mudança brusca do tom. A rápida introdução («No ministério») interrompe-se bruscamente, e a entoação épica do narrador que se esperava dá lugar a um tom sarcástico, de uma irritação excessiva. A primeira composição é substituída por digressões ao acaso, de onde resulta um efeito de improvisação. Ainda nada está dito que nos conte rapidamente uma anedota, com negligência («Já não sei qual a cidade», «qual o romance»). Mas, depois, volta o tom esboçado no início: «havia, pois, num certo ministério, *um funcionário.*» Contudo, este novo regresso à narração épica é imediatamente substituído pela frase de que se falou acima, uma frase tão rebuscada que visa diretamente um efeito auditivo, nada restando da narração impessoal e fria. Gogol entra no seu papel e, depois de ter acabado esta espetacular e caprichosa série de palavras com um termo de uma sonoridade pomposa e desprovido de sentido («hemorroidal»), conclui com um esgar: «Que se há de fazer, o erro está no clima petersburguês!» O tom pessoal e todos os processos da narração gogoliana entram definitivamente na novela e tomam o caráter de uma grotesca momice ou de um esgar que prepara a passagem para o trocadilho sobre o apelido de família e para a anedota sobre o nascimento e o batizado de Akaky Akakievitch. As frases impessoais que terminam uma anedota (e tal foi a origem deste nome», «eis pois como as coisas se passaram») dão a impressão de um jogo com a forma narrativa: não é sem razão que existe aí um ligeiro trocadilho que confere a estas frases o aspeto de repetições inábeis. Segue-se uma abundância de zombarias, até à frase «Mas ele não respondia uma única palavra», onde a narração cómica é subitamente interrompida por uma digressão sentimental e melodramática que caracteriza os processos do estilo sentimental. Este processo eleva a simples anedota de *O Capote* ao nível do género grotesco. O conteúdo sentimental e voluntariamente primitivo deste extrato (nisso, o grotesco assemelha-se ao melodrama) exprime-se com a ajuda de uma entoação de intensidade crescente e de caráter solene, patética (os «e» de introdução e a ordem particular das palavras): «E havia aí alguma coisa de estranho... E ainda muito tempo depois... ele via de repente... Mas através destas palavras... e escondia então a cara nas mãos... E muitas vezes mais tarde constatou com horror...» Este processo lembra o processo cénico segundo o qual o ator sai do seu papel e interpela diretamente os espectadores (Cf. em *O Inspetor-Geral* «De quem está a troçar? Troça de si mesmo», ou às palavras célebres: «É aborrecido viver neste mundo, Senhores», em *A Zanga dos Dois Ivan*). Temos o hábito de compreender literalmente esta passagem: o processo artístico que transforma a novela cómica numa farsa grotesca e que prepara a conclusão «fantástica» é tomado por uma intervenção sincera e autêntica do autor. Se esta ilusão é um «triunfo da arte», segundo a expressão de Karamzin, se a ingenuidade do espectador é tocante, semelhante ingenuidade não poderia ser um triunfo para a ciência, de que atestaria a impotência. Esta interpretação destrói a estrutura inteira de *O Capote* e o seu desígnio estético. Uma vez adotada a proposição fundamental — nem uma única frase da obra literária *pode* ser em si uma «expressão» direta dos sentimentos pessoais do autor; é sempre construção e jogo —, *não podemos e não devemos* ver em semelhante extrato outra coisa que não um certo processo artístico. A via habitual, que consiste em identificar um juízo particular, tomado na obra, com um sentimento suposto do autor conduz a ciência a um impasse. O artista, homem sensível que experimenta este ou aquele humor, não pode e não deve divertir-se com a sua própria criação. A obra de arte é um objeto acabado a que se deu forma, que se inventou, que é não só artístico, mas artificial no melhor sentido desta palavra; é por isso que *não é nem pode* ser uma projeção da experiência psicológica. O caráter artístico e artificial deste processo de Gogol no extrato de *O Capote* é revelado sobretudo pela cadência desta frase melodramática que se afigura a uma sentença ingénua e sentimental, utilizada pelo autor para acentuar o grotesco: «E escondia a cara nas mãos, o pobre rapaz! E muitas vezes, mais tarde, constatou com horror, ao longo da sua existência, quanto o homem é cruel e que real brutalidade maldosa, sob o requinte da educação, aquele mesmo, ai de mim, que parecia aos olhos do mundo nobre e honesto...»

O episódio melodramático é utilizado para contrastar com a narração cómica. Quanto mais hábeis forem os trocadilhos, mais o processo que quebra o jogo cómico deve ser patético e estilizado no sentido de um sentimentalismo ingénuo. Uma reflexão séria não teria nem dado o contraste, nem conferido um caráter grotesco a toda a composição. É por isso que não admira que, depois deste episódio, Gogol volte ao estilo precedente, quer voluntariamente impessoal, quer jocoso e negligentemente falador, que entrecorta de trocadilhos como: «foi então apenas que notou que já não estava no meio da página, mas antes no meio da rua». Depois de ter contado como Akaky Akakievitch come e como deixa de comer, ao sentir o estômago bem cheio, Gogol retoma a declamação, mas num tom diferente: «Nas mesmas horas em que...» Para obter o mesmo efeito grotesco, introduz-se aqui uma entoação surda, «enigmática», que cresce lentamente no decurso de um imenso período, desenrolando-se numa simplicidade inesperada: o equilíbrio que se espera, graças ao tipo sintático do período, equilíbrio entre a energia semântica do logo crescendo («Quando..., quando..., quando...») e a cadência, não é realizado, tal como anuncia a própria escolha das palavras e das expressões. O desacordo entre a entoação solene e séria e o conteúdo semântico é utilizado de novo como processo grotesco. Este novo «fingimento» do comediante é substituído logicamente por um novo trocadilho sobre os conselheiros. O primeiro ato de *O Capote* termina com as palavras: «Assim se passava a pacífica existência deste homem que...» Este desenho esboçado na primeira parte, e que entrecruza a narração puramente anedótica com a declamação melodramática e solene, qualifica toda a composição de *O Capote* como grotesca. O estilo do grotesco exige, em primeiro lugar, que a situação ou o acontecimento descrito seja encerrado num mundo artificial, reduzido a dimensões liliputianas (em *O Serviço de Outrora* e em *A Zanga dos Dois Ivan*) e absolutamente isolado da vasta realidade, da verdadeira riqueza de uma vida interior; depois, exige que se abandone todo o objetivo didático e satírico e que se proceda de maneira a tornar possível um *jogo com a realidade*, de modo a decompor e a deslocar livremente estes elementos, com o fim único de as relações e os elos habituais (psicológicos e lógicos) se revelarem nesse mundo *reconstruído* como irreais e de todo o pormenor poder tomar dimensões gigantescas. É sobre o fundo de um estilo semelhante que o menor vislumbre de sentimento verdadeiro toma uma cor atraente. Na anedota sobre o funcionário, Gogol aprecia esse complexo fechado e extremamente reduzido de pensamentos, sentimentos e desejos; neste quadro estreito, o artista pode exagerar os pormenores e destruir as proporções habituais do mundo. É com base neste princípio que é feito o esquema de *O Capote*. Não se trata de modo algum da «nulidade» de Akaky Akakievitch, nem do sermão pregando o «humanismo» para com um irmão infeliz, mas da possibilidade que assim obtém Gogol de unir o inunificável, de exagerar o insignificante e de reduzir o importante, tendo previamente isolado o mundo da novela da vasta realidade. Numa só palavra, pode jogar com todas as normas e leis da vida interior real. O que faz. O mundo interior de Akaky Akakievitch (se nos podemos permitir esta expressão) não é *nulo* (como quiseram fazer crer os nossos historiadores da literatura, ingénuos e sensíveis, hipnotizados por Bielinski), mas *específico* e absolutamente isolado: «Neste trabalho de cópia, entrevia todo um mundo múltiplo e atraente. Fora deste trabalho, nada, ao que parece, existia para ele.» Este mundo tem as suas próprias leis e as suas proporções. Segundo a lei deste mundo, a aquisição de um capote novo torna-se um acontecimento colossal, e Gogol dá-nos uma fórmula grotesca: «alimentava-se espiritualmente, ocupando a imagem do futuro capote constantemente os seus pensamentos.» E ainda: «Ter-se-ia dito… que uma companheira amável tinha consentido em percorrer a seu lado a estrada da vida: esta companheira não era senão o capote, bem enchumaçado, provido de um sólido forro…» Os mínimos pormenores acedem a um papel de primeiro plano, por exemplo, a unha de Petrovitch, «tão espessa e dura como a carapaça de uma tartaruga», ou ainda a sua tabaqueira: «ornada do retrato de um general qualquer: o sítio da cara tinha sido furado com o dedo e recoberto em seguida com um quadrado de papel.» ([17])

Esta hiperbolização grotesca é desenvolvida como anteriormente com base numa narração cómica, entrecortada de trocadilhos, de palavras e de expressões engraçadas, de anedotas, etc.: «Não comprou marta, pois, com efeito, custava muito caro; mas substituiu-a por gato, o mais belo que houvesse no armazém, um gato que ao longe pudesse confundir-se com a marta.» Ou ainda: «Que posto ocupava esta personagem, em que consistiam as suas funções? Ainda não sabemos nada, até hoje. Disse-se que esta personagem só se tornara importante há muito pouco tempo.» Ou ainda: «Conta-se até que um certo conselheiro titular, logo que foi colocado à cabeça de uma chancelaria, a coisa mais apressada que fez foi fechar-se num pequeno quarto a que chamou "quarto do conselho" e à porta do qual colocou hussardos galonados e com colarinhos vermelhos que abriam os batentes perante as pessoas que se apresentavam, embora o dito "quarto do conselho" fosse tão pequeno que mal se arranjou aí lugar para uma mesa de escrever.» Ao mesmo tempo, o autor «toma» por vezes a palavra com um tom negligente adotado desde o início e que parece dissimular uma momice: «É possível também que não pensasse em nada de semelhante: é impossível penetrar na alma de um homem (é também uma espécie de trocadilho, se tivermos em

([17]) As pessoas ingénuas dir-nos-ão que é «realismo», «descrição», etc. É inútil discutir com elas, mas que reflitam no facto de nos ocuparem durante tanto tempo com a unha e com a tabaqueira, enquanto do próprio Petrovitch nos dizem apenas que tinha o hábito de beber em todos os dias de festa e, a propósito da sua mulher simplesmente, que tinha uma e que ela usava um boné. É um processo evidente de composição grotesca: acentuar os pormenores mais ínfimos e deixar para trás aqueles que mereceriam maior atenção.

conta a interpretação geral da imagem de Akaky Akakievitch) e saber ao justo o que se passa aí» (jogo com a anedota como se se tratasse da realidade). A morte de Akaky Akakievitch é contada num estilo tão grotesco como o seu nascimento, onde alternam os pormenores trágicos e cómicos, interrompidos pelo súbito «E, por fim, o pobre Akaky Akakievitch entregou a sua alma» ([18]), de onde se passa imediatamente a toda a espécie de pormenores: a enumeração da herança — «Um pacote de penas de ganso, um caderno de papel com cabeçalho oficial, três pares de sapatos, dois ou três botões de calções e o velho capote bem conhecido do leitor» —, que termina com uma conclusão no estilo habitual: «Quem herdou tudo isto? Só Deus sabe! O autor desta narrativa não se preocupou com isso, confesso-o.» E depois de tudo isto vem uma nova declamação melodramática que se podia prever depois da descrição de uma cena tão triste e que nos reenvia para a passagem «humanista»: «E Petersburgo ficou sem Akaky Akakievitch. Foi como se ele nunca tivesse existido. Desapareceu esse ser que ninguém protegia, que ninguém amava, por quem ninguém se interessava, que nem sequer havia despertado a atenção do sábio, que, contudo, não perderá a ocasião de examinar ao microscópio o menor dos mosquitos», etc.

O fim de *O Capote* é uma impressionante apoteose do grotesco, um pouco como a cena muda de *O Inspetor-Geral*. Os eruditos ingénuos que julgaram ver na passagem «humanista» todo o sal da novela ficaram perplexos com a introdução inesperada e incompreensível do «romantismo» no «realismo». Gogol sugere-lhes: «Mas quem pois teria julgado que a história de Akaky Akakievitch não acabaria aqui e que

([18]) No contexto geral, até esta expressão corrente soa de uma maneira não habitual e estranha e assemelha-se a um trocadilho: fenómeno constante na língua de Gogol.

fosse destinado, depois da sua morte, a levar, durante alguns dias, uma existência ruidosa, como para o recompensar de a sua vida ter passado despercebida? Contudo, é assim, e a nossa modesta história toma de repente um aspeto fantástico.» Com efeito, a conclusão não é nem mais fantástica nem mais «romântica» do que toda a novela. Pelo contrário, nesta havia um verdadeiro grotesco fantástico apresentado como um jogo com a realidade; naquela, a novela entra num mundo de imagens e de factos mais habituais, mas o todo continua o seu jogo com o fantástico. É um novo «fingimento», um processo de grotesco invertido: «O fantasma, tendo-se voltado, perguntou-lhe por fim "O que queres?" e mostrou um punho de uma dimensão excecional, mesmo para os vivos. O funcionário respondeu "Não quero nada" e deu imediatamente meia volta. Aliás, o fantasma era, desta vez, de estatura muito mais alta e trazia uns bigodes imensos. Ao dirigir-se, segundo parece, para a ponte Obukhov, desapareceu nas trevas noturnas.»

A anedota desenvolvida no final afasta-nos da «pobre história» e dos seus episódios melodramáticos. É um regresso à narração puramente cómica do princípio e a todos os seus processos. Com o fantasma de bigodes, todo o grotesco desaparece na sombra e dissolve-se no riso. Também em *O Inspetor-Geral* desaparece Khlestakov, e a cena muda reenvia o espectador para o princípio da peça.

1918.

AS TRANSFORMAÇÕES DOS CONTOS FANTÁSTICOS

Vladimir PROPP

I

Podemos, a vários títulos, comparar o estudo dos contos com o das formas orgânicas na natureza. O folclorista, tal como o naturalista, ocupa-se de fenómenos diversos que, na sua essência, são contudo idênticos. A questão da origem das espécies colocada por Darwin pode ser colocada também no nosso domínio. Não existe, no reino da natureza, como no nosso, uma explicação direta, completamente objetiva e absolutamente convincente à semelhança dos fenómenos. Ela põe-nos perante um verdadeiro problema. Em cada um destes casos, dois pontos de vista são possíveis: ou se afirma que, para dois fenómenos que não têm e não podem ter nenhuma relação exterior, a sua semelhança interna não nos conduz a uma raiz genética comum, e é a teoria da génese independente das espécies, ou esta semelhança morfológica é interpretada como a consequência de um certo elo genético, e é a teoria da origem por metamorfoses ou transformações que remontam a uma certa causa.

Para resolver este problema, é preciso, antes de mais nada, fazer uma ideia da natureza exata da semelhança entre os contos. Até agora, para definir esta semelhança, não se considerava senão a narrativa inteira e as suas variantes. Este método não é admissível senão no caso em que se adota o ponto de vista da génese independente das espécies. Os partidários deste método recusam toda a comparação dos assuntos entre si, comparação que consideram como errada, ou mesmo impossível ([1]).

Sem negar a utilidade de um estudo dos assuntos e de uma comparação que não tivesse em conta senão as suas semelhanças, podemos propor outro método, outra unidade de medida. Podemos comparar os contos do ponto de vista da sua composição, da sua estrutura, e então a sua semelhança apresentar-se-á sob uma nova luz ([2]).

Podemos observar que as personagens dos contos fantásticos, ao mesmo tempo que permanecem muito diferentes em aparência, idade, sexo, género de preocupação, estado civil e outros traços estáticos e atributivos, realizam, ao longo da ação, os mesmos atos. Isto determina a relação das constantes com as variáveis. As funções das personagens representam constantes, todo o resto pode variar. Por exemplo:

1. O rei manda Ivan procurar a princesa. Ivan parte.
2. O rei manda Ivan procurar um objeto singular. Ivan parte.
3. A irmã manda o irmão procurar um remédio. O irmão parte.
4. A sogra manda a nora procurar lume. A nora parte.

([1]) Aarne põe-nos de sobreaviso contra esse erro, no seu *Leitfaden der vergleichenden Märcheniorschung*.

([2]) O meu estudo *A Morfologia do Conto*, que aparece na série «Problemas da Poética», é consagrado a este problema.

5. O ferreiro manda o aprendiz procurar a vaca. O aprendiz parte.

Etc. O envio e a partida ligados às buscas são constantes. Aquele que envia e aquele que parte, a motivação de enviar, etc., são variáveis. Em seguida, as etapas de busca, os obstáculos, etc., podem coincidir sempre na sua essência sem coincidirem na sua aparência. Podemos isolar as funções das personagens. Os contos fantásticos conhecem trinta e uma funções. Nem todos os contos apresentam todas as funções, mas a ausência de algumas delas não influencia a ordem de sucessão das outras. O seu conjunto constitui um sistema, uma composição. Este sistema é extremamente estável e difundido. O investigador pode estabelecer que contos diferentes, como o conto egípcio dos dois irmãos, o conto do Pássaro de Fogo, o conto de Morozok (3), o conto do pescador e do peixe, assim como um certo número de mitos, autorizem um estudo comum. A análise dos pormenores confirma esta suposição. O sistema não se limita a trinta e uma funções. Um motivo, como «Baba Yaga (4) dá um cavalo a Ivan», compreende quatro elementos de que um representa uma função, enquanto os outros três têm um caráter estático. O número total de elementos, de partes constitutivas do conto, é à volta de cento e cinquenta. Podemos dar um nome a cada um destes elementos, consoante o seu papel no desenvolvimento da ação. Assim, no exemplo citado, Baba Yaga é a personagem benfeitora, a palavra «dá» representa o momento do equipamento; Ivan é a personagem que recebe o objeto mágico, o cavalo é o próprio

---

(3) Personagem que representa o frio nos contos populares russos. [*N. do T. da edição francesa*]

(4) Personagem fantástica do sexo feminino nos contos russos. [*N. do T. da edição francesa*]

objeto mágico. Se isolarmos as denominações dos cento e cinquenta elementos do conto fantástico na ordem reclamada pelo próprio conto, poderíamos inscrever neste índice todos os contos fantásticos; inversamente, todo o conto que se pode inscrever em tal índice é um conto fantástico, todos aqueles que não se podem inscrever aí dependem de outra classe de contos. Cada rubrica isola uma parte constitutiva do conto, e a leitura vertical do índice revela uma série de formas fundamentais e uma série de formas derivadas.

São estas partes constitutivas que melhor se prestam a uma comparação. Em zoologia, isso corresponderia a uma comparação de vértebras com vértebras, de dentes com dentes, etc. Ao mesmo tempo, as formações orgânicas e o conto apresentam uma grande diferença que facilita a nossa tarefa. Enquanto, aí, a mudança de uma parte ou de um traço arrasta a mudança de outro traço, no conto, cada parte pode mudar independentemente das outras. Muitos investigadores verificam este fenómeno, ainda que, para já, não registemos qualquer tentativa de extrairmos todas as conclusões disso, metodológicas e outras ([5]).

Assim, Krohn, de acordo com Spiess quanto à mobilidade das partes constitutivas, acha contudo necessário estudar os contos segundo o seu desígnio geral, e não segundo as suas partes, sem contudo achar argumentos de peso para defender a sua posição, que caracteriza bem a Escola Finlandesa.

([5]) Cf. E. Panzer, *Märchen, Sage und Dichtung*, Munique, 1905: «Seine Komposition ist eine Mosaikarbeit, die das schillernde Bild aus deutlich abgegrenzten Steinchen gefügt hat. Und diese Steinchen bleiben umso leichter auswechselbar, die einzelnen Motive können umso leichter varriieren, als auch nirgends für eine Verbindung in die Tiefe gesorgt ist.» Evidentemente, nega-se aqui a teoria das combinações estáveis ou dos elos constantes. K. Spiess exprimiu a mesma ideia com mais relevo e mais pormenores. (*Das deutsche Volksmärchen*, Leipzig, 1917). Cf. também K. Krohn, *Die folkloristische Arbeitsmethode*, Oslo, 1926.

Concluímos daí que se podem estudar as partes constitutivas sem ter em conta o assunto que formam. O estudo das rubricas verticais revela as normas e as vias de transformação. Graças à união mecânica das partes constitutivas, o que é verdadeiro para cada elemento particular sê-lo-á para o desígnio geral.

II

O presente trabalho não se propõe esgotar a questão. Não poderemos dar senão alguns marcos principais que constituirão depois a base de um estudo teórico mais amplo.

Mas até numa breve exposição, antes de passar ao estudo das transformações, é necessário estabelecer critérios que nos permitam distinguir as formas fundamentais das formas derivadas.

Estes critérios podem ser de duas espécies: podem ser expressos por certos princípios gerais ou por regras particulares.

Antes de mais, os princípios gerais.

Para estabelecer estes princípios, é preciso considerar o conto em relação com o seu meio, com a situação em que é criado e em que vive. Aqui, a vida prática e a religião, no sentido lato do termo, terão a maior importância. As razões das transformações são exteriores ao conto, e não poderemos compreender a sua evolução sem fazer aproximações entre o próprio conto e o meio humano em que vive.

Chamaremos forma fundamental àquela que está ligada à origem do conto. Sem qualquer dúvida, o conto tem geralmente a sua fonte na vida. Mas o conto fantástico, esse, reflete muito pouco da vida corrente. Tudo o que vem da realidade representa uma forma secundária. Para compreender a verdadeira origem do conto, devemos servir-nos, nas nossas comparações, de informações pormenorizadas sobre a cultura desta época.

Convencer-nos-emos assim de que as formas definidas por uma ou outra razão como fundamentais estão visivelmente ligadas às antigas representações religiosas. Podemos fazer a seguinte suposição: se encontrarmos a mesma forma num documento religioso e num conto, a forma religiosa é primária, a forma do conto secundária. Isto é verdadeiro sobretudo para as religiões arcaicas. Todo o elemento das religiões desaparecidas hoje é sempre preexistente à sua utilização num conto. Evidentemente, é impossível provar esta afirmação. Tal dependência não pode, em geral, ser provada; não será senão demonstrada a partir de muitos exemplos. Isto é um primeiro princípio geral que poderá ter um desenvolvimento posterior. Podemos formular o segundo da seguinte maneira: se encontrarmos o mesmo elemento em duas formas, de que uma remonta à vida religiosa e a outra à vida prática, a forma religiosa é primária, a da vida prática secundária.

Contudo, é preciso ter uma certa prudência na aplicação destes princípios. A tentativa de fazer remontar todas as formas fundamentais à religião, todas as formas derivadas à vida prática, seria incontestavelmente um erro. Para prevenir semelhantes erros, devemos esclarecer mais os métodos a seguir no estudo comparativo do conto e da religião, do conto e da vida prática.

Podemos estabelecer várias espécies de relações entre o conto e a religião.

O primeiro tipo de relações é a dependência genética direta, que é completamente evidente em certos casos e que, noutros, exige pesquisas históricas especiais. Assim, o Dragão que encontramos nas religiões e nos contos veio incontestavelmente dessas primeiras.

Contudo, a existência de tal elo não é obrigatória, mesmo no caso de uma grande semelhança entre os dois. Só é provável no caso em que há dados ligados diretamente aos cultos, aos ritos. É preciso distinguir estas informações recebidas do rito daquelas que nos são fornecidas pela poesia épica religiosa. No primeiro caso, podemos falar de um parentesco direto que segue uma linha de descendência análoga ao parentesco do pai e do filho; no segundo caso, podemos falar apenas de uma relação paralela análoga ao parentesco dos irmãos entre si. Assim, a história de Sansão e Dalila não pode ser considerada como o protótipo do conto: o conto semelhante a esta história e o texto bíblico podem remontar a uma fonte comum.

É certo que não é senão com certa reserva que se pode afirmar o caráter primário da matéria dos cultos. Mas há também casos em que podemos afirmá-lo sem hesitação. É verdade que se trata muitas vezes não do documento em si, mas dessas imagens que encontramos nele, e com base nas quais o conto é construído. Mas só podemos julgar estas imagens segundo os documentos. O Rig-Veda, que é ainda pouco conhecido entre os folcloristas, é uma dessas fontes. Se é verdade que o conto contém à volta de cento e cinquenta partes constitutivas, sessenta delas, pelo menos, já se encontram aí. É verdade que são utilizadas com um fim lírico e não épico, mas é preciso não esquecer que são hinos religiosos e não populares. Sem qualquer dúvida, esta poesia lírica transforma-se em poesia épica nas pessoas do povo (os pastores e os camponeses). Se o hino glorifica Indra como vencedor dos Dragões (e os pormenores correspondem por vezes exatamente aos do conto), o povo pode contar sob uma forma qualquer como Indra venceu o Dragão.

Verifiquemos esta afirmação por um exemplo mais concreto. Reconhecemos muito facilmente Baba Yaga e a sua cabana no seguinte hino:

«Dona das florestas, dona das florestas, para onde desapareces tu? Porque não fazes perguntas sobre a aldeia? Não tens medo?

»Quando os grandes gritos e o chilrear dos pássaros ressoam, a dona das florestas sente-se como um Príncipe que viaja ao som dos címbalos.

»Parece-te então que vacas pastam. Tu julgas então avistar, ao longe, uma cabana. Ouve-se um grito à noite, como se uma carroça passasse. É a dona das florestas. Alguém chama a vaca, ao longe. Alguém corta árvores, ao longe. Alguém grita, ao longe. Assim pensa aquele que passa a noite em casa da dona das florestas.

»A dona das florestas não te faz mal se não a atacares. Saboreias frutos doces e estendes-te para repousares conforme o teu gosto.

»Glorifico aquela que emana um perfume a erva, aquela que não semeia, mas que encontra sempre a sua comida, a mãe dos animais selvagens, a dona das florestas.»

Encontramos aqui vários elementos do conto: a cabana na floresta, a censura ligada às perguntas (é feita numa ordem inversa), a hospitalidade (ela alimentou-o, deu-lhe de beber, ofereceu-lhe alojamento), a indicação da hospitalidade possível da dona das florestas, a indicação de que é a mãe dos animais selvagens (no conto, ela convoca os animais). Outros elementos não estão presentes: as patas de galinha da cabana, a aparência da dona, etc. Vejamos a coincidência espantosa de um pormenor: aquele que dorme na cabana pensa que estão a cortar árvores. Em Afanassiev ([6]) (n.º 5), o pai, depois de ter deixado a filha na cabana, prende um pedaço de madeira à carroça. A madeira bate, e a rapariga diz: «É o meu pai que está a cortar árvores.»

([6]) Recolha dos contos populares russos. [*N. do T. da edição francesa*]

Todas estas coincidências são tanto menos ocasionais quanto não são as únicas. São apenas algumas das coincidências inúmeras e exatas entre o conto e o Rig-Veda. Certamente, não podemos considerar este paralelo como uma prova de que o nosso Baba Yaga remonta ao Rig-Veda. Apenas sublinha que, de uma maneira geral, é da religião ao conto que se desenha o movimento e não o inverso, e que é aqui que se devem começar as investigações comparativas precisas.

Porém, tudo o que se disse até agora só é verdade no caso em que um grande lapso de tempo separa o aparecimento da religião e o do conto, no caso em que a religião em causa já está morta, em que os seus princípios se perdem no passado pré-histórico. É completamente diferente quando comparamos uma religião viva e um conto vivo de um mesmo povo. Aqui, pode tratar-se de uma dependência inversa, dependência que não era possível entre uma religião já morta e um conto contemporâneo. Os elementos cristãos do conto (os apóstolos no papel de auxiliares, o diabo no papel de mau, etc.) são aqui posteriores aos contos e não anteriores, como no caso precedente. Estritamente falando, não se trata aqui de uma relação inversa à do caso precedente. O conto (fantástico) vem das antigas religiões, mas a religião contemporânea não vem dos contos. Ela também não os cria, mas modifica-lhes os elementos. Há também alguns casos raros de uma verdadeira dependência: inversa, isto é, casos em que os elementos da religião vêm do conto. A história da santificação do milagre de São Jorge com o Dragão pela Igreja Ocidental fornece-nos um exemplo muito interessante. Este milagre foi santificado muito depois de São Jorge ter sido canonizado, e esta santificação esbarrou com uma resistência obstinada da parte da Igreja ([7]).

([7]) G. Aufhauser, *Das Drachenwunder des Heiligen Georg*, Leipzig, 1912.

Como o combate contra o Dragão existe em várias religiões pagãs, é preciso admitir que é delas que vem a sua verdadeira origem. Mas no século XIII, quando estas religiões já não tinham qualquer sobrevivência, só a tradição épica desempenhou o papel intermediário. A popularidade de São Jorge, por um lado, e a do combate contra o Dragão, por outro, associaram a imagem de São Jorge à do combate. A Igreja vê-se obrigada a reconhecer a fusão produzida e a santificá-la.

Por fim, ao lado da dependência genética direta do conto e da religião, ao lado do paralelismo e da dependência inversa, existe o caso de ausência total do elo, apesar das semelhanças possíveis. Imagens idênticas podem surgir independentemente umas das outras. Assim o cavalo mágico pode ser comparado com os cavalos sagrados alemães e com o cavalo de fogo Agni no Rig-Veda. Os primeiros nada têm a ver com o nosso Cinzento-Castanho, o segundo assemelha-se-lhe em todos os seus aspetos. A analogia não pode ser utilizada senão no caso em que é mais ou menos completa. Fenómenos semelhantes mas heterónimos devem ser excluídos das comparações.

Assim, o estudo das formas fundamentais leva o investigador a comparar o conto com as religiões.

Pelo contrário, o estudo das formas derivadas no conto fantástico está ligado à realidade. Muitas das transformações explicam-se pela introdução desta no conto. Este facto obriga-nos a aperfeiçoar os métodos que servem para estudar as relações entre o conto e a vida corrente.

O conto fantástico, contrariamente às outras classes de contos (anedotas, novelas, fábulas, etc.), é relativamente pobre em elementos que pertencem à vida real. Muitas vezes, avaliou-se exageradamente o papel da realidade na criação do conto. Não podemos resolver o problema da relação entre o conto e a vida corrente senão com a condição de não esquecermos a diferença entre o realismo artístico e a existência de elementos que provêm da vida real. Os eruditos cometem muitas vezes um erro ao procurarem na vida real uma correspondência para a narrativa realista.

Eis por exemplo o que nos diz N. Lerner nos seus comentários de *Bova*, de Pushkin. Ele detém-se nos versos:

Era, com efeito, um Conselho de Ouro.
Não se tagarelava, aqui, mas pensava-se:
Todos os magnatas refletiram durante muito tempo,
Arzamor, um homem de idade e cheio de experiência,
Ia abrir a boca
(A cabeça grisalha queria, evidentemente, dar um conselho)
Tossiu em voz alta, depois reconsiderou
E, em silêncio, mordeu a língua.

Ao referir-se a L. Maikov, Lerner escreve: «Podemos ver no quadro do Conselho dos Barbudos uma sátira dos usos burocráticos da Rússia moscovita... Notemos que a sátira podia ser dirigida não só contra os tempos antigos, mas também contra a época contemporânea, em que o adolescente genial podia observar sem esforço todas as pessoas importantes pretensiosas e "meditativas", etc.» Contudo, trata-se aqui de uma situação diretamente oriunda dos contos. Encontramos em Afanassiev (por exemplo, n.º 80): «Interrogou uma vez, os boiardos calaram-se, uma segunda vez, não responderam, uma terceira vez, ninguém abriu a boca.» Temos aqui uma situação frequente, em que a vítima se dirige aos outros para pedir socorro, e este apelo reproduz-se habitualmente três vezes. Em primeiro lugar, interpelam-se as criadas, depois os boiardos (os clérigos, os ministros), à terceira vez o herói do conto. Cada elemento da tríade pode ser por sua vez triplicado. Por conseguinte, não se trata da realidade, mas da amplificação e da especificação (atribuição dos nomes, etc.) de um elemento folclórico. Teríamos cometido o mesmo erro ao considerar a personagem de Penélope e as ações dos seus pretendentes como correspondendo à vida real grega e aos costumes gregos do casamento. Os pretendentes de Penélope são os falsos pretendentes que a poesia épica de todo o mundo bem conhece. É preciso antes de mais isolar os elementos folclóricos, e só depois de feito este isolamento poderemos levantar a questão das correspondências entre as situações específicas da poesia de Homero e a vida real grega.

Assim, vemos que o problema das relações entre o conto e a realidade não é inteiramente simples. Não podemos, a partir dos contos, tirar conclusões imediatas sobre a vida.

Mas, como veremos adiante, o papel da realidade nas transformações do conto é muito importante. A vida real não pode destruir a estrutura geral do conto. Absorve-se nele a matéria das diferentes substituições que se produzem no antigo esquema.

III

Eis os principais critérios com a ajuda dos quais se pode, com mais precisão, distinguir a forma fundamental de um elemento do conto da forma derivada (subentendo os contos fantásticos).

1. A interpretação fantástica de uma parte do conto é anterior à interpretação racionalista. O caso é muito simples e não reclama um desenvolvimento particular. Se, num conto, Ivan recebe o dom mágico de Baba Yaga e, noutro, o recebe

de uma velha mulher de passagem, é a primeira situação que é anterior à segunda. O fundamento teórico deste ponto de vista assenta na ligação entre os contos e as religiões. Contudo, esta regra pode revelar-se falsa em relação às outras classes de contos (fábulas, etc.), que, geralmente, são talvez anteriores aos contos fantásticos e que não encontram a sua origem nos fenómenos religiosos.

2. A interpretação heroica é anterior à interpretação humorística. Com efeito, trata-se aqui de um caso particular do fenómeno precedente. Assim, o elemento «bater o Dragão às cartas» é posterior ao elemento «travar um combate de morte com o Dragão».

3. A forma aplicada logicamente é anterior à forma aplicada de uma maneira incoerente.

4. A forma internacional é anterior à forma nacional. Se, por exemplo, se encontra o Dragão nos contos de todo o mundo, mas se este for substituído pelo Urso nos contos do Norte e pelo Leão nos contos do Sul, o Dragão é a forma fundamental, enquanto o Leão e o Urso são formas derivadas. É preciso dizer aqui algumas palavras sobre os métodos com a ajuda dos quais estudámos os contos à escala internacional. A matéria a estudar é tão vasta que é impossível a um investigador examinar os cento e cinquenta elementos do conto procurando-os no folclore do mundo inteiro. É preciso, em primeiro lugar, precisar todas as suas formas fundamentais e derivadas, realizar o mesmo trabalho junto de outro povo e, depois, passar às confrontações. Por conseguinte, podemos simplificar a tese das formas internacionais e exprimi-la assim: cada forma nacional é anterior à forma regional, provinciana. Mas, uma vez tomada esta via, não podemos

deixar de formular: a forma difundida é anterior à forma rara. Em teoria, contudo, é possível que seja precisamente a forma antiga que se conservou em casos isolados, enquanto todas as outras formas são novas. É por isso que a aplicação deste princípio quantitativo (a aplicação da estatística) exige uma grande prudência e um recurso incessante às considerações sobre a qualidade do material estudado. Por exemplo: no conto *A Bela Vassilissa* (Af. 59), a imagem de Baba Vaga é acompanhada do aparecimento de três cavaleiros, simbolizando a manhã, o dia e a noite. Perguntamo-nos involuntariamente: não teremos aqui um traço primordial próprio de Baba Yaga, que se perdeu nos outros contos? Mas, por causa de muitas considerações particulares (que não citaremos aqui), temos de renunciar inteiramente a esta opinião.

IV

Perseguiremos a título de exemplo todas as modificações possíveis de um elemento, a saber: a cabana de Baba Yaga. Do ponto de vista morfológico, a cabana representa a morada do benfeitor (isto é, da personagem que oferece um objeto mágico ao herói). Por conseguinte, compararemos não só as cabanas, mas também todos os géneros de moradas do benfeitor. Consideramos como forma fundamental russa a cabana sobre pés de galinha na floresta e que gira. Mas, visto que um elemento não realiza no conto todas as modificações possíveis, tomaremos, em certos casos, outros exemplos.

1. *Redução.* Podemos encontrar, em vez da forma completa, a seguinte série de modificações:

1. Cabana sobre patas de galinha na floresta.
2. Cabana sobre patas de galinha.

3. Cabana na floresta.
4. Cabana.
5. A floresta (Af. 52).
6. Não se menciona a morada.

Aqui, a forma fundamental está reduzida. Abandonam-se as patas de galinha, a rotação, a floresta, por fim, a própria cabana pode desaparecer. A redução representa uma forma fundamental incompleta. Esta explica-se evidentemente pelo esquecimento, que, por sua vez, tem razões mais complexas. A redução indica a falta de correspondência entre o conto e o género de vida próprio ao meio em que é conhecido. Indica a pouca atualidade do conto num meio, numa época ou num narrador.

2. A *amplificação* representa o fenómeno oposto. Aqui, a forma fundamental é aumentada e completada com pormenores. Podemos considerar como amplificada a forma seguinte:

Cabana sobre patas de galinha, na floresta, apoiada por coscorões e coberta de tortas.

A maior parte das amplificações é acompanhada de reduções. Rejeitam-se certos traços e acrescentam-se outros. Podíamos classificar as amplificações em grupos segundo a sua origem (como fizemos adiante com as substituições). Certas amplificações vêm da vida prática, outras representam o desenvolvimento de um pormenor tirado da forma canónica. Aqui, encontramo-nos perante este último caso. O estudo do benfeitor mostra-nos que este une qualidades hostis e hospitaleiras. Habitualmente, Ivan regala-se em casa do benfeitor. As formas deste festim são muito diversas («oferta de beber, oferta de comer». Ivan dirige-se à cabana com estas palavras: «Temos de entrar na tua casa para comermos uma migalha.» O herói vê a mesa posta na cabana, prova todos os pratos ou come segundo a fome que tem; ele próprio mata os touros ou as galinhas no pátio do benfeitor, etc.). A morada exprime as mesmas qualidades do benfeitor. O conto alemão *Hänsel und Gretel* utiliza esta forma, de maneira um pouco diferente, conformemente ao caráter infantil do conto.

3. *Deformação.* Na época atual, encontram-se muitas vezes deformações, pois o conto fantástico está em regressão. Estas formas desprovidas de sentido encontram por vezes uma grande extensão e enraízam-se. No caso da cabana, podemos considerar como deformada a imagem da rotação constante da cabana à volta do seu eixo. A cabana tem uma significação inteiramente particular para o desenvolvimento da ação; é uma sentinela de guarda avançada; o herói sofre aqui uma prova que mostrará que é digno de receber o objeto mágico. A cabana oferece aos olhos de Ivan uma parede cega. É por isso que lhe chamam por vezes «cabana sem janelas e sem portas». Mas a abertura é do lado oposto àquele em que se encontra Ivan. Poderíamos julgar que é fácil dar a volta e entrar pela porta. Ora, Ivan não pode fazê-lo, e nunca o faz nos contos. Em vez disso, pronuncia a fórmula mágica «volta as costas para a floresta, o teu rosto para mim» ou ainda «coloca-te como a tua mãe te colocou». Segue-se geralmente: «a cabana voltou-se.» A palavra «voltar» transformou-se em «girar»; a expressão «gira quando é preciso» transformou-se em «gira» muito simplesmente, o que não tem sentido, mas não deixa por isso de ter um certo encanto.

4. *Inversão.* A forma fundamental transforma-se muitas vezes em som oposto. Por exemplo, substituem-se as imagens femininas por imagens masculinas, e inversamente. Este fenómeno pode igualmente abranger a cabana. Em vez de uma cabana fechada, temos por vezes uma cabana com a porta escancarada.

5 e 6. *Intensificação e enfraquecimento.* Estas espécies de transformações não dizem respeito senão às ações das personagens. Podemos realizar as diferentes ações com uma intensidade diferente. O envio do herói, transformado em expulsão, pode servir como exemplo de intensificação. O envio é um dos elementos constantes do conto; este elemento é representado por tal quantidade de formas diferentes que podemos observar aí todos os estados da transformação. Intervém quando se pede este ou aquele objeto singular; é por vezes uma comissão («prestai-me um serviço»), na maior parte das vezes uma ordem acompanhada de ameaças no caso de não execução e de promessas no caso contrário. É por vezes também uma expulsão camuflada: a irmã maldosa manda o irmão buscar leite de animais selvagens para se desembaraçar dele; o amo manda o criado buscar a vaca aparentemente perdida na floresta; a sogra manda a nora buscar lume em casa de Baba Yaga. Por fim, a expulsão pode ser simples. Não são senão as principais etapas, e cada uma delas admite ainda várias variações e formas intermédias; estas formas são particularmente importantes para o estudo dos contos que tratam de personagens expulsas.

Podemos considerar como forma fundamental do envio a ordem acompanhada de ameaças e de promessas. Se se omitem as promessas, esta redução pode ao mesmo tempo ser considerada como uma intensificação: o que fica é o envio e as ameaças. A omissão das ameaças traz, pelo contrário, uma atenuação, um enfraquecimento desta forma. O enfraquecimento posterior consiste em omitir o próprio envio. Ao partir, o filho pede a bênção aos pais.

Podemos interpretar as seis espécies de transformações que examinámos até agora como alterações da forma fundamental. Ao mesmo nível de análise situam-se dois outros grandes grupos de transformações: as substituições e as assimilações. Podemos classificar estas, como aquelas, segundo a sua origem.

7. *Substituição interna.* Prosseguindo a nossa observação da morada, encontramos as formas seguintes:

1. Palácio.
2. Montanha junto de um ribeiro de fogo.

Estes casos não são nem reduções, nem amplificações, etc. Não são alterações, mas substituições. Não vêm do exterior; saíram do próprio conto. Trata-se aqui de uma deslocação, de uma transposição das formas do material. A Princesa habita geralmente um palácio, na maior parte das vezes de ouro. Atribui-se esta morada ao benfeitor. Estas deslocações desempenham um grande papel no conto. Cada elemento tem uma forma que lhe é própria. Contudo, esta forma não está sempre ligada ao mesmo elemento (por exemplo, a Princesa, que é a personagem procurada, pode desempenhar também o papel da ajuda, do benfeitor). Uma imagem do conto suplanta outra imagem. Assim, a filha de Baba Yaga pode desempenhar o papel da Princesa; Baba Yaga já não habita então uma cabana, mas um palácio, morada própria de uma Princesa. Surgem também os palácios de cobre, de prata e de ouro. As jovens que habitam estes palácios são ao mesmo tempo benfeitoras e princesas. Estes palácios podem surgir como uma imagem tripla do palácio de ouro. Podem ter também uma origem independente, por exemplo, sem qualquer relação com as imagens da idade do ouro, da prata e do ferro.

Da mesma maneira, a montanha junto do ribeiro de fogo não é senão a morada do Dragão, atribuída ao benfeitor. Estas deslocações, assim como as outras substituições internas, desempenham um papel extremamente importante no nascimento das transformações.

8. *Substituição realista.* Se tivermos as formas:

1. Albergue.
2. Casa de dois andares.

a cabana fantástica é substituída por formas de morada conhecidas na vida real. A maior parte destas substituições explica-se muito simplesmente, mas algumas delas exigem pesquisas etnográficas particulares. As substituições realistas saltam aos olhos, e os investigadores detêm-se nelas na maior parte das vezes.

9. *Substituição confessional.* A religião contemporânea pode também substituir formas antigas por formas novas. São exemplo disso casos como o do diabo no papel de transportador aéreo, do anjo no papel daquele que oferece o objeto mágico, da prova que tem o caráter de uma mortificação. Certas lendas representam de facto contos em que todos os elementos sofreram substituições. Cada povo tem as suas próprias substituições confessionais. O cristianismo, o islamismo, o budismo refletem-se nos contos dos povos que professam estas religiões.

10. *Substituição por superstição.* É completamente evidente que as superstições e as crenças religiosas podem também transformar a matéria dos contos. Contudo, encontramos estas substituições muito mais raramente do que se poderia esperar à primeira vista (os erros da escola mitológica). Pushkin não tinha razão ao escrever, a propósito do conto:

Aí há milagres, aí ronda o silvano,
A ondina está sentada nos ramos...

Se encontramos o silvano num conto fantástico, quase nunca é outra coisa senão uma substituição de Baba Yaga.

As ondinas só aparecem uma única vez na recolha de Afanassiev e também num conto cuja originalidade é bastante duvidosa; não as encontramos nas recolhas de Onchukov, de Zelenin, de Sokolov, e o silvano apenas entra no conto porque se parece com Baba Yaga, que é também um habitante das florestas. O conto não atrai para o seu mundo senão aquilo que corresponde às formas da sua construção.

11. *Substituição arcaica.* Indicámos que as formas fundamentais dos contos remontam a imagens religiosas já mortas. Ao basearmo-nos neste critério, podemos, por vezes, distinguir as formas fundamentais das formas derivadas. Contudo, em certos casos particulares, a forma fundamental (mais ou menos habitual para os contos) é substituída por uma forma, também antiga, de origem religiosa, mas que apenas encontramos isoladamente e em casos muito raros. Assim, no conto *A Feiticeira e a Irmã do Sol* (Af. 50), o combate com o Dragão é substituído pelo episódio seguinte. A esposa do Dragão diz ao Príncipe: «Que Ivan-o-Príncipe venha comigo para a balança; veremos quem é o mais pesado.» A balança lança Ivan nos aposentos do Sol. Trata-se aqui das marcas de uma psicostasia (pesagem das almas). De onde veio esta forma (o Antigo Egito conhece-a) e como se conservou ela no conto? Estas duas questões constituirão o objeto de um estudo histórico. Nem sempre se pode distinguir facilmente a substituição arcaica da substituição por crença ou superstição. Ambas remontam a uma época muito antiga. Mas, se um elemento do conto for ao mesmo tempo o objeto de uma fé viva, poderemos considerar a substituição como relativamente nova (cf. a introdução do silvano). A religião pagã deu origem a dois desenvolvimentos: um no conto, o outro na fé e nos costumes. Ao longo dos séculos, foi possível juntá-los, e um pôde suplantar o outro. Inversamente, se a fé

viva não der nenhuma indicação sobre o elemento do conto (a balança), a substituição remontará então a tempos muito antigos e pode ser considerada arcaica.

12. *Substituição literária.* O conto integra elementos literários tão dificilmente como superstições vivas. O conto possui tal resistência que todas as outras formas se quebram nele sem se fundirem. Se, todavia, este encontro se produzir, é o conto que é sempre o vencedor. Entre os géneros literários, o conto absorve na maior parte das vezes a bilina e a lenda. Só a absorção do romance é um facto muito mais raro. Só o romance cavaleiresco desempenha aqui um certo papel. Contudo, o romance cavaleiresco é muitas vezes ele próprio um produto dos contos. As etapas do desenvolvimento são as seguintes: conto, romance, conto. É por isso que obras como *Ieruslan Lazarevitch* representam verdadeiros contos, apesar do caráter livresco de certos elementos. Certamente, isto diz apenas respeito ao conto fantástico. O romance medieval, a novela e os outros géneros de prosa popular são mais flexíveis e mais recetivos.

13. *Modificações.* Não podemos definir com precisão a origem de certas substituições. Para a maioria, são criações do contista e informam-nos sobre a sua imaginação. Estas formas não são significativas para a etnografia e para a história. Contudo, podemos observar que estas substituições desempenham um papel mais importante nos contos de animais e outros contos não fantásticos (a substituição do urso por um lobo, de um pássaro por outro, etc.), mas permanecem possíveis no conto fantástico. Assim, a águia, o falcão, o corvo, o ganso, etc., podem igualmente desempenhar o papel de transportador aéreo. O veado de armação de ouro, o cavalo de crina de ouro, o pato de penas douradas, o porco de cerdas

de ouro, etc., podem substituir-se uns aos outros como objetos da busca. As formas derivadas modificam-se particularmente muitas vezes. Podemos mostrar pelo confronto de um certo número de formas que o objeto da busca não é outra coisa senão uma transformação da Princesa de caracóis de ouro. Se a comparação das formas fundamentais e das formas derivadas revela uma certa subordinação (descendência), a comparação de dois elementos derivados indica um certo paralelismo. O conto possui elementos de formas diversas. É o caso, por exemplo, das «tarefas difíceis». Estas tarefas não têm formas fundamentais, é por isso que a construção do conto inteiro é um pouco afetada.

Este fenómeno aparecerá ainda com maior nitidez se confrontarmos partes que nunca pertenceram à forma fundamental do conto. As motivações são um exemplo disso. As transformações obrigam por vezes a motivar esta ou aquela ação. Assim, criam-se motivações muito diferentes para ações rigorosamente idênticas, como para a expulsão do herói, por exemplo (a expulsão é uma forma derivada). Inversamente, o rapto da jovem pelo Dragão (que é uma forma primeira) quase nunca é motivado: é motivado de dentro.

Alguns traços da cabana também são modificados: em vez da cabana sobre patas de galinha, encontramos a cabana «sobre cornos de cabra, sobre patas de carneiro».

14. *Substituições de origem desconhecida.* Como classificamos aqui as substituições segundo a sua origem e como a origem de um elemento nem sempre é conhecida e nem sempre é uma simples modificação, é preciso criar uma classe de substituições de origem provisoriamente desconhecida. Podemos, por exemplo, ligar a estas formas a irmã do Sol no conto 50 de Afanassiev. A irmã desempenha o papel da benfeitora e pode também ser considerada como uma forma rudimentar

da Princesa. Vive nos «aposentos do Sol». Não sabemos se se trata aqui de algum culto do Sol ou se estamos perante uma criação imaginativa do narrador (muitas vezes, quando se pergunta ao contista se conhece contos sobre isto ou aquilo, e se se encontra aí esta ou aquela coisa, ele inventa seja o que for para agradar ao folclorista).

Assim, terminamos o nosso apanhado sobre as substituições. Certamente, poderíamos criar outras subdivisões, ao analisar este ou aquele caso particular, mas para já não é necessário. As substituições enumeradas conservam a sua importância ao longo do material dos contos, e, ao completá-las, podemos facilmente aplicá-las aos casos particulares baseando-nos nas classes estabelecidas.

Ocupar-nos-emos agora de outra classe de alterações: as assimilações.

Chamamos assimilação à substituição incompleta de uma forma por outra, de modo que se produz uma fusão das duas formas numa só.

Enumeraremos as assimilações muito brevemente, porque vamos manter as mesmas classes que para as substituições.

15. *Assimilação interna.* Encontramo-la nas formas:

1. Cabana sob um teto de ouro.
2. Cabana junto da ribeira de fogo.

Nos contos, encontramos muitas vezes um palácio sob um teto de ouro. A cabana + o palácio sob um teto de ouro dão a cabana sob um teto de ouro. O mesmo acontece com a cabana junto do fogo.

Encontramos um caso muito interessante no conto *Fedor Vodovitch e Ivan Vodovitch* (Ontch. N.º 4). Aqui, dois elementos tão diferentes como o nascimento miraculoso do herói e a sua perseguição pelas mulheres (as irmãs) do Dragão estão fundidos. Perseguindo o herói, as mulheres do Dragão transformam-se habitualmente em poço, em macieira, em cama, e põem-se no caminho de Ivan. Se ele comer frutos, se beber água, etc., despedaçar-se-á em bocados. O mesmo motivo é utilizado para o nascimento miraculoso: a princesa passeia no jardim do pai, vê o poço com o copo e a cama (a macieira é esquecida). Bebe água e deita-se na cama para repousar. Assim, concebe e dá à luz dois filhos.

16. Encontramos uma *assimilação realista* nas formas:

1. Cabana na extremidade da aldeia.
2. Caverna na floresta.

Aqui, a cabana fantástica transformou-se numa cabana real e numa caverna real, mas a morada continua isolada (no segundo caso, é sempre na floresta). Assim, o conto + a realidade dão uma assimilação realista.

17. A substituição do Dragão por um diabo pode servir como exemplo de *assimilação confessional*; este último habita um lago, tal como o Dragão. Esta imagem dos maldosos seres aquáticos nada tem a ver com a tal mitologia rudimentar dos camponeses e muitas vezes apenas se explica como uma espécie de transformação.

18. A *assimilação por superstição* é rara. O silvano que habita a cabana sobre patas de galinha pode ser um exemplo dela.

19 e 20. As *assimilações literárias* e *arcaicas* são ainda mais raras. As assimilações com a bilina e a lenda têm uma certa importância para o conto russo, mas trata-se na maior parte das vezes não de uma assimilação, mas do desapossamento

de uma forma por outra, conservando esta última as partes constitutivas do conto sem modificações. Quanto às assimilações arcaicas, exigem sempre um exame especial. São possíveis, mas só as podemos indicar com a ajuda de pesquisas muito especializadas.

Poderíamos terminar assim o nosso apanhado sobre as transformações. Não podemos afirmar que absolutamente todas as formas dos contos entrarão no quadro proposto, mas de qualquer modo podemos fazer entrar aí um número considerável delas. Poderíamos propor ainda transformações como a especificação e a generalização. No primeiro caso, o fenómeno geral transforma-se em fenómeno particular (em vez de trigésimo reinado([8]), encontramos a cidade Khvalynsk); no segundo caso, pelo contrário, o trigésimo reinado transforma-se em «outro» reinado, etc. Mas quase todas estas espécies de especificações podem também ser consideradas como substituições, e as generalizações, como reduções. O mesmo se passa com a racionalização (corcel voador — cavalo), com a transformação em anedota, etc. A aplicação correta e seguida das classes de transformação enumeradas permite estabelecer um fundamento mais estável para o estudo do conto no seu movimento.

Aquilo que diz respeito aos elementos particulares do conto diz respeito aos contos em geral. Se acrescentamos um elemento supérfluo, temos uma amplificação; no caso inverso, uma redução, etc. A aplicação destes métodos aos contos na sua totalidade é muito importante para o estudo dos assuntos.

Falta-nos ainda esclarecer um problema, problema esse muito importante. Se isolarmos todas as formas (ou uma

([8]) Denominação convencional, própria dos contos russos, do lugar onde se desenrola a ação. [*N. do T. da edição francesa*]

grande quantidade de formas) de um elemento, veremos que não podem ser reduzidas a uma única forma fundamental. Suponhamos que tomamos Baba Yaga como forma fundamental do benfeitor. Podemos explicar formas como a da feiticeira, da avó, da viúva, da velhinha, do velho, do pastor, do silvano, do anjo, do diabo, das três raparigas, da filha do rei, de uma maneira satisfatória, como substituições e outras transformações de Baba Yaga. Mas encontramos também o «mujique grande com uma unha, com a barba de todo o tamanho». Esta forma do benfeitor não vem de Baba Yaga. Se encontramos essa forma igualmente nas religiões, trata-se de uma forma coordenada à de Baba Yaga; senão, é uma substituição de origem desconhecida. Cada elemento pode ter várias formas fundamentais, embora a quantidade destas formas paralelas, coordenadas, seja habitualmente muito limitada.

V

O nosso estudo ficaria incompleto se não mostrássemos uma série de transformações sobre uma matéria mais densa, se não déssemos um modelo para a aplicação das nossas observações. Vejamos as formas:

o Dragão rapta a filha do rei
o Dragão tortura a filha do rei
o Dragão exige a filha do rei.

Do ponto de vista da morfologia do conto, trata-se aqui da ação hostil inicial. Esta ação serve habitualmente de nó. De acordo com os princípios expostos, devemos comparar não só um rapto com outro, etc., mas também as diferentes formas de ação hostil inicial como uma das partes constitutivas do conto.

A prudência exige que as três formas sejam consideradas como formas coordenadas. Mas podemos supor que a primeira é mesmo assim uma forma fundamental. O Antigo Egito conhece uma representação da morte que é o rapto da alma pelo Dragão. Mas esta representação está esquecida, enquanto a representação da doença como instalação de uma demónio no corpo vive sempre. Por fim, a imagem do Dragão que exige a princesa como um tributo traz um matiz realista arcaico. É acompanhada da aparição de um exército, do cerco da cidade e da ameaça de guerra. Contudo, não o podemos afirmar com segurança. Desta maneira, as três formas são muito antigas, e cada uma presta-se a uma certa quantidade de transformações.

Vejamos a primeira forma:

O Dragão rapta a filha do rei.

Compreendemos o Dragão como uma personificação do mal. A influência confessional transforma o Dragão em diabo:

Os diabos raptam a filha do rei.

A mesma influência muda o objeto do rapto:

O diabo rapta a filha do pope.

A imagem do Dragão é já estranha à aldeia. É substituída por um animal perigoso mais conhecido (substituição realista), provido de atributos fantásticos (modificação).

O urso pelo-de-arame apodera-se dos filhos do rei.

O mau aproxima-se de Baba Yaga. Uma parte do conto influencia a outra (substituição interna). Baba Yaga é um ser do sexo feminino; é por isso que se atribui o sexo masculino ao objeto roubado (inversão).

A feiticeira rapta o filho dos velhos.

Uma das formas constantes de complicação do conto é o novo rapto da presa pelos irmãos. Aqui, transfere-se a ação hostil inicial para os parentes do herói. É a forma canónica de complicação da ação.

Os irmãos raptam a noiva de Ivan.

Substituem-se os irmãos maus por outros parentes maus, que pertencem à reserva de personagens do conto (substituição interna).

O rei (o sogro) rapta a mulher de Ivan.

Por vezes, é a princesa que ocupa este lugar, e o conto toma formas mais divertidas. A imagem do mau é reduzida nestes casos.

A princesa foge de casa do marido.

Em todos estes casos, raptavam-se pessoas, mas também se pode roubar a luz divina (substituição arcaica?).

O Dragão rouba a luz do reino.

Substitui-se o Dragão por outro animal monstruoso (modificação); o objeto do rapto aproxima-se da vida real imaginária.

A marta rouba animais no pátio do rei.

Os talismãs desempenham um grande papel no conto. São muitas vezes o único meio pelo qual Ivan atinge os seus objetivos. Isto explica por que se tornam muitas vezes o objeto do roubo. O cânone do conto exige até obrigatoriamente esse roubo, para que a ação se complique para o meio. A ação que se passa ao meio pode ser transferida para o início (substituição interna). O raptor do talismã é muitas vezes o patife, o senhor, etc. (substituição realista).

A criança manhosa rouba o talismã de Ivan
o senhor rouba o talismã do mujique.

O conto sobre o pássaro de fogo situa-se num plano intermédio, antes das outras formas em que as maçãs de ouro roubadas não são talismãs (cf. as maçãs revigorantes). É preciso acrescentar que o voo do talismã não serve senão para complicar a ação a meio do conto, quando o talismã já tinha sido encontrado. O roubo do talismã no início do conto só é possível no caso em que a sua posse for motivada de qualquer maneira. Assim, compreendemos por que razão os objetos roubados no início do conto não são na sua maioria talismãs. Do meio do conto, o pássaro de fogo vem ao início. O pássaro é uma das formas fundamentais do transportador de Ivan para o trigésimo reino. As penas douradas, etc., são o atributo habitual dos animais fantásticos.

O pássaro de fogo rouba as maçãs do rei

Em todos estes casos, mantém-se o rapto (o roubo). Atribui-se a um ser mítico o desaparecimento da noiva, da filha, da mulher, etc. Contudo, este caráter mítico é estranho à vida camponesa contemporânea. A feitiçaria substitui a mitologia falsa, estranha. Atribui-se o desaparecimento aos sortilégios dos mágicos e mágicas. O caráter da ação hostil altera-se, mas o seu resultado permanece constante, é sempre um desaparecimento que provoca investigações (substituição por crença supersticiosa).

O feiticeiro rapta a filha do rei.
A criada enfeitiça e faz que a noiva de Ivan fuja.

Depois, observamos de novo a transferência da ação para parentes maus.

As irmãs fazem fugir o noivo da rapariga.

Passemos às transformações da nossa segunda forma fundamental, a saber:

O Dragão tortura a filha do rei.

A transformação segue os mesmos caminhos.

O diabo tortura a filha do rei, etc.

A tortura toma aqui o caráter de uma obsessão, de um vampirismo, o que a etnografia explica de uma maneira satisfatória. Encontramos de novo outro ser mau no lugar do Dragão e do diabo.

Baba Yaga tortura a amante dos cavaleiros medievais.

A terceira forma fundamental apresenta as ameaças do casamento forçado.

O Dragão exige a filha do rei.

Assim se abre uma série de transformações:

O ondino exige o filho do rei, etc.

Segundo o aspeto morfológico, a mesma forma dá a declaração de guerra, sem a reclamação dos filhos do rei (redução).

A transferência das formas semelhantes para os parentes dá como resultado:

A irmã-feiticeira tenta comer o filho do rei (irmão dela).

O último caso (Af. n.º 50) é particularmente interessante. Aqui, chama-se à irmã do príncipe «um Dragão». Assim, este caso oferece-nos um exemplo clássico de assimilação interna. Mostra-nos que é preciso ser-se muito prudente no estudo das relações familiares a partir do conto. O casamento do irmão com a irmã e outras formas podem não ser sobrevivências de um costume, mas aparecer como o resultado de certas transformações, como nos mostra claramente o caso citado.

Poderíamos objetar, a tudo o que está exposto aqui, que se pode pôr seja o que for numa frase que tem dois complementos. Mas isto não é verdade. Como pôr, numa forma semelhante, o nó do conto *O Frio, o Sol e o Vento* e de tantos outros? Em segundo lugar, os casos considerados realizam um elemento de construção que permanece o mesmo na sua relação com toda a composição. Provocam ações idênticas, representadas contudo por formas diferentes: o pedido de socorro apresenta-se como uma saída da casa, um encontro com o benfeitor, etc. Todo o conto que possui o elemento «roubo» ou «rapto» não apresenta necessariamente esta construção; se a construção está ausente, não podemos confrontar momentos semelhantes, porque são heterónimos, ou é preciso admitir que uma parte do conto fantástico se integrou noutro tipo de construção. Assim, voltamos à necessidade de comparar não segundo uma semelhança exterior, mas segundo partes constitutivas idênticas.

1928.

TEMÁTICA

Boris TOMACHEVSKI

A ESCOLHA DO TEMA

Ao longo do processo artístico, as frases particulares combinam-se entre si segundo o seu sentido e realizam uma certa construção na qual se encontram unidas por uma ideia ou tema comum. As significações dos elementos particulares da obra constituem uma unidade que é o tema (aquilo de que se fala). Podemos também falar do tema da obra inteira, assim como do tema das suas partes. Cada obra escrita numa língua provida de sentido possui um tema. Só a obra transracional não tem tema, e por isso é apenas um exercício experimental, um exercício de laboratório para certas escolas poéticas.

A obra literária é dotada de uma unidade quando é construída a partir de um tema único que se revela ao longo da obra.

Por conseguinte, o processo literário organiza-se à volta de dois momentos importantes: a escolha do tema e a sua elaboração.

A escolha do tema depende estreitamente do acolhimento que encontra junto do leitor. A palavra «leitor» designa em geral um círculo bastante mal definido de pessoas, de que muitas vezes o próprio escritor não tem conhecimento preciso.

A imagem do leitor está muitas vezes presente na consciência do escritor, mesmo que não seja senão abstrata, mesmo que exija do escritor que se esforce por ser o leitor da sua obra. Esta imagem do leitor pode ser formulada de uma forma clássica, como a que encontramos numa das últimas estrofes de *Eugénio Onéguin:*

Sejas quem fores, ó meu leitor,
Amigo ou inimigo, quero de ti
Despedir-me afetuosamente.
Adeus. Seja o que for que tu procuras em mim
Nestas estrofes descuidadas:
A recordação de uma emoção,
Um descanso depois do trabalho,
Quadros vivos, ditos espirituosos
Ou erros de gramática,
Deus permita que neste livro,
Para o divertimento, para o sonho,
Para o coração, para a polémica dos jornalistas
Encontres nem que seja uma migalha;
E agora separemo-nos, adeus. ([1])

Esta preocupação de um leitor abstrato traduz-se pela noção de «interesse».

A obra deve ser interessante. A noção de interesse guia já o autor na escolha do tema. Mas o interesse pode tomar formas

---

([1]) A. Pushkin, *Eugène Onéguine*, tr. por Michel Bayat, R. Laffont, Paris, 1956.

muito diferentes. As preocupações de ofício são familiares ao escritor e aos seus leitores mais próximos; e pertencem aos móbiles mais fortes do desenvolvimento literário. A aspiração a uma novidade profissional, a um novo domínio, foi sempre o traço distintivo das maneiras e das escolas literárias mais progressistas. A experiência literária, a tradição a que o escritor se refere, revela-se-lhe como uma tarefa legada pelos seus predecessores, tarefa cuja realização absorve toda a sua atenção. Por outro lado, o interesse de um leitor neutro, estranho aos problemas do ofício, pode tomar formas diferentes indo da exigência de uma qualidade puramente para divertir (satisfeita pela literatura «plataforma de estação», de Nat Pinkerton a Tarzan) à combinação de interesses literários com questões de interesse geral.

Neste sentido, o tema atual, isto é, aquele que trata dos problemas culturais do momento, satisfaz o leitor.

Assim, uma imensa literatura jornalística acumulou-se à volta de cada romance de Turgueniev, literatura que se interessa menos pela obra de arte do que pelos problemas de cultura geral e sobretudo pelos problemas sociais. Esta literatura jornalística era completamente legítima como resposta ao tema escolhido pelo romancista.

Os temas da Revolução, da vida revolucionária, são atuais nos nossos dias e penetram toda a obra de Pilniak, Ehrenburg e de outros prosadores, dos poetas Maiakovski, Tikhonov, Asseev.

A forma elementar da atualidade é-nos dada pela conjuntura quotidiana. Mas as obras de atualidade (o «bilhete», as coplas de cançonetista) não sobrevivem ao interesse contemporâneo que as suscitou. A importância destes temas é reduzida porque não estão adaptados à variabilidade dos interesses quotidianos do auditório. Inversamente, quanto mais importante for o tema e tiver um interesse duradoiro, mais a vitalidade da obra está assegurada. Assim, ao rejeitar os limites da atualidade, podemos chegar aos interesses universais (os problemas do amor, da morte), que, no fundo, permanecem os mesmos ao longo da história humana. Contudo, estes temas universais devem ser alimentados por uma matéria concreta, e, se essa matéria não estiver ligada à atualidade, colocar estes problemas é uma tarefa desprovida de interesse.

É preciso não compreender a atualidade como uma representação da vida contemporânea. Se, por exemplo, o interesse pela revolução for hoje de atualidade, isso significa que o romance histórico que traça uma época de movimentos revolucionários, ou o romance utópico que descreve a revolução numa situação fantástica, podem ser atuais. Lembremo-nos, por exemplo, da série de peças da época das perturbações apresentadas nos palcos russos (Astrovski, Alexis Tolstoi, Tchaev, etc., ao mesmo tempo que as obras de Kostomarov), que mostram que os temas históricos que se referem a uma época mesmo afastada podem ser atuais e suscitar talvez mais interesse do que a representação da vida contemporânea poderia suscitar. Finalmente, é preciso saber quais são os aspetos dessa vida que se devem representar. Nem tudo o que é contemporâneo é atual e evoca o mesmo interesse.

Assim, as particularidades da época que vê a criação da obra literária são determinantes no que diz respeito ao interesse pelo tema. Acrescentemos que a criação literária e as tarefas colocadas por ela têm um papel preponderante entre essas condições históricas.

Não basta escolher um tema interessante. É preciso manter o interesse, é preciso estimular a atenção do leitor. O interesse atrai, a atenção retém.

O elemento emocional contribui amplamente para cativar a atenção. Não foi sem razão que, segundo a sua característica emocional, se classificavam em comédias e tragédias as peças destinadas a agir diretamente sobre um grande público. Suscitar uma emoção é o melhor meio de cativar a atenção.

O tom frio do relator que constata as etapas do movimento revolucionário não basta. É preciso simpatizar, indignar-se, regozijar-se, revoltar-se. Deste modo, a obra torna-se atual no sentido preciso do termo porque age sobre o leitor ressuscitando nele emoções que dirigem a sua vontade. A maioria das obras poéticas é construída a partir da simpatia ou da antipatia sentida pelo autor, a partir de um juízo de valor sobre o material proposto à nossa atenção. O herói virtuoso (positivo) e o mau (negativo) representam uma expressão direta deste elemento valorativo da obra literária. O leitor deve ser orientado na sua simpatia, nas suas emoções.

É por isso que o tema da obra literária é habitualmente colorido de emoção; evoca, pois, um sentimento de indignação ou de simpatia e evocará sempre um juízo de valor.

Além disso, é preciso não esquecer que o elemento emocional se encontra na obra, que não é introduzido pelo leitor. Não podemos debater o caráter positivo ou negativo de uma personagem (por exemplo Petchorin de Lermontov). É preciso descobrir a relação emocional contida na obra (mesmo se não for essa a opinião pessoal do autor). Esse matiz emocional que permanece evidente nos géneros literários primitivos (por exemplo, no romance de aventuras, em que a virtude é recompensada e o vício punido) pode ser muito fino e complexo nas obras mais elaboradas, e por vezes é tão confuso que não o podemos explicar com uma simples fórmula. Contudo, é, em grande parte, o momento de simpatia que guia o interesse e retém a atenção, chamando o leitor a participar no desenvolvimento do tema.

FÁBULA E ASSUNTO

O tema apresenta uma certa unidade. É constituído por pequenos elementos temáticos dispostos numa certa ordem.

A disposição destes elementos temáticos faz-se segundo dois tipos principais: ou obedecem ao princípio de causalidade, inscrevendo-se numa certa cronologia, ou são expostos sem consideração temporal, por exemplo numa sucessão que não tem em conta qualquer causalidade interna. No primeiro caso, estamos na presença de obras «de assunto» (novela, romance, poema épico), no segundo, de obras sem assunto, descritivas (poesia descritiva e didática, lírica, narrações de viagens: *Cartas a Um Viajante Russo*, de Karamzin, *A Fragata Palas*, de Goncharov, etc.).

É preciso sublinhar que a fábula exige não só um índice temporal, mas também o índice de causalidade.

A viagem pode ser relatada como uma sucessão cronológica, mas, se nos limitarmos a um relato das impressões do viajante em vez de apresentarmos as suas aventuras pessoais, então não se trata senão de uma narração sem assunto.

Quanto menos esse laço causal for forte, mais o laço temporal toma importância. Enfraquecer a intriga transforma o romance de assunto numa crónica, numa descrição no tempo (*Os Anjos de Infância de Bagrov Neto*, de Aksakov).

Observemos a noção de fábula. Chamamos fábula ao conjunto dos acontecimentos ligados entre si que nos são comunicados ao longo da obra. A fábula poderia ser exposta de uma maneira pragmática, segundo a ordem natural, a saber: a ordem cronológica e causal dos acontecimentos, independentemente da maneira como estão dispostos e introduzidos na obra.

A fábula opõe-se ao assunto, que é constituído pelos mesmos acontecimentos, mas que respeita a sua ordem de surgimento na obra e a sequência das informações que no-los designam ([2]).

A noção do tema é uma noção sumária que une o material verbal da obra. A obra inteira pode ter o seu tema, e ao mesmo tempo cada parte da obra possui o seu tema. A decomposição da obra consiste em isolar as partes da obra caracterizadas por uma unidade temática específica. Assim, a novela de Pushkin *O Tiro de Pistola* pode ser decomposta em duas narrativas: a dos encontros do narrador com Silvio e com o conde e a do conflito entre Silvio e o conde. Por sua vez, a primeira decompõe-se na história da vida no regimento e na história da vida no campo; e, na segunda, separamos o primeiro duelo de Silvio e do conde do seu segundo encontro.

Com a ajuda desta decomposição da obra em unidades temáticas, chegamos finalmente às partes indecomponíveis, às mais pequenas partículas do material temático: «A noite caiu», «Raskolnikov matou a velha», «O herói morreu», «Chegou uma carta», etc. O tema desta parte indecomponível da obra chama-se motivo. No fundo, cada proposição possui o seu próprio motivo.

Devemos fazer aqui algumas reservas no que diz respeito ao termo «motivo»: em poética histórica, em estudo comparativo dos assuntos itinerantes, o seu emprego difere sensivelmente do do termo introduzido aqui, embora sejam ambos habitualmente definidos da mesma maneira. No estudo comparativo, chama-se motivo à unidade temática que se encontra em diferentes obras (por exemplo, o rapto da noiva, os animais que ajudam o herói a realizar as suas missões, etc.). Estes motivos são inteiramente transmitidos de um esquema narrativo para outro. Pouco importa para a poética comparativa que

---

([2]) Em suma, a fábula é aquilo que efetivamente se passou; o assunto é a maneira como o leitor tomou conhecimento disso.

se possa decompô-los em motivos menores. O que importa é que no âmbito do género estudado se encontram sempre estes motivos inalterados. Podemos evitar, por conseguinte, no estudo comparativo, a palavra «indecomponível» e podemos falar de elementos que permaneceram indecompostos durante a história literária e que conservam a sua unidade ao longo das suas peregrinações de obra para obra. Com efeito, muitos motivos saídos da poética comparativa permanecem igualmente motivos do ponto de vista da poética teórica.

Os motivos combinados entre si constituem o suporte temático da obra. Nesta perspetiva, a fábula aparece como o conjunto dos motivos na sua sucessão cronológica, e de causa para efeito; o assunto aparece como o conjunto desses mesmos motivos, mas segundo a sucessão que respeitam na obra. No que diz respeito à fábula, pouco importa que o leitor tome consciência de um acontecimento em tal parte da obra e que este acontecimento lhe seja comunicado ou diretamente pelo próprio autor, ou através da narrativa de uma personagem, ou ainda com a ajuda de alusões marginais. Inversamente, só a apresentação dos motivos desempenha um papel no assunto. Um caso qualquer que o autor não terá inventado pode servir-lhe de fábula. O assunto é uma construção inteiramente artística.

Os motivos de uma obra são heterogéneos. Uma simples exposição da fábula revela-nos que certos motivos podem ser omissos sem no entanto destruírem a sucessão da narração, enquanto outros não podem sê-lo sem que seja alterado o elo de causalidade que une os acontecimentos. Os motivos que não podemos excluir são chamados motivos associados; aqueles que podemos afastar sem infringir a sucessão cronológica e causal dos acontecimentos são motivos livres.

Só os motivos associados importam para a fábula. Mas, no assunto, são sobretudo os motivos livres que desempenham o papel dominante e que determinam a construção da obra.

Estes motivos marginais (os pormenores, etc.) são introduzidos devido à construção artística da obra e são portadores das diferentes funções às quais voltaremos mais tarde. A introdução desses motivos é determinada em grande medida pela tradição literária, e cada escola caracteriza-se por um repertório de motivos livres, enquanto os motivos associados, geralmente mais vivos, aparecem sob a mesma forma nas obras das diferentes escolas. Evidentemente, as tradições literárias podem desempenhar um papel também muito considerável no desenvolvimento da fábula (por exemplo, a novela dos anos quarenta do século XIX caracteriza-se por uma fábula que trata das infelicidades de um pequeno funcionário: *O Capote* de Gogol, *Os Pobrezinhos* de Dostoievski; os anos vinte, pela fábula muito conhecida do amor infeliz de um europeu por uma estrangeira: *O Prisioneiro do Cáucaso*, *Os Zíngaros* de Pushkin). Pushkin fala na sua novela *O Vendedor de Caixões* da tradição literária na introdução dos motivos livres:

«No dia seguinte, ao meio-dia, o fabricante e as suas filhas saíram pela cancela da casa comprada de novo e dirigiram-se a casa do vizinho. Não vou descrever nem o *kaftan* russo de Adriano Prokhorovitch, nem o vestuário à europeia de Akulina e de Daria, afastando-me assim do uso próprio dos romancistas da atualidade. Contudo, não considero supérfluo indicar que as duas jovens raparigas tinham posto chapelinhos amarelos e sapatos vermelhos, o que não lhes acontecia senão em circunstâncias solenes.» ([3])

Aqui, a descrição do vestuário é anotada como um motivo livre tradicional para esta época (1830).

Entre os motivos livres, podemos distinguir uma classe particular de motivos de introdução que reclamam o contributo

([3]) Pushkin, *Œuvres complètes. Drames, romans, nouvelles.* André Bonné, éditeur, Paris, 1953. *Le Fabricant de cercueils*, trad. francesa de A. Mevnieux.

dos motivos suplementares. Assim, a situação que consiste em dar uma missão ao herói é característica do género «conto». Por exemplo, o rei quer desposar a sua própria filha. Para evitar o casamento, a filha encarrega-o de missões impossíveis. Ou o herói pede a filha do rei em casamento. Para evitar este casamento odioso, a filha do rei encarrega-o de missões à primeira vista irrealizáveis. (Cf. em Pushkin *O Conde de Balda*). Para se ver livre do seu criado, o pope pede-lhe que reúna as rendas do diabo. Este motivo de missões pede que seja suportado pela narrativa concreta das próprias missões e serve de introdução à narrativa que diz respeito ao herói que é o agente destas missões. Tal é igualmente o caso do motivo que serve para afrouxar a ação. Em *As Mil e Uma Noites*, Xerazade adia a execução que a ameaça contando contos. O motivo de narração é um processo que serve para introduzir novos contos. Tais são os motivos da perseguição nos romances de aventuras, etc. Habitualmente, a introdução de motivos livres na novela é apresentada como o suporte do motivo de introdução; este último, sendo um motivo associado, é inseparável da fábula.

Por outro lado, é preciso classificar os motivos segundo a ação objetiva que descrevem.

O desenvolvimento da fábula é habitualmente conduzido graças à presença de algumas personagens ou heróis ligados por interesses comuns ou por outros laços (por exemplo, de parentesco). As relações mútuas das personagens num dado momento constituem uma situação. Por exemplo, o herói ama a heroína, mas a heroína ama o seu rival. Os laços são: o amor do herói pela heroína e o amor da heroína pelo rival. A situação típica é uma situação que contém laços contraditórios: as diferentes personagens querem modificar esta situação de maneiras diferentes. Por exemplo, o herói ama a heroína e é amado, mas os pais impedem o casamento. O herói e a heroína aspiram ao casamento, os pais aspiram à separação dos heróis. A fábula representa a passagem de uma situação para outra. Esta passagem pode produzir-se graças à introdução de novas personagens (complicação da situação), ou graças à evicção dos antigss personagens (a morte do rival), ou graças a uma mudança do laço.

Aos motivos que mudam a situação chama-se motivos dinâmicos, àqueles que não a mudam, motivos estáticos. Tomemos como exemplo a situação antes do fim na novela de Pushkin *A Menina Camponesa*: Alexis Berestov ama Akulina. O pai de Alexis obriga-o ao desposar Lise Muromskaia. Não sabendo que Akulina e Lise são uma única e mesma personagem, Alexis resiste ao casamento imposto pelo pai. Este parte para se explicar com Muromskaia e reconhece Akulina em Lise. A situação alterou-se: as prevenções de Alexis contra esse casamento cessam. O motivo do reconhecimento de Akulina em Lise é um motivo dinâmico.

Os motivos livres são habitualmente estáticos, mas nem todos os motivos estáticos são motivos livres. Suponhamos que o herói tem necessidade de um revólver para o cumprimento de um assassínio necessário à fábula. O motivo do revólver, a sua introdução no campo visual do leitor, é um motivo estático, mas ao mesmo tempo associado, visto que não se podia cometer este assassínio sem o revólver. Ver este exemplo em *A Rapariga sem Dote* de Ostrovski.

As descrições da natureza, do lugar, da situação, das personagens e do seu caráter, etc., são motivos tipicamente estáticos; os factos e gestos do herói são motivos tipicamente dinâmicos.

Os motivos dinâmicos são os motivos centrais ou motores da fábula. Inversamente, acentua-se por vezes no assunto os motivos estáticos.

Podemos facilmente distribuir os motivos segundo a sua importância na fábula. Os motivos dinâmicos ocupam o primeiro lugar, depois vêm os motivos preparatórios, os motivos que determinam a situação, etc. A comparação entre uma exposição condensada e uma exposição mais fluida da narrativa demonstra a importância de um motivo para a fábula.

Podemos caracterizar o desenvolvimento da fábula como a passagem de uma situação para outra ([4]), sendo cada situação caracterizada por um conflito dos interesses, pela luta entre as personagens. O desenvolvimento dialético da fábula é análogo ao desenvolvimento do processo social e histórico, que apresenta cada novo estádio histórico como o resultado do conflito das classes sociais no estádio precedente, e ao mesmo tempo como o campo onde se chocam os interesses dos grupos sociais que constituem o regime social do momento.

Estes interesses contraditórios e a luta entre as personagens são acompanhados pelo reagrupamento destas últimas e pela tática de cada grupo nas suas ações contra outro. O desenvolvimento da ação, o conjunto dos motivos que a caracterizam, chama-se intriga (esta é própria, sobretudo, da forma dramática).

O desenvolvimento da intriga (ou, no caso de um agrupamento complexo das personagens, o desenvolvimento das intrigas paralelas) leva quer ao desaparecimento do conflito, quer à criação de novos conflitos. Habitualmente, o fim da fábula é representado por uma situação em que os conflitos são suprimidos e os interesses reconciliados. A situação de conflito suscita um movimento dramático porque uma coexistência prolongada de dois princípios opostos não é possível, e um deles terá de a suplantar. Pelo contrário, a situação

---

([4]) O mesmo se passa com a novela psicológica, onde a série das personagens e as suas relações são substituídas pela história interior de uma única personagem. Os motivos psicológicos das suas ações, os diferentes lados da sua vida espiritual, os seus instintos, as suas paixões, etc., desempenham o papel das personagens habituais. Podemos generalizar neste sentido tudo o que foi dito e tudo o que será dito.

de «reconciliação» não arrasta um novo movimento, não desperta a espera do leitor; é por isso que tal situação aparece no final, e a ela chama-se desenlace. Assim, os antigos romances moralistas começam com uma situação na qual a virtude é oprimida e o vício triunfa (conflito de ordem moral), enquanto no desenlace a virtude é recompensada e o vício punido. Por vezes, observamos uma situação equilibrada no início da fábula (do tipo «Os heróis viviam pacificamente. De repente, aconteceu, etc.»). Para pôr a fábula «em marcha», introduzem-se motivos dinâmicos que destroem o equilíbrio da situação inicial. Ao conjunto dos motivos que violam a imobilidade da situação inicial e que encetam a ação chama-se nó. Frequentemente, o nó determina todo o desenvolvimento da fábula, e a intriga reduz-se às variações dos motivos principais introduzidos pelo nó. A estas variações chama-se peripécias (a passagem de uma situação a outra).

Quanto mais os conflitos que caracterizam a situação forem complexos e quanto mais os interesses das personagens forem opostos, mais a situação é tensa. A tensão dramática aumenta à medida que a reviravolta da situação se aproxima. Esta tensão é obtida habitualmente pela preparação dessa reviravolta. Assim, no romance de aventuras estereotipado, os adversários que querem a morte do herói estão sempre em vantagem. Mas, no último minuto, quando essa morte se torna iminente, o herói é subitamente libertado, e as maquinações desfazem-se. A tensão aumenta graças a essa preparação.

A tensão chega ao seu ponto culminante antes do desenlace. Esse ponto culminante é habitualmente designado pela palavra alemã *Spannung*. Na construção dialética da fábula mais simples, a *Spannung* aparece como a antítese (sendo o nó a tese e o desenlace a síntese).

O material da fábula forma o assunto ao passar por várias etapas. A situação inicial exige uma introdução narrativa.

A narrativa das circunstâncias que determinam o estado inicial das personagens e das suas relações chama-se exposição. Uma narração não começa forçosamente pela exposição([5]).

No caso mais simples, quando o autor nos faz em primeiro lugar conhecer as personagens que participam na fábula, estamos na presença de uma exposição direta. Mas o início toma também muitas vezes outra forma a que seria conveniente chamar início *ex abrupto*: a narrativa começa pela ação em vias de desenvolvimento, e é apenas com a continuação que o autor nos dá a conhecer a situação inicial dos heróis. Neste caso, estamos perante uma exposição retardada. Este atraso da exposição dura, por vezes, muito tempo: a introdução dos motivos que constituem a exposição varia sensivelmente. Por vezes, ficamos a conhecer a situação graças a alusões marginais. É a adição dessas notas incidentes que nos dá a imagem definitiva. Neste caso, não estamos na presença de uma exposição no sentido próprio da palavra: não existe trecho narrativo ininterrupto onde estariam reunidos os motivos da exposição.

Mas, por vezes, depois de descrever um acontecimento que não sabemos situar no esquema geral, o autor explica-o (quer sob a forma de uma intervenção direta, quer no discurso de uma personagem) por uma exposição, isto é, uma narrativa sobre o que já foi contado. Esta transposição da exposição representa um caso particular de deformação temporal no desenvolvimento da fábula.

Este atraso da exposição pode prolongar-se até ao fim da exposição: ao longo da narrativa, o leitor é mantido na ignorância de certos pormenores, necessários à compreensão

---

([5]) Do ponto de vista da disposição do material narrativo, o começo da narração chama-se *início*, o fim *final*. O início pode não conter nem a exposição nem o nó. Da mesma maneira, o final pode não coincidir com o desenlace.

da ação. Habitualmente, esta ignorância do leitor corresponde na narrativa ao desconhecimento que tem destas circunstâncias o grupo principal de personagens, isto é, o leitor é informado unicamente daquilo que é conhecido por um certa personagem. Esta circunstância ignorada é-nos comunicada no desenlace. Ao desenlace que inclui elementos da exposição e que é como que a iluminação à volta de todas as peripécias conhecidas desde a exposição precedente chama-se desenlace regressivo. Suponhamos que o leitor de *A Menina Camponesa*, tal como Alexis Berestov, não conhece a identidade de Akulina e de Lisa Muromskaia. Neste caso, a informação que o desenlace nos daria sobre esta identidade teria tido uma forma regressiva, isto é, teria trazido uma nova compreensão e uma compreensão verdadeira de todas as situações precedentes. Esta é a construção de *A Tempestade*, novela tirada da recolha *Narrativas do Falecido Ivan Psetrovitcb Bielkin*, de Pushkin.

Este atraso da exposição é frequentemente introduzido como um conjunto complexo de segredos. São possíveis as seguintes combinações: o leitor sabe, as personagens não sabem; uma parte das personagens sabe, outra não sabe; o leitor e uma parte das personagens não sabem; ninguém sabe, a verdade é descoberta por acaso; as personagens sabem, o leitor não sabe.

Estes segredos podem dominar toda a narração ou apenas abranger alguns motivos. Neste caso, o mesmo motivo pode figurar várias vezes na construção do assunto. Vejamos o processo seguinte, próprio do romance: o filho de uma das personagens foi raptado durante muito tempo sem que a ação se desencadeie (primeiro motivo). Surge uma nova personagem, e ficamos a saber que foi educada numa família que não era a sua e que não conheceu os pais (segundo motivo). Mais tarde, ficamos a saber, graças a um confronto de datas e de circunstâncias, ou com a ajuda do motivo «marca» — amuleto, sinal, etc. —, que a criança educada não faz senão um com o novo herói. Estabelece-se desta maneira a identidade do primeiro com o segundo motivo. Esta repetição do motivo sob uma forma modificada caracteriza este modo de construção do assunto no qual os elementos da fábula não são introduzidos na ordem cronológica natural. O motivo repetido é regra geral o indício desse laço formulado pela fábula entre as partes do esquema composicional. Assim, se o amuleto é a marca de reconhecimento no exemplo tipo citado acima, «o reconhecimento da criança perdida», então o motivo desse amuleto acompanha tanto a narrativa do desaparecimento da criança como a biografia da nova personagem (ver *Os Inocentes Culpados* de Ostrovski).

As inversões temporais na narração são possíveis graças à ligação que os motivos estabelecem entre as partes ([6]). Não é apenas a exposição, mas qualquer parte da fábula, que pode ser conhecida do leitor depois de este último ter sido informado do que se passa a seguir.

A exposição sucessiva de grande parte dos acontecimentos que precedem aqueles ao longo dos quais esta exposição é introduzida chama-se *Vorgeschichte.* A exposição retardada é uma forma corrente da *Vorgeschichte*, assim como a biografia de uma nova personagem introduzida numa nova situação. Podemos encontrar muitos exemplos disto nos romances de Turgueniev.

Um caso mais raro é o de *Nachgeschichte*, a narrativa daquilo que se passa posteriormente, e que é inserida na narração,

---

([6]) Quando esse motivo se repete mais ou menos muitas vezes, e sobretudo quando é livre, isto é, exterior à fábula, fala-se de um *leitmotiv.* Assim, certas personagens que aparecem sob nomes diferentes ao longo da narração (disfarce) são acompanhadas de um motivo constante, a fim de que o leitor possa reconhecê-los.

antes que os acontecimentos, que preparam esse devir, apareçam. A *Nachgeschichte* toma por vezes a forma de um sonho fatídico, de uma predição, de suposições mais ou menos justas a propósito do futuro.

.O narrador desempenha um grande papel no caso de desenvolvimento indireto da fábula, pois a introdução das diferentes partes do assunto decorre do caráter da narração.

O narrador pode diferir segundo as obras: a narração é apresentada quer objetivamente, em nome do autor, como uma simples informação, sem que nos expliquem como tomamos conhecimento desses acontecimentos (narrativa objetiva), quer em nome de um narrador, de uma certa personagem bem definida. Por vezes, introduz-se esse narrador como um terceiro posto ao corrente da narrativa por outras personagens (o narrador das novelas de Pushkin *O Tiro de Pistola*, *O Alugador de Cavalos de Posta*), ou como uma testemunha, ou como um dos participantes da ação (o herói em *A Filha do Capitão*, de Pushkin). Por vezes, essa testemunha ou esse auditor podem não ser um narrador, e a narrativa objetiva comunicar-nos-á o que esse auditor soube e ouviu, embora não desempenhe nenhum papel na narrativa (*Melmothe, O Homem Errante*, de Mathurin). Por vezes, utilizam-se métodos complexos de narração (por exemplo, em *Os Irmãos Karamazov*, o narrador é introduzido como testemunha, mas não está presente no romance, e a narração é conduzida como uma narrativa objetiva).

Assim, existem dois tipos principais de narração: narrativa objetiva e narrativa subjetiva. No sistema da narrativa objetiva, o autor sabe tudo, até os pensamentos secretos dos heróis. Na narrativa subjetiva, seguimos a narração através dos olhos do narrador (ou de um terceiro auditor) e para cada informação dispomos de uma explicação: como e quando o narrador (o auditor) tomou ele próprio conhecimento disso.

Os sistemas mistos são igualmente possíveis. Na narrativa objetiva, o narrador segue, regra geral, o destino de uma personagem particular, e ficamos a saber sucessivamente o que fez ou soube a personagem em causa. Depois, abandonamos esta personagem, a nossa atenção passa para outra e ficamos a saber de novo o que esta nova personagem fez ou soube. Assim, o herói é o fio condutor da narrativa, o mesmo é dizer que também é o narrador; o autor, falando em seu nome, tem ao mesmo tempo a preocupação de não comunicar mais coisas do que o herói poderia fazer. Por vezes, o facto de o herói ser o fio condutor da narrativa basta para determinar toda a construção da obra. Sendo o material da fábula o mesmo, o herói poderia sofrer algumas mudanças se o autor seguisse outra personagem.

Analisaremos a título de exemplo o conto de W. Hauff *O Califa Cegonha*:

Um belo dia, o califa Chasid e o seu vizir compram a um vendedor ambulante uma tabaqueira cheia de um pó misterioso e acompanhada de uma notícia escrita em latim. O sábio Selim lê esta nota, onde se diz que alguém que prove esse pó e que pronuncie a palavra *mutabor* será transformado num animal à sua escolha. Mas é preciso não se rir depois da transformação, se não a palavra será esquecida, e será impossível voltar a ser um homem. O califa e o vizir transformam-se em cegonhas; o seu primeiro encontro com outras cegonhas fá-los rir. A palavra é esquecida. As duas cegonhas, o califa e o vizir, estão condenadas a ficar para sempre pássaros. Ao voarem sobre Bagdade, veem uma balbúrdia nas ruas e ouvem gritos que anunciam que o poder foi tomado por um certo Mizra. Este último é o filho do mágico Kachnur, ele próprio o pior inimigo de Chasid. As cegonhas voam então para o túmulo do profeta para encontrarem lá a libertação dos sortilégios. No caminho, param nas ruínas para passar a noite. Aí, encontram uma coruja que fala a língua dos homens e que lhes conta a sua história. Era a filha única do rei dos Índios. O mágico Kachnur, que a pedira em vão em casamento para o seu filho Mizra, depois de se ter introduzido no palácio disfarçado de negro, deu à princesa uma bebida mágica que a transformou em coruja e depois transportou-a para aquelas ruínas dizendo-lhe que permaneceria coruja até que alguém consentisse em desposá-la. Por outro lado, ouvira na infância uma predição segundo a qual a felicidade lhe seria dada pelas cegonhas. Propõe ao califa que lhe indique o meio de se libertar do sortilégio, na condição de prometer desposá-la. Depois de algumas hesitações, o califa consente, e a coruja condu-lo ao quarto onde se reúnem os mágicos. Aí, o califa surpreende a narrativa de Kachnur, no qual reconhece o vendedor ambulante: este último conta como conseguiu enganar o califa. Esta conversa volta a dar ao califa a palavra esquecida: *mutabor*. O califa e o vizir tornam a ser homens, a coruja também, e entram todos em Bagdade, onde se vingam de Mizra e de Kachnur.

O conto chama-se *O Califa Cegonha*, isto é, o herói é o califa Chasid, pois é o seu destino que o autor segue na narração. A história da princesa coruja é introduzida pela narrativa que faz ao califa no seu encontro nas ruínas.

Basta alterar ligeiramente a disposição do material para fazer da princesa coruja a heroína; é preciso contar em primeiro lugar a sua história e introduzir a do califa através de uma narrativa que surge antes da libertação do sortilégio.

A fábula teria ficado a mesma, mas o assunto ter-se-ia alterado sensivelmente, pois o fio condutor da narração já não seria o mesmo.

Anoto aqui a transposição dos motivos: o motivo do vendedor ambulante e o motivo de Kachnur, pai de Mizra, são os mesmos no momento em que o califa cegonha surpreende o mágico. O facto de a transformação do califa ser a conclusão das maquinações do seu inimigo Kachnur é-nos comunicado no fim do conto e não no princípio, como deveria acontecer numa exposição pragmática.

Quanto à fábula, é dupla:

1. A história do califa enfeitiçado por Kachnur graças a uma armadilha.

2. A história da princesa enfeitiçada pelo mesmo Kachnur.

Estes dois inimigos paralelos da fábula cruzam-se no momento do encontro e das promessas mútuas entre o califa e a princesa. Em seguida, a fábula segue um traçado único: a sua libertação e a punição do mágico.

O esquema do assunto acompanha o destino do califa. Sob uma forma disfarçada, o califa é aqui o narrador, isto é, a narrativa aparentemente objetiva relata o que é conhecido do califa e na ordem segundo a qual ele o soube. Isso determina toda a construção do assunto. Este caso é muito frequente, e o herói é geralmente um narrador dissimulado (potencial). É por isso que a novela utiliza muitas vezes a construção própria das memórias, isto é, obriga o herói a contar a sua história. Assim, o processo de observação do herói é revelado, e os motivos expostos e a ordem que respeitam encontram a sua motivação.

Na análise da composição de obras concretas, é preciso dispensar uma atenção especial aos papéis representados pelo tempo e pelo lugar da narração.

É preciso distinguir na obra literária o tempo da fábula e o da narração. O tempo da fábula é aquele em que se supõe que os acontecimentos expostos se desenrolam; o tempo da narração é o tempo necessário à leitura da obra (a duração do espetáculo). Este último tempo corresponde à noção que temos da dimensão da obra.

O tempo da fábula é-nos dado:

1. Pela data da ação dramática, quer de uma maneira absoluta (quando se situam os acontecimentos no tempo, por

exemplo, «às duas horas da tarde de 8 de janeiro de 18...», ou «no inverno»), quer relativa (pela indicação da simultaneidade dos acontecimentos ou da sua relação temporal: «dois anos mais tarde», etc.).

2. Pela indicação dos lapsos de tempo ocupados pelos acontecimentos («a conversa durou uma meia hora», «a viagem prosseguiu durante três meses» ou indiretamente: « chegaram ao destino no quinto dia»).

3. Criando a impressão dessa duração: segundo o comprimento dos discursos ou a duração normal de uma ação, ou segundo outros indícios secundários, medimos aproximadamente o tempo tomado pelos acontecimentos expostos. É preciso observar que o escritor utiliza esta terceira forma muito livremente, intercalando discursos prolongados em lapsos de tempo bastante breves e, inversamente, estendendo falas breves e ações rápidas em longos períodos.

Quanto à escolha do lugar da ação, existem dois casos característicos: o caso estático, quando todos os heróis se reúnem num mesmo sítio (é por isso que os hotéis e os seus equivalentes, oferecendo a possibilidade de encontros inesperados, são muito frequentes), e o caso cinético, quando os heróis mudam de lugar para chegarem aos encontros necessários (narração do tipo das narrativas de viagens).

MOTIVAÇÃO

O sistema de motivos que constituem a temática de uma obra deve apresentar uma unidade estética. Se os motivos ou o complexo de motivos não estão suficientemente coordenados na obra, se o leitor fica insatisfeito com o laço entre esse complexo e a obra inteira, diz-se que esse complexo não se integra na obra. Se todas as partes da obra estão mal coordenadas, a obra dissolve-se.

É por isso que a introdução de todo o motivo particular ou de cada conjunto de motivos deve ser justificada (motivada). Ao sistema de processos que justifica a introdução de motivos particulares e dos seus conjuntos chama-se motivação.

Os processos de motivação são muito diferentes pela sua natureza e pelo seu caráter. É por isso que é preciso classificar as motivações.

1. *Motivação composicional.* O seu princípio consiste na economia e na unidade dos motivos. Os motivos particulares podem caracterizar os objetos colocados no campo visual do leitor (os acessórios), ou as ações das personagens (os episódios). Nem um único acessório deve ficar inutilizado pela fábula. Tchekhov pensou na motivação composicional ao dizer que, se no princípio da novela se diz que há um prego na parede, no fim é nesse prego que o herói se deve pendurar.

Observamos uma utilização similar dos acessórios em *A Rapariga sem Dote*, de Ostrovski, no que diz respeito à arma. As indicações de encenação do terceiro ato contêm: «Por cima do divã uma tapeçaria onde estão suspensas armas.» No início, esta anotação não é senão um pormenor da encenação a título de indicação sobre os hábitos de Karandichev. No sexto quadro, atrai-se a atenção para este pormenor com as seguintes réplicas:

«ROBINSON (olhando para a tapeçaria). — Que tem aí?

»KARANDICHEV. — Cigarros.

»ROBINSON. — Não, o que está pendurado! Objetos fictícios? Imitações?

»KARANDICHEV. — Que objetos fictícios? Que imitações? São armas turcas.»

O diálogo prossegue, e a assistência ridiculariza essas armas. Então o motivo das armas precisa-se; a declaração do mau estado dessas armas é seguida da réplica:

«KARANDICHEV. — E porque estariam em mau estado? Esta pistola, por exemplo... (*Tira a pistola da parede.*)

»PARATOV (*pegando na pistola*). — Esta pistola?

»KARANDICHEV. — Atenção! Está carregada!

»PARATOV. — Não tenha medo. Carregada ou não, o perigo é o mesmo. De qualquer maneira, não disparará. Deixo que disparem sobre mim à distância de cinco passos.

»KARANDICHEV. — Oh, não! Esta pistola ainda pode servir.

»PARATOV. — Sim, para pregar pregos na parede. (*Põe a pistola em cima da mesa*).»

No final do ato, Karandichev, escapando-se, pega na pistola que está em cima da mesa. No quarto ato, dispara com esta pistola sobre Larissa.

A introdução do motivo da arma tem aqui uma motivação composicional. Esta arma é necessária ao desenlace.

É o primeiro caso de motivação composicional. O segundo é a introdução de motivos como processos de caracterização. Os motivos devem estar em harmonia com a dinâmica da fábula. Ainda em *A Rapariga sem Dote*, o motivo do vinho de Borgonha fabricado por um comerciante de vinhos falsário que o vende barato caracteriza a existência miserável de Karandichev e prepara a partida de Larissa.

Estes pormenores característicos podem estar em harmonia com a ação:

1. Segundo uma analogia psicológica (a paisagem romântica: luar para uma cena de amor, tempestade ou temporal para as cenas de morte ou de crime).

2. Por contraste (o motivo da natureza indiferente, etc.). Ainda em *A Rapariga sem Dote*, no momento em que Larissa

morre, ouve-se através da porta do restaurante o canto de um coro zíngaro.

É preciso, também, ter em conta uma falsa motivação possível. Adereços e episódios podem ser introduzidos para desviar a atenção do leitor da verdadeira intriga. Este processo figura muitas vezes nos romances policiais, onde é apresentada uma certa quantidade de pormenores a fim de conduzir o leitor (e uma parte das personagens, por exemplo, em Conan Doyle — Watson ou a polícia) a uma má pista. O autor deixa-nos conjeturar um desenlace falso. Os processos de motivação falsa são frequentes sobretudo em obras fundadas numa grande tradição literária. O leitor está habituado a interpretar cada pormenor da obra de uma maneira tradicional. O subterfúgio revela-se no final, e o leitor compreende que todos esses pormenores foram introduzidos com o único fim de fabricar um desenlace inesperado.

A motivação falsa é um elemento do pastiche literário, isto é, um jogo sobre situações literárias conhecidas pertencentes a uma sólida tradição e utilizadas pelos escritores com uma função não tradicional.

2. *Motivação realista.* Reclamamos a cada obra uma ilusão elementar: por muito convencional e artificial que fosse a obra, deveríamos captar a ação como verosímil. Este sentimento de verosimilhança é extremamente forte no leitor ingénuo, e esse leitor pode acreditar na autenticidade da narrativa, pode estar persuadido de que as personagens existem realmente. Assim, Pushkin, mal terminou *A História da Revolta de Pugatchov*, publica *A Filha do Capitão* sob a forma de memórias de Griniov, com o seguinte posfácio: «O manuscrito de Piotre Andreevitch Griniov foi fornecido por um dos seus netos, que soube que nos ocupávamos de um trabalho relativo

à época descrita pelo seu avô. Decidimos, com a licença dos parentes, publicar o próprio manuscrito.» Dão-nos a ilusão de que Griniov e as suas memórias são autênticos, ilusão confirmada sobretudo por certos traços da vida pessoal de Pushkin conhecidos do público (as suas investigações sobre a história de Pugatchev) e também pelo facto de as opiniões e de as convicções professadas por Griniov nem sempre coincidirem com as opiniões expressas pelo próprio Pushkin.

Para um leitor mais prevenido, a ilusão realista toma a forma de uma exigência de verosimilhança. Conhecendo bem o caráter inventado da obra, o leitor exige contudo uma certa correspondência com a realidade e vê o valor da obra nessa correspondência. Mesmo os leitores a par das leis de composição artística não podem libertar-se psicologicamente desta ilusão.

Neste sentido, cada motivo deve ser introduzido como provável para a situação formulada.

Mas, visto que as leis de composição do assunto nada têm de comum com a probabilidade, cada introdução de motivos é um compromisso entre esta probabilidade objetiva e a tradição literária. Graças ao seu caráter tradicional, não nos apercebemos do absurdo realista da introdução tradicional de motivos. Para mostrar que estes motivos são inconciliáveis com a motivação realista, é preciso fazer deles um pastiche. Lembramo-nos do pastiche de encenação da ópera *Vampuka*, que ainda está em cena no «Espelho Deformador» ([7]) e que apresenta o espetáculo de um repertório de situações tradicionais de ópera reunidas num espírito cómico.

Não damos conta, habituados que estamos à técnica do romance de aventuras, do absurdo do facto de o herói ser sempre salvo cinco minutos antes da sua morte iminente;

([7]) Teatro satírico em Leninegrado. [*N. do T. da edição francesa*] os espectadores da comédia antiga ou da comédia de Molière não se apercebiam do absurdo do facto de no último ato todas as personagens serem parentes próximos (o motivo do parentesco reconhecido, cf. o desenlace de *O Avarento* de Molière. O mesmo processo figura na comédia de Beaumarchais *As Bodas de Fígaro*, mas já sob a forma de pastiche, pois este processo estava em vias de desaparecimento nesta época. A peça de Ostrovski *Os Inocentes Culpados*, cuja heroína reconhece no fim o filho perdido no herói, mostra, contudo, que este motivo continua vivo no drama). Este motivo do parentesco reconhecido facilitava muito o desenlace (o parentesco conciliava os interesses mudando radicalmente a situação), por isso entrou solidamente na tradição. A explicação segundo a qual os achados de um filho e de uma mãe perdida eram moeda corrente na Antiguidade perde completamente o seu objetivo. Eram moeda corrente unicamente em cena graças à força da tradição literária.

Quando uma escola poética cede o lugar a outra, a nova destrói a tradição e conserva, por conseguinte, a motivação realista de introdução de motivos. É por isso que toda a escola literária que se opõe à maneira precedente inclui sempre nos seus manifestos, sob qualquer forma, uma declaração de fidelidade à vida, à realidade. Assim escrevia Boileau, tomando no século XVII a defesa do jovem classicismo contra as tradições da antiga literatura francesa; assim, no século XVIII, os enciclopedistas defendiam os géneros burgueses (o romance familiar, o drama) contra os velhos cânones; assim, no século XIX, os românticos insurgiam-se contra os cânones do classicismo tardio em nome da vitalidade e da fidelidade à natureza sem máscara. A escola que os substituiu tomou até o nome de escola naturalista. Em geral, no século XIX, pululam muitas escolas cuja denominação contém uma alusão à motivação realista dos processos: realismo, naturalismo, naturismo, romance de costumes, literatura populista, etc. Na nossa época, os simbolistas substituíram os realistas em nome de um natural sobrenatural (*de realibus ad realiora*, do real ao mais real), o que não impediu o aparecimento do acmeísmo, que exige da poesia um caráter mais substancial e mais concreto, nem o do futurismo, que nos começos rejeitou o esteticismo e quis reproduzir o «verdadeiro» processo criador e que mais tarde trabalhou deliberadamente sobre motivos «vulgares», isto é, realistas.

De escola para escola, ressoa a exortação ao natural. Porque não se criou a «verdadeira» escola natural que não deixaria lugar a nenhuma outra escola natural? Porque se pode aplicar o qualificativo de realista a cada escola (e ao mesmo tempo a nenhuma delas)? (Os ingénuos historiadores da literatura utilizam este termo como um louvor superior para um escritor: «Pushkin era realista» é um *cliché* típico da história literária que não dá conta do facto de no tempo de Pushkin não se utilizar esse termo com o sentido que lhe damos hoje.) Este fenómeno explica-se sempre pela oposição da nova escola à antiga, isto é, pela substituição das convenções antigas, percetíveis como tais, por outras que ainda não são percetíveis como cânones literários. Por outro lado, o material realista não representa em si uma construção artística, e, para que se torne o facto, é preciso aplicar-lhe leis específicas de construção artística que, do ponto de vista da realidade, serão sempre convenções.

Assim, a motivação realista tem como fonte quer a confiança ingénua, quer a exigência de ilusão. Isso não impede o desenvolvimento da literatura fantástica. Se os contos populares aparecem habitualmente num meio popular que admite a existência real de feiticeiras e de génios familiares, a sua existência ulterior deve-se a uma ilusão consciente em que o sistema mitológico, ou a conceção fantástica do mundo, ou a admissão de possibilidades que não são realmente justificáveis não é senão uma hipótese voluntária.

É sobre hipóteses semelhantes que estão construídos os romances fantásticos de Wells; este autor satisfaz-se habitualmente não com um sistema mitológico inteiro, mas com uma admissão isolada, inconciliável com as leis da natureza (encontra-se uma crítica dos romances fantásticos do ponto de vista da irrealidade das suas premissas na interessante obra de Perelman *Viagens nos Planetas*).

É interessante notar que, num meio literário evoluído, as narrativas fantásticas oferecem a possibilidade de uma dupla interpretação da fábula em virtude das exigências da motivação realista: podemos compreendê-las ao mesmo tempo como acontecimentos reais e como acontecimentos fantásticos. No seu prefácio ao romance de Alexis Tolstoi *O Vampiro*, que é um bom exemplo de construção fantástica, Vladimir Soloviov escrevia: «O interesse essencial da significação do fantástico em poesia assenta na certeza de que tudo o que aparece no mundo e sobretudo na vida humana depende, além das suas causas presentes e evidentes, de outra causalidade mais profunda e universal, mas menos clara. Eis o traço distintivo do verdadeiro fantástico: nunca aparece sob uma forma aberta. Os seus acontecimentos nunca devem levar a acreditar no sentido místico dos acontecimentos da vida, mas devem antes sugeri-lo, fazer-lhe alusão. No verdadeiro fantástico conserva-se sempre a possibilidade exterior e formal de uma explicação simples dos fenómenos, mas ao mesmo tempo esta explicação é completamente privada de probabilidade interna. Todos os pormenores particulares devem ter um caráter quotidiano, mas, considerados no seu conjunto, devem indicar outra causalidade.» Se retirarmos a estas palavras o verniz idealista da filosofia de Soloviov, encontramos aí uma formulação bastante precisa da técnica de narração fantástica do ponto de vista das normas da motivação realista. É essa a técnica das novelas de Hoffmann, dos romances de Radcliff, etc. Os motivos habituais que apresentam a possibilidade de uma dupla interpretação são o sonho, o delírio, a ilusão visual ou outra, etc. (Cf. deste ponto de vista a recolha de novelas de Brussov *O Eixo da Terra.*)

A introdução na obra literária de uma material extraliterário, isto é, de temas que têm uma significação real fora do desígnio artístico, é fácil de compreender sob o ângulo da motivação realista da construção da obra.

Assim, nos romances históricos, põem-se em cena personagens históricas, introduz-se esta ou aquela interpretação dos acontecimentos. Ver em *Guerra e Paz* de L. Tolstoi toda uma relação de estratégia militar sobre a batalha de Borodino e o incêndio de Moscovo, que provocou polémica na literatura especializada. As obras contemporâneas pintam costumes familiares ao leitor, levantam problemas de ordem moral, social, política, etc., numa palavra, introduzem temas que têm uma vida fora da literatura. Mesmo num pastiche convencional, no qual observamos uma demonstração dos processos, trata-se ao fim e ao cabo, a propósito de um caso particular, da discussão dos problemas próprios da poética. A desnudação do processo, isto é, a sua utilização fora da sua motivação tradicional, é uma demonstração do caráter literário da obra, no género de uma «cena sobre a cena» (por exemplo, a representação teatral em *Hamlet* de Shakespeare, o fim de *Kean* de Alexandre Dumas).

3. *Motivação estética.* Como já disse, a introdução dos motivos resulta do compromisso entre a ilusão realista e as exigências da construção estética. Nem tudo o que é retirado da realidade convém forçosamente a uma obra literária. É nisto

que insiste Lermontov quando escreve a propósito da prosa jornalística contemporânea (1840):

> De quem pintam eles os retratos?
> Onde, pois, apanharam essas conversas?
> E, mesmo que as tenham ouvido,
> Nós não queremos ouvi-las.

Boileau já falou deste problema jogando com as palavras: «O verdadeiro pode por vezes não ser verosímil», designando por «verdadeiro» o que tem uma motivação realista e por «verosímil» o que tem uma motivação estética.

A negação do caráter literário da obra na própria obra é uma expressão da motivação realista que encontramos frequentemente. Conhece-se bem a fórmula: «Se isso se passasse num romance, o meu herói teria agido assim, mas, visto que nos encontramos na realidade, eis o que aconteceu, etc.» Mas o próprio facto de se fazer referência à forma literária confirma já as leis de construção estética.

Cada motivo real deve ser introduzido de uma certa maneira na construção da narrativa e deve beneficiar de uma iluminação particular. A própria escolha de temas realistas deve ser justificada esteticamente.

As discussões entre as novas e as antigas escolas literárias surgem a propósito da motivação estética. A corrente antiga, tradicional, nega a existência do caráter estético das novas formas literárias. Isto manifesta-se por exemplo no léxico poético, que deve estar em harmonia com as firmes tradições literárias (fonte de prosaísmos, palavras interditas à poesia).

Debruçar-me-ei sobre o processo de singularização como sobre um caso particular da motivação estética. A introdução do material extraliterário numa obra deve justificar-se pela sua novidade e pela sua individualidade, a fim de não discordar dos outros constituintes da obra literária. É preciso falar do velho e do habitual como do novo e do não habitual. O vulgar deve ser tratado como insólito.

Estes processos que tornam singulares os objetos vulgares são geralmente motivados pela refração destes problemas na psique do herói, de quem são desconhecidos. Conhecemos o processo de singularização em L. Tolstoi, que, para descrever o conselho de guerra na aldeia das raparigas (*Guerra e Paz*), introduz a personagem de uma pequena camponesa que observa e interpreta à sua maneira infantil tudo o que fazem e dizem os participantes, sem lhes compreender o essencial. Do mesmo modo, sempre em Tolstoi, na sua novela *Kholstomer*, as relações humanas são-nos dadas através da psique hipotética de um cavalo (Cf. a novela de Tchekhov *Kachtanka*, onde estamos perante a psique também hipotética de uma cadelinha, processo que serve apenas para singularizar a exposição; a novela de Korolenko *O Músico Cego*, onde a vida daqueles que veem passa através do entendimento de um cego, pertence ao mesmo tipo).

Swift utilizou amplamente este processo de singularização em *As Viagens de Gulliver* a fim de pintar o quadro satírico dos regimes sociais e políticos da Europa. Gulliver, no país dos Houyhnhnms (cavalos providos de razão), descreve ao seu hóspede cavalo os usos em vigor na sociedade humana. Obrigado a ser extremamente concreto na sua narrativa, retira o invólucro das lindas frases e justificações tradicionais fictícias a fenómenos como a guerra, os conflitos de classe, a politiquice parlamentar profissional, etc. Privados do seu invólucro verbal habitual, estes temas tornaram-se singulares e revelam todo o seu lado repugnante. Desta maneira, a crítica do regime político, um material extraliterário, obtém a sua motivação e integra-se inteiramente na obra.

A interpretação do tema do duelo em *A Filha do Capitão* apresenta um mesmo exemplo de singularização.

Em 1830, lemos no *Diário Literário* esta nota de Pushkin: «As pessoas no mundo têm a sua própria maneira de pensar, os seus preconceitos incompreensíveis a outra casta. Como explicaríeis o duelo de dois oficiais franceses nas pacíficas ilhas Aleutas? A sua suscetibilidade parecer-lhe-á completamente estranha e quase terá razão.» Pushkin utilizou esta nota em *A Filha do Capitão*. No terceiro capítulo, é através da narrativa da mulher do capitão Mironov que Griniov sabe que Chvabrin foi transferido da Guarda para uma guarnição fronteiriça:

«Chvabrin Alexis Ivanytch há já cinco anos que foi transferido para aqui devido a um assassínio. Só Deus sabe que demónio o tomou. Vê lá, saiu da cidade com um tenente. Pegaram nas espadas e avançaram um para o outro, e Alexis Ivanytch trespassou o tenente, e tudo isto perante testemunhas!»

Mais tarde, no quarto capítulo, quando Chvabrin provoca Griniov para um duelo, este dirige-se ao tenente da guarnição e propõe-lhe que seja sua testemunha.

«Quer dizer», respondeu ele, «que tem a intenção de rachar ao meio Alexis Ivanytch e que deseja ver-me assistir a isso como testemunha? Ousaria perguntar que é mesmo isso, não?

»— Exatamente.

»— Como pensa nisso?! Pedro Andreitch, o que procura com isso? Discutiu com Alexis Ivanytch? Que grande infelicidade! Uma injúria não se suporta. Ele insultou-o? Pois bem, descomponha-o. Ele foi-lhe ao focinho? Pois bem, dê-lhe numa orelha, na outra, na terceira, e depois afaste-se. Quanto a nós, reconciliá-lo-emos.»

No fim da conversa, Griniov tenta uma recusa categórica:

«É como queira, mas, se tenho de participar nesta questão, nada mais farei do que ir a casa de Ivan Kuzmitch e dar-lhe a conhecer, por dever de serviço, que na fortaleza se trama um crime contra os interesses do Estado.»

No quinto capítulo, a descrição que Savelitch nos faz dos combates de esgrima torna-os para nós completamente estranhos:

«Não sou eu mas o maldito Mossieu que é o culpado de tudo. Foi ele que te ensinou a arrastar botas com espetos de manivela, a bater com os pés, como se as botas ou sapateados pudessem proteger-vos de um patife.» ([8])

Como resultado desta iluminação cómica, a ideia do duelo é apresentada a uma luz nova e não habitual. A singularização toma aqui uma forma cómica que o vocabulário ainda acentua («ele foi-lhe *ao* focinho?» — o vulgarismo «focinho» caracteriza no discurso do tenente não a grosseria do rosto de Griniov, mas a brutalidade do combate; «numa orelha, na outra, na terceira» — a conta corresponde ao número dos golpes e não ao número das orelhas: esta aproximação contraditória de palavras cria um efeito cómico). Evidentemente, a singularização nem sempre provoca um efeito cómico.

O HERÓI

A apresentação das personagens, espécie de suportes vivos para os diferentes motivos, é um processo corrente para agrupar e encadear estes últimos. A aplicação de um motivo a uma certa personagem facilita a atenção do leitor. A personagem desempenha o papel de um fio condutor que permite orientarmo-nos na acumulação dos motivos, com um meio auxiliar destinado a classificar e a ordenar os motivos particulares. Por outro lado, existem processos graças aos quais

---

([8]) A. S. Pushkin, *La Fille du capitaine*, tr. de R. Labry, Aubier, Paris, 1947.

nos podemos encontrar na multidão das personagens e na complexidade das suas relações. É preciso poder reconhecer uma personagem; por outro lado, esta deve mais ou menos prender a nossa atenção.

Caracterizar uma personagem é um processo que serve para a reconhecer. Chamamos *característica* de uma personagem ao sistema de motivos que lhe está indissoluvelmente ligado. Num sentido mais restrito, entendemos por *característica* os motivos que definem a psique da personagem, o seu caráter.

A denominação do herói por um nome próprio representa o elemento mais simples da característica. As formas elementares da narrativa satisfazem-se por vezes com a simples atribuição de um nome ao herói, sem nenhuma outra característica («herói abstrato»), para lhe ligarem as ações necessárias ao desenvolvimento da fábula. As construções mais complexas exigem que os atos do herói decorram de uma certa unidade psicológica, que sejam psicologicamente prováveis para essa personagem (motivação psicológica dos atos). Neste caso, atribuem-se ao herói certos traços de caráter.

A caracterização do herói pode ser direta, isto é, recebemos uma informação sobre o seu caráter quer do autor, quer das outras personagens, quer numa autodescrição (as confissões) do herói. Encontramos, muitas vezes, uma caracterização indireta: o caráter ressalta dos atos, da conduta do herói. Por vezes esses atos são dados no início da narrativa, fora do esquema da fábula, com o único fim de a caracterizarem: é por isso que esses atos exteriores à fábula se apresentam como uma parte da exposição. Assim, na novela de K. Fedin *Anna Timojevna*, a anedota sobre Yakovlev e a freira, no primeiro capítulo, não serve senão para caracterizar a personagem.

O processo de máscara, isto é, a elaboração de motivos concretos que correspondem à psique da personagem, é um caso particular da característica indireta. Assim, a descrição da aparência da personagem, do seu vestuário, da sua habitação (por exemplo, Plyushkin, em Gogol) pode ser classificada nas máscaras. Não só a descrição dos objetos, daquilo que se oferece à vista, mas também qualquer outra descrição pode servir de máscara. O próprio nome do herói pode ter esta função. Neste sentido, as tradições dos nomes-máscaras próprios da comédia oferecem também um certo interesse. A começar pelos mais elementares: Pravdin, Milon, Starodum e até Iaitchnitsa, Skalozub, Gradoboev ([9]), etc., quase todos os nomes nas comédias designam um traço característico da personagem. Neste sentido, basta olhar os nomes das personagens em Ostrovski.

É preciso distinguir dois casos principais nos processos de caracterização das personagens: o caráter constante, que permanece o mesmo no decurso da fábula, e o caráter mutável, que evolui à medida do desenrolar da ação. Neste último caso, os elementos característicos estão estreitamente ligados à fábula, e a rutura do caráter (o famoso arrependimento do mau) é já uma modificação da situação dramática.

Por outro lado, o vocabulário do herói, o estilo das suas palavras, os temas que este aborda na conversa podem igualmente servir de máscara ao herói.

Mas não basta diferenciar os heróis, separá-los do conjunto das personagens por alguns traços característicos específicos: é preciso fixar a atenção do leitor, despertar o interesse pelo destino das personagens. Neste sentido, o meio fundamental consiste em provocar a simpatia para

---

([9]) *Pravda* (r.): verdade; *milyj*: querido; *starye dumy*: ideias antigas; *jaicnica*: omeleta; *skalit'zuby*: mostrar os dentes, rir com os dentes arreganhados; *gradoboj*: saraiva. Estes nomes aparecem nas peças dos dramaturgos russos Fonvizin, Griboedov, Ostrovski, Gogol. [*N. do T. da edição francesa*]

com a ação descrita. As personagens trazem habitualmente um matiz emocional. Nas formas mais primitivas, encontramos as virtuosas e as más. Aqui a relação emocional para com o herói (simpatia-antipatia) é desenvolvida a partir de uma base moral. Os tipos positivos e negativos são um elemento necessário à construção da fábula. Atrair as simpatias do leitor para alguns deles e a sua repulsa para outros arrasta infalivelmente a sua participação emocional para os acontecimentos expostos e o seu interesse pelo destino dos heróis.

A personagem que recebe o matiz emocional mais vivo e mais marcado designa-se herói. O herói é a personagem seguida pelo leitor com a maior atenção. O herói provoca a compaixão, a simpatia, a alegria e a mágoa do leitor.

É preciso não esquecer que a relação emocional para com o herói já está contida na obra. O autor pode atrair a simpatia em relação a uma personagem cujo caráter na vida real poderia provocar no leitor um sentimento de repugnância e de asco. A relação emocional com o herói releva da construção estética da obra e não é senão nas formas primitivas que coincide obrigatoriamente com o código tradicional da moral e da vida social.

Este aspeto da questão era muitas vezes negligenciado pelas críticas jornalísticas dos anos sessenta do século XIX, que apreciavam os heróis do ponto de vista da utilidade social do seu caráter e da sua ideologia, isolando-os da obra literária. Assim, o empreendedor russo Vassilkov, representado por Ostrovski (*O Dinheiro Louco*) como um herói positivo, opõe-se à nobreza que se arruína; os nossos críticos, os da *intelligentsia* populista, apreciaram-no como um tipo negativo de capitalista explorador em plena ascensão social, pois os seus semelhantes eram-lhe antipáticos na vida. Toda esta reinterpretação da obra literária, guiada pela ideologia do leitor, essa verificação do sistema emocional da obra segundo as suas emoções quotidianas ou políticas, pode criar uma parede intransponível entre o leitor e a obra. É preciso ler de uma maneira ingénua, obedecendo às indicações do autor. Quanto maior for o talento do autor, mais difícil é opormo-nos às suas diretivas emocionais, mais convincente é a obra. É esta força de persuasão que, sendo um meio de ensino e de prédica, é a fonte da nossa atração em relação à obra.

O herói não é de modo algum necessário à fábula. A fábula como sistema de motivos pode dispensar por completo o herói e os seus traços característicos. O herói resulta da transformação do material em sujeito e representa, por um lado, um meio de encadeamento de motivos e, por outro, uma motivação personificada do elo entre os motivos. Isso aparece claramente nessa forma narrativa elementar que é a anedota. A anedota representa em geral uma forma reduzida, vaga e flutuante de fábula e em muitos casos reduz-se até não ser senão a interseção de dois motivos principais (os outros motivos pertencem à motivação obrigatória: o meio, a introdução, etc.). Na sua interseção, os motivos criam um efeito particular de ambiguidade, de contraste caracterizado pelos termos franceses *bon mot* e *pointe* (a noção dos *concetti* italianos, das frases cheias de espírito, coincide em parte com esta palavra).

Vejamos uma anedota construída sobre a coincidência de dois motivos numa fórmula (trocadilho). Um pregador chega a uma aldeia. Os fiéis esperam o seu sermão. Ele começa assim: «Sabeis o que vou dizer-vos?» — «Não, não sabemos.» — «Então, que vos posso dizer sobre o que vocês não sabem?» O sermão não se realizou. Esta anedota tem um prolongamento que sublinha o emprego ambíguo da palavra «saber». Da segunda vez, os fiéis responderam à mesma pergunta: «Sabemo-lo.» — «Se o sabem sem mim, então não vale a pena que vos fale disso...» ([10])

A anedota é construída unicamente sobre a dupla interpretação de uma palavra e subsiste seja qual for o âmbito que lhe dermos. Mas, na sua realização concreta, esse diálogo é sempre fixado sobre um certo herói (habitualmente o pregador). Obtemos uma situação de fábula: o pregador malicioso e ao mesmo tempo inábil para realizar a sua tarefa e os fiéis enganados. O herói é necessário para que se encadeie a anedota sobre ele.

Temos agora o exemplo de uma anedota mais elaborada do folclore inglês. Um inglês e um irlandês são as personagens (nas anedotas populares inglesas, o irlandês é aquele que reage lentamente e algumas vezes mal). Os dois homens seguem a estrada de Londres e num cruzamento leem a seguinte inscrição: «É a estrada de Londres. E que os analfabetos se dirijam ao ferreiro que mora depois da curva.» O inglês põe-se a rir, o irlandês cala-se. À noite, chegam a Londres e instalam-se no hotel para passarem a noite. Durante a noite, o inglês é acordado pelo riso irreprimível do irlandês. «O que há?» — «Compreendo agora por que razão te riste ao ler a placa da estrada.» — «E então?» — «O ferreiro pode não estar em casa.» Também aqui os dois motivos se entrecruzam: o verdadeiro cómico da placa e a singular interpretação do irlandês, que admite, com o autor da inscrição, que os analfabetos saberão lê-la.

Mas o desenrolar desta anedota respeita o processo que consiste em ligar estes motivos a um certo herói escolhido por

---

([10]) Em certas variantes, esta anedota tem ainda um prolongamento. À pergunta do pregador, uma parte dos fiéis diz: «Sabemo-lo.» A outra: «Não o sabemos.» A resposta foi a seguinte: «Aqueles que sabem dizem àqueles que não sabem.»

causa do seu caráter nacional (assim, em França florescem as anedotas sobre os Gascões, e também temos uma grande quantidade de heróis regionais ou estrangeiros). Outro meio de caracterizar brevemente o herói da anedota é fixar os motivos sobre uma personagem histórica conhecida (em França o barão de Roquelaure, na Alemanha Till, *O Espertalhão*, na Rússia o bobo Balakirev. Ligam-se igualmente a este tipo de anedotas aquelas sobre diferentes personagens históricas: sobre Napoleão, sobre Diógenes, sobre Pushkin, etc.). Os tipos anedóticos criam-se à medida das ligações sucessivas de motivos com um mesmo nome. A origem das personagens da comédia italiana é a mesma (Arlequim, Pierrot, Pantalone).

VIDA DOS PROCESSOS NO ASSUNTO

Embora os processos de composição em todos os países e para todos os povos se caracterizem por uma semelhança considerável e se possa falar de uma lógica específica da construção do assunto, os processos concretos e familiares, as suas combinações, a sua utilização e em parte as suas funções mudam extraordinariamente no decurso da história da literatura. Cada época literária, cada escola, é caracterizada por um sistema de processo que lhe é próprio e que representa o estilo (no sentido lato do termo) do género ou da corrente literária. Neste sentido, é preciso distinguir os processos canónicos e os processos livres. Chama-se processos canónicos aos processos obrigatórios para um dado género e para uma dada época. Por exemplo, o classicismo francês do século XVII, caracterizado pelas unidades dramáticas e pela regulamentação minuciosa de cada forma literária, apresenta o sistema mais nítido de processos canónicos. Os traços fundamentais das obras de uma escola literária são os processos canónicos adotados por essa escola. Em cada tragédia do século XVII, o lugar da ação permanece o mesmo, e o tempo é limitado a vinte e quatro horas. Todas as comédias terminam com o casamento dos amantes, as tragédias com a morte das personagens principais. Cada regra canónica serve para fixar um processo, e, neste sentido, tudo na literatura, desde a escolha do material temático, os motivos particulares, a sua distribuição até ao sistema de exposição à linguagem, ao vocabulário, etc., tudo pode tornar-se um processo canónico. Regulamentou-se o emprego de certas palavras e a interdição de outras, a escolha de certos motivos e a evicção de outros, etc. Os processos canónicos existem devido à sua comodidade técnica; sendo repetidos, tornam-se tradicionais, e, uma vez no quadro da poética normativa, são erigidos em regras obrigatórias. Mas nenhum cânone pode esgotar todas as possibilidades e prever todos os processos necessários à criação de uma obra completa. Ao lado dos processos canónicos, existem sempre processos livres, de caráter não obrigatório, que são próprios a certas obras, a certos escritores, a certas escolas, etc.

Habitualmente, os processos canónicos eliminam-se por si mesmos. O valor da literatura encontra-se na sua novidade e na sua originalidade. A aspiração a uma renovação toca geralmente os processos canónicos, tradicionais, estereotipados, ao transpô-los do grupo dos processos obrigatórios para o dos processos interditos. Criam-se novas tradições e novos processos. Isso não impede que os processos outrora interditos renasçam duas ou três gerações literárias mais tarde. Segundo a apreciação que o meio literário dá aos processos, podemos classificar estes últimos em percetíveis ou impercetíveis.

Um processo pode ser percetível por duas razões: a sua muito grande antiguidade ou a sua muito grande novidade. Os processos eliminados, velhos, arcaicos são percetíveis; são captados como uma sobrevivência importuna, como um fenómeno desprovido de sentido que continua a existir pela força da inércia, como um corpo morto entre os seres vivos. Pelo contrário, os processos novos atingem-nos pelo seu caráter não habitual, sobretudo quando são fundados num repertório até então interdito, por exemplo: os vulgarismos na poesia erudita. Para saber se um processo é percetível ou não, é preciso nunca perder de vista a perspetiva histórica. A língua de Pushkin parece-nos fluente, e quase não nos apercebemos das suas particularidades, mas elas chocavam os contemporâneos pela mistura singular de eslavismos e de expressões populares; parecia-lhes desigual, confusa. Só o contemporâneo pode apreciar a percetibilidade de um ou outro processo. As construções inesperadas das obras dos simbolistas, que chocavam os conservadores literários até 1908, não são de modo algum captadas por nós como tal, e até descobrimos formas estereotipadas e banais nos primeiros versos de Balmont e de Brussov.

Existem duas atitudes literárias diferentes no que diz respeito à percetibilidade dos processos utilizados. A primeira, que caracteriza os escritores do século XIX, procura dissimular o processo. Todo o sistema de motivação esforça-se por tornar invisíveis os processos literários, por desenvolver o material literário da maneira mais natural, isto é, impercetível. Mas é uma atitude e não uma lei estética geral. Outra atitude opõe-se a esta; não tenta dissimular o processo e tende até torná-lo evidente para nós. Se o escritor que, na página precedente, nos comunicava os processos secretos de o herói interromper o discurso, justifica-o ao pretender que não ouviu o fim; não é uma motivação realista, mas uma demonstração do processo ou, melhor: o desnudamento do processo. Pushkin escreve no capítulo quatro de *Eugénio Onéguin*:

E eis que já gela até a pedra *fender*
E tornam-se prateados os campos à volta

(O leitor já espera a rima *rosas* ([11])
Ei-la, captem-na depressa).

Estamos perante um desnudamento evidente e consciente do processo «rima».

O futurismo nos seus princípios (Khlebnikov) e a literatura contemporânea tornaram tradicional o desnudamento do processo (cf. exemplos múltiplos para o desnudamento da construção do assunto nas novelas de Kaverin).

Entre as obras que desnudam os seus processos, é preciso isolar as que revelam um processo estranho à obra, quer tradicional, quer próprio a outro escritor. Estaremos perante um pastiche, se da desnudação de um processo literário resultar um efeito cómico. As funções do pastiche são múltiplas. Habitualmente, procura-se ridicularizar a escola literária oposta, destruir o seu sistema criador, «revelá-lo».

A literatura paródica é muito vasta. Foi tradicional no género dramático, em que cada obra mais ou menos relevante provocou imediatamente uma florescência de pastiches. No fundo de todo o pastiche há outra obra literária (ou todo um grupo de obras), no fundo da qual ele se destaca. Entre as novelas de Tchekhov, contam-se muitos pastiches literários. Por vezes, o pastiche não tem objetivos satíricos e desenvolve-se como uma arte livre do processo desnudado. Assim, os imitadores de Sterne do princípio do século XIX representam uma escola que cultiva o pastiche como género autónomo. Na literatura contemporânea, os processos de Sterne reaparecem e têm grande popularidade (inversões dos capítulos, digressões desmesuradas ao mínimo pretexto, retardamento da ação, etc.).

Porque existe a desnudação do processo? O processo percetível não se justifica esteticamente a não ser quando se torna

---

([11]) Em russo: *morozy* e *rozy*.

voluntariamente percetível. Um processo percetível, disfarçado pelo autor, produz uma impressão cómica (à custa da obra). Prevenindo esta impressão, o autor revela o processo.

Assim, os processos nascem, vivem, envelhecem e morrem. À medida que vão sendo aplicados, tornam-se mecânicos, perdem a sua função, deixam de ser ativos. Para combater a mecanização do processo, renovam-no graças a uma nova função ou a um novo sentido. A renovação do processo é análoga à utilização de uma citação de um autor antigo num contexto novo e com uma significação nova.

OS GÉNEROS LITERÁRIOS

Observamos na literatura viva um agrupamento constante de processos; esses processos combinam-se em certos sistemas que vivem simultaneamente, mas que se aplicam em certas obras diferentes. Uma diferenciação mais ou menos nítida das obras estabelece-se segundo os processos que são utilizados. Esta diferenciação dos processos pode ter diversas origens: falamos de diferenciação natural quando provém de uma certa afinidade interior dos processos particulares entre si que lhes permite combinarem-se facilmente; de diferenciação literária e social quando decorre das finalidades colocadas às obras particulares, das circunstâncias da sua criação, da sua finalidade, do acolhimento reservado à obra; e falamos de diferenciação histórica quando provém da imitação de obras antigas e das tradições literárias. Os processos de construção são agrupados à volta de alguns processos percetíveis. Assim, criam-se classes particulares de obras (os géneros) que se caracterizam por um agrupamento de processos à volta dos processos percetíveis, a que chamamos os traços do género.

Esses traços podem ser muito diferentes e podem relacionar-se com qualquer aspeto da obra literária. Basta que surja uma novela que reúna um certo sucesso (por exemplo, policial) e imediatamente aparecem imitações, cria-se um género de novelas para o qual o traço fundamental é a descoberta do crime pelo detetive, isto é, um certo tema. Estes géneros temáticos são abundantes na literatura de intriga. Por outro lado, na poesia lírica, encontram-se géneros cujo tema é motivado por uma direção escrita (epistolar): é o género de epístola cujo traço distintivo não é o tema, mas a motivação dessa direção. Enfim, a utilização diferenciada da linguagem prosaica ou poética cria os géneros poéticos ou prosaicos; conforme se destina a obra a ser lida ou a ser representada em cena, distinguem-se géneros dramáticos ou narrativos, etc.

Os traços do género, isto é, os processos que organizam a composição da obra, são processos dominantes, isto é, todos os outros processos necessários à criação do conjunto artístico estão-lhe submetidos. O processo dominante é chamado *a dominante*. O conjunto das dominantes representa o elemento que autoriza a formação de um género.

Esses traços são polivalentes, entrecruzam-se e não permitem uma classificação lógica dos géneros segundo um critério único.

Os géneros vivem e desenvolvem-se. Uma causa primordial obrigou uma série de obras a constituírem-se num género particular. Nas obras que aparecem mais tarde, observamos uma tendência para se assemelharem às obras de um certo género ou, pelo contrário, para se diferenciarem. O género enriquece-se de obras novas que se ligam às obras já existentes do género dado. A causa que promoveu um género pode já não agir; os traços fundamentais do género podem lentamente mudar, mas o género continua a viver enquanto espécie, isto é, pela ligação habitual das obras novas aos géneros já existentes. O género sofre uma evolução e por vezes uma brusca revolução. Contudo, por causa da ligação habitual da obra aos géneros já definidos, a sua denominação conserva-se, ainda que se tenha produzido uma mudança radical na construção das obras que lhe pertencem. O romance de cavalaria da Idade Média e o romance contemporâneo de Andrei Bieli ou de Pilniak podem não ter nenhum traço comum, e contudo o romance contemporâneo aparece como o resultado de uma lenta evolução secular do romance primitivo. A balada de Jukovski e a balada de Tikhnov são duas coisas completamente diferentes, mas existe entre elas um elo genético, e podemos ligá-las por malhas intermédias que testemunham a passagem progressiva de uma forma a outra.

Por vezes o género desagrega-se. Assim, na literatura dramática do século XVIII, a comédia divide-se em comédia pura e em tragicomédia, a qual deu origem ao drama contemporâneo. Por outro lado, assistimos sem cessar ao nascimento de novos géneros a partir dos antigos, que se desagregam. Assim, da ruína do poema épico e descritivo do século XVIII surgiu no princípio do século XIX o novo género do poema lírico ou romântico (byroniano). Os processos autónomos que não constituem um sistema podem encontrar um mesmo «centro», um novo processo que os une, que os reúne num sistema, e esse processo unificador pode tornar-se o traço perceptível que organiza o novo género à volta dele.

É preciso notar aqui um fenómeno curioso na sucessão dos géneros: geralmente, classificamos os géneros segundo o grau de elevação, segundo a sua importância literária e cultural. No século XVIII, a ode solene que celebra os grandes acontecimentos políticos pertencia ao género elevado, enquanto o conto divertido, sem pretensões e por vezes um pouco grosseiro pertencia ao género vulgar.

A substituição constante dos géneros elevados pelos géneros vulgares pertence ao processo de sucessão dos géneros. Podemos igualmente pô-lo em paralelo com a evolução social, no decurso da qual as classes elevadas, dominantes, são progressivamente substituídas por camadas democráticas, por exemplo, a casta feudal pela pequena nobreza funcionária, toda a aristocracia pela burguesia, etc. Esta substituição dos géneros elevados pelos géneros vulgares toma duas formas:

1) O desaparecimento completo do género elevado. Assim, no século XIX, a ode está morta e, no XVIII, a epopeia.

2) A outra forma é a penetração dos processos do género vulgar no género elevado. Assim, elementos dos poemas paródicos e satíricos penetraram no poema épico do século XVIII, a fim de criarem formas como *Rouslan e Ludmilla* de Pushkin. Assim, em França, nos anos vinte do século XIX, processos cómicos penetraram na tragédia clássica elevada, a fim de criarem o drama romântico; assim, no futurismo contemporâneo, os processos da poesia lírica vulgar (humorística) penetram na poesia lírica elevada, fenómeno que dá a possibilidade de ressuscitar as formas elevadas da ode e da epopeia (em Maiakovski). Podemos observar a mesma coisa na prosa de Tchekhov, que se desenvolveu nos jornais humorísticos. Um traço característico dos géneros vulgares é a função cómica dos processos. A penetração dos processos próprios dos géneros vulgares nos géneros elevados é marcada pelo facto de os processos utilizados até então para fins cómicos obterem uma nova função que não está ligada ao cómico. Nisso reside a essência da renovação dos processos.

Assim, a rima dactílica, segundo o testemunho de Vostokov em 1817, era respeitada pelos seus contemporâneos «unicamente nas obras divertidas que podem fazer-nos rir na ocasião», enquanto cerca de vinte anos mais tarde aparece o poema de Lermontov *A Um Momento Difícil da Vida*, onde ninguém notou o menor gracejo ou divertimento. A rima própria do trocadilho, que teve em Minaev uma função cómica, perde o seu cómico em Maiakovski.

Acontece o mesmo com certos processos. Se em Sterne o desnudamento da composição é ainda um processo cómico ou pelo menos um processo cuja origem cómica é sentida, isso já não existe nos epígonos de Sterne, e o desnudamento do processo é uma maneira completamente legítima de construção do sujeito.

O processo de canonização dos géneros vulgares não constitui uma lei universal, mas é de tal modo frequente que o historiador da literatura, na sua pesquisa de fontes para este ou aquele fenómeno literário importante, é obrigado a dirigir-se não aos grandes fenómenos literários precedentes, mas aos fenómenos insignificantes. Os grandes escritores apoderam-se desses fenómenos próprios dos géneros vulgares e erigem-nos em cânone dos géneros elevados, onde são a fonte de efeitos estéticos inesperados e profundamente originais. O período de desabrochamento criador da literatura é precedido por uma lenta acumulação nas camadas literárias inferiores de meios ainda não canonizados que serão destinados a renovar toda a literatura. O surgimento de um génio equivale sempre a uma revolução literária que destrona o cânone dominante e dá o poder aos processos até então subordinados. Pelo contrário, os herdeiros das correntes literárias elevadas que repetem conscientemente os processos dos seus grandes mestres representam geralmente um conjunto de epígonos bastante desprovido de interesse. Os epígonos repetem uma combinação gasta dos processos, e, de original e revolucionária que era, esta combinação torna-se estereotipada e tradicional. Assim, os epígonos matam por vezes por muito tempo a aptidão dos contemporâneos para sentirem a força estética dos exemplos que imitam: desacreditam os mestres. Por exemplo, os ataques à dramaturgia de Racine que encontramos no século XIX explicam-se unicamente pelo facto de os processos racinianos terem saturado e enjoado todos os seus leitores devido às reproduções servis que deles fez a literatura epígona dos clássicos tardios sem talento.

Voltando ao conjunto historicamente isolado das obras literárias reunido por um sistema comum de processos, em que alguns dominam e unificam os outros, vemos que não se pode estabelecer uma classificação lógica e firme dos géneros. A sua distinção é sempre histórica, isto é, unicamente justificada por um certo tempo; além disso, essa distinção formula-se simultaneamente em vários traços, e os traços de um género podem ser de uma natureza completamente diferente da natureza dos de outro género. Ao mesmo tempo, permanecem logicamente compatíveis entre si, porque a sua distribuição não obedece senão às leis internas da composição estética.

É preciso realizar uma aproximação descritiva no estudo dos géneros e substituir a classificação lógica por uma classificação pragmática e utilitária que dê conta unicamente da distribuição do material nos quadros definidos.

É preciso igualmente notar que a classificação dos géneros é complexa. As obras distribuem-se em vastas classes, que, por sua vez, se diferenciam em tipos e espécies. Neste sentido, descendo da escala dos géneros, chegaremos das classes abstratas às distinções históricas concretas (o poema de Byron, a novela de Tchekhov, o romance de Balzac, a ode espiritual, a poesia proletária) e às obras particulares.

1925.

NOTA BIBLIOGRÁFICA

Os artigos reunidos neste volume foram retirados das seguintes obras:

B. M. Eikhenbaum (Ejxenbaum), «Teoria do método formal», *Literatura, Teorija, Kritika, Polemika*, Leninegrado, 1927, pp. 116–148.

V. Chklovski (Shklovskij), «A arte como processo», *O Teorii Prozy*, Moscovo, 1929 (1.ª ed. 1925), pp. 7–23.

R. Jakobson, «Do realismo artístico». Publicado pela primeira vez numa tradução checa in *Cerven*, IV (1921), pp. 300–304. Retirámos o nosso texto de *Readings in Russian Poetics*, Michigan Slavic Materiais, n.º 2, Ann Arbor, 1962, pp. 30–36 (em russo).

V. V. Vinogradov, «Acerca das tarefas da estilística» (conclusão) *Russkaja rec'*, I (1923), pp. 286–293.

Y. Tynianov (Tynjanov), «A noção de construção», *Problema stixotvornogo jazyka*, Leninegrado, 1924, pp. 7–11. Reeditado em 1963 por Mouton e Cia.

Y. Tynianov, «Da evolução literária», *Arxaisty i novatory*, Leninegrado, 1929, pp. 30–47.

Y. Tynianov, R. Jakobson, «Os problemas dos estudos literários e linguísticos», *Novyj Lef*, n.º 12 (1928), pp. 36-37. Retomada em *Readings...*, pp. 101-102.

O. Brik, «Ritmo e sintaxe», extratos do artigo sob o mesmo título, *Novyj Lef*, n.º 3-6 (1927). Retomada em O. Brik, *Two Essays on Poetic Language*, Michigan Slavic Materials, n.º 5, Ann Arbor, 1964.

B. Tomachevski (Tomashevskij), «Sobre o verso», extratos do livro *O stixe*, Leninegrado, 1929. O primeiro corresponde ao capítulo III do artigo «O problema do ritmo poético» (pp. 10-13), o segundo ao capítulo VI do mesmo artigo (pp. 20-24), o terceiro ao capítulo IV do artigo «Verso e ritmo» (pp. 45-48), o quarto ao capítulo VIII do mesmo artigo (pp. 58-61).

V. Chklovski, «A construção da narração e do romance», *O teorii prozy*, Moscovo, 1929, pp. 68-90.

B. Eikhenbaum, «Sobre a teoria da prosa», extratos do livro *Literatura, Teorija, Kritika, Polemika*, Leninegrado, 1927. O primeiro corresponde ao capítulo I do artigo «Leskov e a prosa contemporânea» (pp. 210-214), o segundo ao capítulo II do artigo «O. Henry e a teoria da notícia» (pp. 171-177).

B. Eikhenbaum, «Como é feito *O Capote* de Gogol», *Literatura, Teorija, Kritika, Polemika*, Leninegrado, 1927, pp. 149-165.

V. Propp, «As transformações dos contos fantásticos», *Poetika, Vremennik Otdela Slovesnyx Iskusstv*; IV (1928), pp. 70-89.

B. Tomachevski, «Temática», extraído do livro *Teorija literatury* (*Poetika*), Leninegrado, 1925, pp. 132-165.

Assinalamos aqui algumas outras traduções de textos formalistas:

B. Tomachevski, «A nova escola da história literária na Rússia», *Revista de Estudos Eslavos*, VIII (1928), pp. 226-240.

V. Propp, *Morphology of Folktale*, Bloomington, Indiana, 1958.

Até agora, a fonte de informação mais completa sobre os formalistas é o livro de V. Erlich, *Russian Formalism. History-Doctrine,* Haia, 1955.

Indicamos outras duas coleções que publicam reimpressões dos textos formalistas em língua russa: *Slavistic Printings and Reprintings*, Mouton, Haia (n.os 26, 34, 47, 48), e *Michigan Slavic Materials,* Department of Slavic Languages and Literatures, Ann Arbor (n.os 2, 3, 5).

Desde a primeira publicação da primeira coletânea (1965), vários livros dos formalistas russos foram traduzidos para francês. Em especial:

Viktor Chklovski, *Sur la théorie de la prose*, Lausanne, L'Âge d'homme, 1973.

Viktor Chklovski, *La Marche du cheval*, Champ libre, 1973.

Viktor Chklovski, *La Troisième Fabrique*, L'esprit des péninsules, 1998.

Roman Jakobson, *Questions de poétique*, Seuil, 1973.

Vladimir Propp, *Morphologie du conte*, Seuil, 1970.

Yuri Tynianov, *Le Vers lui-même*, UGE, 1977.

Yuri Tynianov, *Formalisme et histoire littéraire*, Lausanne, L'Âge d'homme, 1991.

Sobre o movimento formalista, é possível consultar:

Michel Aucouturier, *Le Formalisme russe*, PUF — Que sais-je?, 1994.

Victor Erlich, *Russian Formalism. History-Doctrine*, Paris-Haia, Mouton, 3.ª ed., 1969.

A. Hansen-Löwe, *Der Russische Formalismus*, Viena. Österreichische Akademie der Wissenschaften, 1978.

SOBRE OS AUTORES

Ossip M. Brik (1888–1945). Jornalista. Liga-se desde muito cedo através de uma grande amizade a Maiakovski e partilha o destino do poeta desde a época do futurismo, Dirige (com Maiakovski) as revistas *A Arte da Comuna* (1918), *LEF* (1923–25) e *O Novo LEF* (1927–28). Organizador e inspirador do movimento formalista, não deixou nenhum livro sobre a teoria literária. Nos anos trinta do século XX, avança com a «questão social» em literatura. É igualmente autor de argumentos de filmes (*Tempestade sobre a Ásia*, de Pudovkin).

Viktor V. Chklovski (1893–1984). Escritor e crítico literário. Aluno de J. Baudouin de Courtenay em linguística, escreveu o seu primeiro livro, *A Ressurreição da Palavra* (1914), sob a influência deste último. Organizador da *Opoiaz* («Sociedade para o estudo da língua poética»); a origem do formalismo. Os seus pontos de vista são expostos na sua maior parte na recolha de pequenos ensaios polémicos como *Rozanov* (1921), o *Movimento do Cavaleiro* (1923), *A Literatura e o Cinema* (1923), a *Terceira Fábrica* (1926), o *Conde de Hamburgo* (1928), assim como em alguns livros consagrados exclusivamente à literatura: *Sobre a Teoria da Prosa* (1925), *Materiais e Estilo na «Guerra e Paz» de Tolstoi* (1928), etc. Depois do desaparecimento do formalismo, dedica-se inteiramente à ficção, escrevendo romances históricos (*Marco Polo*, 1936; *Minimo e Pojarski*. 1940). Nos anos cinquenta, regressa à crítica literária: *Notas sobre a Prosa dos Clássicos Russos* (1955), *Por e Contra. Notas sobre Dostoievski* (1957), *Da Prosa Literária* (1959) e *Tolstoi* (1963). Várias das suas obras literárias foram traduzidos para francês.

Boris M. Eikhenbaum (1886–1959). Historiador da literatura. Ensinou a história da literatura russa na Universidade de Leninegrado, de 1918 a 1949. As suas principais obras do período formalista são: *A Melodia do Verso Lírico Russo* (1922), *Anna Akhmatova* (1923), *Através da Literatura* (1924), *Literatura* (1927), *Meu Periódico* (1929). Durante o mesmo período, ensina no Instituto de História da Arte de Leninegrado. Nos anos trinta, ocupa-se essencialmente da edição dos clássicos russos. Deixa a Universidade em 1949 e retoma as suas atividades em 1956 no Instituto de Literatura russo. Consagrou longos anos ao estudo de dois escritores russos, Lermontov e Tolstoi (*Tolstoi, I*, 1928, *II*, 1931, *III*, 1960; *Lermontov*, 1924, *Estudos sobre Lermontov*, 1960).

Roman Jakobson (1896–1982). Fundador do Círculo linguístico de Moscovo (1915–1920), que se funde mais tarde com a Opoiaz, no movimento formalista. Vive entre 1920 e 1939 na Checoslováquia, onde é um dos membros mais ativos do Círculo Linguístico de Praga. Os seus dois primeiros livros, *A Poesia Moderna Russa* (1921) e *Sobre o Verso Checo* (1923), fazem parte do património dos formalistas. Durante a guerra, exila-se nos Estados Unidos; aí ensina linguística geral e as línguas e literaturas eslavas na Universidade de Harvard e no MIT. Os seus *Ensaios de Linguística Geral* apareceram em francês em 1963. Durante este período, consagrou vários artigos à poética, sobretudo ao estudo da prosa, da significação gramatical, da estrutura formal, etc. Os seus textos sobre literatura foram reunidos em francês em duas coletâneas, *Questions de poétique* (Seuil, 1973) e *Russie, folie, poésie* (Seuil, 1986).

Vladimir Propp (1895–1970). Especialista em folclore. O seu primeiro livro data de 1928, *Morfologia do Conto*. Ensina etnologia na Universidade de Leninegrado. Os seus livros seguintes são: *As Origens Históricas do Conto Fantástico* (1946), *A Poesia Épica Russa* (1955) e *As Festas Camponesas Russas* (1963), editado em 1987 por Maisonneuve, com tradução francesa. Depois da sua morte, foram reunidos vários estudos na coletânea *Folclore e Realidade* (em russo).

Boris V. Tomachevski (1890–1957). Começa os estudos literários por análises estatísticas do metro em Pushkin, retomadas mais tarde na sua compilação *Sobre o Verso* (1929). À época do formalismo pertencem ainda dois outros livros: *A Versificação Russa* (1923) e *Teoria da Literatura* (1925). Mais tarde, consagra-se à edição crítica dos clássicos russos (deixou um manual de textologia, *O Escritor e o Livro*, 1928) e ensina, primeiramente a estatística, mais tarde o estudo do verso e do estilo. Interessou-se durante toda a sua vida pela obra de Pushkin: participou na edição das suas obras e deixou vários livros sobre ele: *Pushkin* (1925), *Pushkin 1813–1824* (1956), *Pushkin 1824–1837* (1961, póstumo), *Pushkin e a França* (1960). Morreu num acidente, e os seus últimos livros foram publicados pelos seus alunos: *O Verso e a Linguagem* (1958), *Estilística e Versificação* (1959).

Yuri Tynianov (1894–1943). Escritor e historiador da literatura. Ensina história da literatura russa entre 1920 e 1931, no Instituto de História da Arte, em Leninegrado. Os seus livros da época formalista são *Dostoievski e Gogol* (1921), *O Problema da Língua Poética* (1924), traduzido para francês com o título *Le Vers lui-même*, e *Arcaizantes e Inovadores* (1929). Nos anos trinta, escreve biografias romanceadas dos poetas contemporâneos de Pushkin e do próprio Pushkin. (v. I, II, 1936; III, 1943, inacabado).

Viktor V. Vinogradov (1895–1969). Os seus trabalhos incidem antes de mais sobre o estudo do estilo e da língua russa. Sofre a influência de J. Baudouin de Courtenay e de Saussure nos anos vinte e explora o domínio do estilo com os métodos novos. Entre os seus livros da época, os mais importantes são: *Gogol e a «Escola Natural»* (1925), *A Evolução do Naturalismo Russo* (1929) e *A Prosa Literária* (1930). Mais tarde, estuda a história da língua através da obra dos escritores (*A Língua de Pushkin*, 1935; *O Estilo de Pushkin*, 1941, etc.). Membro da Academia das Ciências depois de 1946. No fim da vida, consagrou de novo vários livros ao estudo da língua literária: *Sobre a Língua da Literatura* (1959), *O Problema de Identificação do Autor e a Teoria dos Estilos* (1961), *Poética, Teoria da Língua Poética, Estilística* (1963), *O Assunto e o Estilo* (1963).

ÍNDICE REMISSIVO

ÍNDICE

Primeira parte

Segunda parte

Obras escolhidas de Todorov

Títulos publicados na coleção:

1 – *O Triunfo do Artista,* de Tzvetan Todorov
2 – *Os Géneros do Discurso,* de Tzvetan Todorov
3 – *Teorias do Símbolo,* de Tzvetan Todorov
4 – *Teoria da Literatura. Textos dos Formalistas Russos*
Apresentados por Tzvetan Todorov